Ida Pfeiffer

Eine Frauenfahrt um die Welt

Reise von Wien nach Brasilien, Chili, Otahiti, China, Ost-Indien, Persien und Kleinasien. Band 3

Ida Pfeiffer

Eine Frauenfahrt um die Welt

Reise von Wien nach Brasilien, Chili, Otahiti, China, Ost-Indien, Persien und Kleinasien.
Band 3

ISBN/EAN: 9783956976254

Auflage: 1

Erscheinungsjahr: 2017

Erscheinungsort: Treuchtlingen, Deutschland

Literaricon Verlag UG (haftungsgeschränkt), Uhlbergstr. 18, 91757 Treuchtlingen. Geschäftsführer: Günther Reiter-Werdin, www.literaricon.de. Dieser Titel ist ein Nachdruck eines historischen Buches. Es musste auf alte Vorlagen zurückgegriffen werden; hieraus zwangsläufig resultierende Qualitätsverluste bitten wir zu entschuldigen.

Printed in Germany

Cover: Gemälde von Wassili Dmitrijewitsch Polenow, gemeinfrei

Eine

Frauenfahrt um die Welt.

Reise von Wien

nach

Brasilien, Chili, Otahaiti, China, Ost-Indien,
Persien und Kleinasien

von

Ida Pfeiffer, geb. Reyer,

Verfasserin der „Reise einer Wienerin ins heilige Land" und der „Reise
nach Island und Scandinavien."

Dritter Band.

Wien, 1850.
Verlag von Carl Gerold.

Inhalt des dritten Bandes.

Reise von Delhi nach Bombay.

Die Tuggs oder Würger. Abreise. Der Viehmarkt. Baratpoore Biaua. Brunnen und Teiche. Gutmüthigkeit der Indier. Mohnpflanzungen. Die Suttis. Notara. Kottah. Beschreibung der Stadt. Das königliche Lustschloß Armornevas. Unterhaltungen und Tänze. Trachten. Das heilige Städtchen Kesho-Rao-Patun ... 1

Fortsetzung der Reise.

Die Reisen auf indischen Kamehlen. Zusammenkunft mit der Familie Burdon. Die weibliche Volksklasse in Indien. Udjein. Indor. Kapitän Hamilton. Vorstellung bei Hofe. Eisfabrikation. Die Felstempel von Adjunta. Eine Tigerjagd. Die Felstempel von Elora. Die Festung Dowlutabad ... 32

Fortsetzung der Reise und Aufenthalt in Bombay.

Auranjabad. Puna. Ostindische Hochzeiten. Der närrische Fuhrmann. Bombay. Die Parst oder Feueranbeter. Indische Todesfeier. Die Insel Elephanta. Die Insel Salsette ... 64

Von Bombay nach Bagdad.

Abreise von Bombay. Ausbruch der natürlichen Pocken. Mascat Bandr-Abas. Die Perser. Die Meerstraße Kishm. Buschir. Einfahrt in den Schatel-Arab. Bassora. Einfahrt in den Tigris. Beduinen-Stämme. Ktesiphon und Seleucia. Ankunft in Bagdad ... 91

Mesopotamien, Bagdad und Babylon.

Bagdad. Vorzügliche Gebäude. Klima. Fest bei dem englischen Residenten. Der Harem des Paschas von Bagdad. Ausflug nach den Ruinen von Ktesiphon. Der persische Prinz Il-Hany-Ala-Culy-Mirza. Ausflug nach den Ruinen von Babylon. Abreise von Bagdad ... 116

Mossul und Ninive.

Karavanen-Reise durch die Wüste. Ankunft in Mossul. Sehenswürdigkeiten. Ausflug nach den Ruinen Ninive's und dem Dorfe Nebijunis. Zweiter Ausflug nach den Ruinen Ninive's. Tel-Nimrod. Die arabischen Pferde. Abreise von Mossul. 147

Persien.

Karavanen-Reise nach Ravandus. Ankunft und Aufenthalt in Ravandus. Eine kurdische Familie. Fortsetzung der Reise, Sauh-Bulak, Oromia. Die amerikanischen Missionäre. Kutschié. Drei großmüthige Räuber. Die persischen Chane und die englischen Bongolos. Ankunft in Tebris. 174

Aufenthalt in Tebris.

Beschreibung der Stadt. Der Bazar. Die Fastenzeit. Behmen-Mirza. Anekdoten über die persische Regierung. Vorstellung bei dem Vicekönige und dessen Gemahlin. Die Frauen Behmen-Mirza's Besuch bei einer persischen Dame. Das Volk. Christen- und Juden-Verfolgung. Abreise . 219

Asiatisches Rußland.
Armenien, Georgien und Mingrelien.

Sophia. Marand. Die russische Gränze. Natschivan. Karavanen-Reise. Eine Nacht in der Gefangenschaft. Fortsetzung der Reise. Erivan. Die russische Post. Die Tartaren. Ankunft in Tiflis. Aufenthalt daselbst. Fortsetzung der Reise. Kutais. Marand. Fahrt auf dem Rion. Redutkale . 239

Europäisches Rußland.
Kertsch und Odessa.

Abreise von Redutkale. Ein Cholera-Anfall. Anapka. Das verdächtige Schiff. Kertsch. Das Museum. Tumuli. Fortsetzung der Reise. Theodosia (Caffa). Jalta. Das Schloß des Fürsten Woronzoff. Die Festung Sewastopol. Odessa . 280

Constantinopel und Athen.
(Schluß der Reise).

Constantinopel Veränderungen. Zwei Feuersbrünste. Reise nach Griechenland. Die Quarantaine in Aegina Ein Tag in Athen. Calamachi. Der Isthmus. Patras. Corfu . 303

Reise von Delhi nach Bombay.

Die Tuggs oder Würger. Abreise. Der Viehmarkt. Baratpoore. Biana Brunnen und Teiche. Gutmüthigkeit der Indier. Mohnpflanzungen. Die Suttis. Notara. Kottah. Beschreibung der Stadt. Das königliche Lustschloß Armorneras. Unterhaltungen und Tänze. Trachten. Das heilige Städtchen Kesho-Rao-Patun.

Ich hatte, um nach Bombay zu gelangen, zwei Wege vor mir; der eine führte über Simla nach den Vorgebirgen des Himalaya, der andere nach den berühmten Felsentempeln von Adjunta und Elora. Ich hätte gerne den ersteren gewählt und wäre bis an die Hauptkette des Himalaya, bis Lahore und den Indus vorgedrungen; aber meine Freunde riethen mir davon ab, aus dem einfachen Grunde, daß jetzt all diese Gebirge von tiefem Schnee bedeckt seien und ich daher meine Reise wenigstens drei Monate aufschieben müßte. So lange Zeit konnte ich nicht warten — und so entschied ich mich für den zweiten.

In Calcutta hatte man mir überhaupt abgerathen, meine Reise von Delhi weiter fortzusetzen, — die Länder ständen nicht unter englischer Oberherrschaft und die Völker seien bei weitem weniger gesittet. Ganz besonders

suchte man mir aber Angst einzujagen durch gräßliche Er=
zählungen von den Tuggs oder Würgern.

Diese Tuggs bilden eine eigene Gesellschaft, sie gehen
auf Raub und Mord aus und sind, gleich den Banditen
Italiens, gegen Belohnung zu jeder Uebelthat bereit.
Doch dürfen sie kein Blut vergießen und ihre Opfer nur
durch Erdroßlung aus der Welt schaffen. Die That wird
aber nicht als sehr sträflich angesehen und der Mörder
reinigt sich durch eine kleine Gabe, die er seinem Priester
gibt. — Vergießt er aber auch nur einen Tropfen Blut,
so verfällt er der tiefsten Verachtung, wird aus seiner
Kaste gestoßen und selbst von seinen Gefährten verlassen.

Manche Reisende behaupten, daß die Tuggs zu einer
Religionssecte gehören und daß sie nicht morden um zu
rauben oder sich zu rächen, sondern um, nach ihren Be=
griffen, eine gute Handlung zu vollbringen. Ich er=
kundigte mich viel darnach, hörte aber überall, daß kein
Gesetz der Religion, wohl aber Haß, Rache oder Ge=
winnsucht hier zu solchen Thaten verleite. Diese Würger
sollen in ihrem schauderhaften Handwerke eine außeror=
dentliche Geschicklichkeit besitzen, nebst dem an Geduld und
Ausdauer unermüdlich sein; sie verfolgen ihr auserlesenes
Opfer oft monatelang und erdrosseln es entweder im
Schlafe oder werfen ihm gehend von rückwärts ein ge=
drehtes Tuch oder einen Strick um den Hals, den sie so
schnell und kräftig zuschnüren, daß der Tod augenblicklich
erfolgt.

In Delhi gab man mir tröstlichere Nachrichten, man
versicherte mir, daß all diese Gefahren übertrieben ge=
schildert seien, daß in Indien überhaupt höchst selten

Reisende angefallen werden, und daß die Zahl der Tuggs ungemein abgenommen habe. An Europäer wagen sie sich überdieß nicht, da die englische Regierung die strengsten Nachforschungen nach den Thätern anstellen läßt.

Ueber die Gefahren war ich also ziemlich beruhigt, doch mußte ich auf zahllose Entbehrungen und Mühseligkeiten gefaßt sein.

Die Reise ging erstlich nach Kottah (290 engl. Meilen). Man hat die Wahl dreier Gelegenheiten: Palankine, Kameele oder Ochsenbaili's. Mit keiner geht es schnell; es gibt keine Poststraßen und keine eingerichteten Reisegelegenheiten, man muß dieselben Menschen oder Thiere bis an das Ende der Reise behalten und macht des Tages höchstens zwanzig bis zweiundzwanzig engl. Meilen. Für den Palankin muß man acht Träger miethen, außerdem noch einige für das Gepäck; obwohl jeder nicht mehr als acht Rupien per Monat bekommt, wobei er sich selbst verköstiget, so kommen die Kosten doch hoch, weil man ihrer viele braucht und ihnen auch die Rückreise zahlen muß. Die Reise auf Kameelen kommt ebenfalls hoch und ist die unbequemste. Ich hielt mich daher bescheidentlich an das weniger kostspielige Ochsenfuhrwerk.

Da ich die Reise allein*) machte, war Dr. Sprenger so gefällig, Alles für mich zu besorgen; er schloß mit dem Tschaudrie (Fuhrmann) einen schriftlichen Contract in hindostanischer Sprache ab, dem zu folge ich ihm die Hälfte des Fuhrlohnes, fünfzehn Rupien, gleich bezahlte, die andere Hälfte sollte er in Kottah bekommen, wohin

---

*) Herr Lau ging von hier nach Calcutta zurück.

er mich in vierzehn Tagen bringen mußte, — für jeden Tag Verlängerung hatte ich das Recht ihm drei Rupien abzuziehen. Dr. Sprenger gab mir außerdem noch einen seiner verläßlichsten Tschepraße*) mit, seine gute, liebe Frau aber versorgte mich mit einem guten, warmen Kotzen und Lebensmitteln aller Art, so daß meine Baiti kaum Alles fassen konnte.

Mit wehmüthigem Herzen trennte ich mich von meinen guten Landsleuten. Gott gebe, daß ich noch einmal in meinem Leben sie wiedersehe!! —

Am 30. Jänner 1848 des Morgens verließ ich Delhi. Den ersten Tag ging die Reise nicht weit, nur neun Coos (18 engl. Meilen), bis Faridabad, — die schwerfälligen Thiere mußten erst eingewöhnt werden. Die ersten sechs Coos gewährten mir einige Zerstreuung, da an beiden Seiten der Straße unzählige Ruinen lagen, deren ich viele erst einige Tage zuvor mit meinen Freunden besucht hatte.

Diese, wie alle folgenden Nächte brachte ich in Serai's zu, — ich hatte kein Zelt, keinen Palankin, und Bongolos gab es auf diesem Wege nicht. Die Serai's in den kleinen Ortschaften sind leider mit jenen in den größeren Städten nicht zu vergleichen, die Zellen aus Lehm zusammengeklebt, haben kaum sieben Fuß in der Länge

---

*) Die Tschepraße sind Diener der englischen Regierung, sie tragen rothe Tuchschärpen und auf der Achsel eine Messingplatte, in welcher der Name der Stadt, zu der sie gehören, eingravirt ist. Jedem höher gestellten englischen Beamten sind ein oder mehrere dieser Leute zugewiesen. Das Volk achtet sie viel höher als gewöhnliche Diener.

und Breite und der schmale, vier Fuß hohe Eingang ist ohne Thüre; das Innere ist leer. Zu meiner Verwunderung fand ich sie aber stets sehr rein gefegt, auch brachte man mir überall ein niedriges, hölzernes Gestell, mit Stricken überflochten, auf das ich meinen Kotzen warf und das mir zu einem herrlichen Lager diente. Der Tschepraße legte sich, gleich Napoleons Mameluken, vor den Eingang meiner Zelle, er hatte jedoch einen viel gesunderen Schlaf als dieser, denn schon in der ersten Nacht hörte er nicht das geringste von einem sehr lebhaften Gefechte, das ich mit einem sehr großen Hunde bestand, den mein wohlgefüllter Vorrathskorb angelockt hatte.

31. Jänner. Gegen Mittag kamen wir durch das Städtchen Balamgalam, in welchem sich eine kleine englische Militärstation, eine Moschee und ein ganz neu erbauter Hindustempel befinden. Die Nacht brachten wir in dem Städtchen Palwal zu.

In dieser Gegend sind die Pfauen sehr heimisch, ich sah jeden Morgen Dutzende dieser schönen Thiere auf den Bäumen, in den Feldern und selbst in die Dörfer kommen sie, um sich von den gutmüthigen Eingebornen Futter zu holen.

1. Februar. Unsere heutige Nachtstation war das Städtchen Cossi. Schon während der letzten Coose überholten uns viele Eingebornen, die eilig und geschäftig dem Städtchen zueilten, in und außer welchem ein bedeutender Viehmarkt abgehalten wurde. Dieser Markt gewährte ein Bild der größten Verwirrung, die Thiere standen auf allen Seiten zwischen einer Unzahl von Stroh- und Heuschobern, die Verkäufer schrien und priesen ohne

Unterlaß ihre Waare an, sie zogen, halb überredend, halb gewaltthätig die Käufer hin und her, diese schrien und lärmten nicht minder und so war das ein wahrhaft betäubendes Gewühl. Am meisten fielen mir die unzähligen Schuster auf, die zwischen den aufgethürmten Heu- und Stroh-Bündeln ihre einfache Werkstätte, ein kleines Tischchen mit Draht, Zwirn und Leder aufgerichtet hatten und emsig mit Heilung der Fußbekleidung ihrer Kunden beschäftigt waren. Bei dieser, wie bei vielen andern Gelegenheiten bemerkte ich, daß der Eingeborne bei weitem nicht so träge ist, als man ihn schilt, daß er vielmehr jeden günstigen Augenblick benützt, sich ein Stückchen Geld zu verdienen.

Alle Serai's am Eingange der Stadt waren überfüllt und so blieb uns nichts anderes übrig, als durch den ganzen Ort auf die jenseitige Seite zu ziehen. Das Stadtthor war vielversprechend, stolz und hochgewölbt erhob es sich in die Lüfte, ich hoffte entsprechende Gebäude zu sehen und sah — — — elende Lehmhütten und enge Gassen, so enge, daß die Fußgeher unter die Eingänge der Hütten treten mußten, um unser Gespann vorüber zu lassen.

2. Februar. Einige Coose vor **Matara** lenkten wir von der gebahnten Straße ab, die von **Delhi** nach **Mutra** führt, einer Stadt, die noch unter englischer Botmäßigkeit steht.

Matara ist ein nettes Städtchen mit einer sehr niedlichen Moschee; mit breiten Gassen und gemauerten Häuserchen, deren manche sogar mit Gallerien, Pfeilern oder Sculpturen von rothem Sandstein verziert sind.

Die Gegend bleibt immer dieselbe — unübersehbare Ebenen, auf welchen Fruchtfelder mit Haiden abwechseln, letztere sahen, der trockenen Jahreszeit zufolge ganz ausgebrannt aus. Das Getreide stand bereits fußhoch, war aber derart mit gelben Blumen vermengt, daß man wahrhaftig nicht wußte ob Getreide oder Unkraut gesäet sei. Sehr bedeutend ist hier der Baumwollen=Bau. Die indische Staude erreicht zwar nicht die Höhe und den Umfang der ägyptischen, doch soll die Güte der Baumwolle nicht von der Größe der Staude abhängen und gerade die hiesige Baumwolle die feinste und schönste sein.

Auf diesen Ebenen sah ich hin und wieder kleine Häuschen auf künstlich errichteten senkrecht aufsteigenden Lehmhaufen von sechs bis acht Fuß Höhe, zu deren Plateau's keine Stufen, sondern Leitern führten; die man des Nachts aufziehen konnte. So viel ich aus den Aeußerungen meines Dieners entnahm, den ich aber nur zur Hälfte verstand, dienen sie einzeln wohnenden Familien zur Sicherung gegen die Tiger, deren es hier überall geben soll.

3. Februar. Baratpoore.

Wir passirten eine Gegend, die in weiten Zwischenräumen mit Stauden und verkrüppelten Bäumchen bewachsen war, eine seltene Erscheinung in dieser holzarmen Gegend, — mein Führer beehrte dies Krüppelholz auch mit dem hochtrabenden Namen Jungles (Urwald), — ich hätte sie viel eher mit den schütterstehenden, verzwergten Gebüschen und Gesträppen Islands verglichen. Am Ende dieser Waldregion bekam die Gegend ein ganz merkwürdiges Ansehen, der Boden war an vielen Stellen zerrissen und aufgeworfen, wie in Folge eines Erdbebens.

In dem Serai zu Baratpoore hätte ich bald Furcht bekommen. Es gab da viele Eingeborne, viele Soldaten und besonders einige recht wild aussehende Männer, die abgerichtete Falken bei sich führten; dabei war ich schon nicht mehr auf englischem Grund und Boden und befand mich ohne Schutz unter all diesen Leuten. Sie betrugen sich aber höchst ruhig und gesittet und boten mir Abends und Morgens einen recht herzlichen Salam (Gruß, wobei sie die Hand von der Stirne zur Brust führen). Ich glaube kaum, daß in unsern Ländern eine Gesellschaft ähnlicher Menschen mir dieselbe Achtung bezeugt hätten.

4. Februar. Biana, an dem Fuße einer niedern Gebirgskette liegend. Freudig begrüßte ich letztere! Wie lange mußte ich eines solchen Anblickes entbehren und wie ganz anders nimmt sich eine Landschaft aus, in welche Berge und Thäler eine ergötzende Abwechslung bringen. Vor dem Städtchen kamen wir durch ausgedehnte mohamedanische Friedhöfe mit vielen Tempelchen, die aber zur Hälfte in Ruinen lagen, und in welchen die Sarcophage meist ganz fehlten. Das Städtchen selbst soll einst blühend und schön gewesen sein, jetzt sieht es sehr erbärmlich aus. Vor dem Stadtthore überfielen uns viele Weiber, deren jede uns durch laute, ohrenzerreißende Lobpreisungen für ihren Serai zu gewinnen suchte.

5. Februar. An der andern Seite des Städtchens vor dem Thore sah ich zwei schöne Monumente, runde

Tempel mit hohen Kuppeln und mit künstlich gemeißelten steinernen Gitterwerken in den Fensteröffnungen.

Die Felder und Wiesen waren reich mit indischen Feigenbäumen besetzt, eine Einfassung, die mir außer in Syrien und Sicilien beinahe nirgends vorgekommen ist; rechts der Straße lag ein niedriger Bergstock, dessen äußerste Spitze eine Festung zierte. Die Wohngebäude des Commandanten, statt von den Mauern beschützt zu sein, ragten hoch über selbe empor, sie waren von artigen Veranden umgeben und die Terrasse des Hauptgebäudes trug einen schönen Pavillon, auf Säulen ruhend. Die Schutzmauern der Festung zogen sich bis in das Thal hinab. Vor uns dehnte sich eine große Ebene aus, die aber ringsum von Hügelketten umschlossen war. Wir mochten ungefähr sieben Coos zurückgelegt haben, da stießen wir auf Monumente, die eine ganz eigenthümliche Einfassung hatten. Auf einem kleinen von schönen Bäumen beschatteten Platze bildeten viele Steinplatten von sieben Fuß Höhe und vier Fuß Breite eine runde Wand, in deren Mitte drei Monumente in runder Form (Glockenstürze bildend) von großen Quadersteinen standen. Ihr unterer Durchmesser mochte zwölf, die Höhe sechs Fuß betragen. Sie hatten keinen Eingang.

Auch eine neue Gattung Vögel bekam ich heute zu Gesichte, sie waren an Größe und Bau dem Flamingo sehr ähnlich, sie hatten schöne Schwungfedern; ihr Gefieder war wie angehaucht von dem zartesten Weißgrau, den Kopf zierten purpurrothe Federn.

Die ziemlich große Stadt Hindon beherbergte uns diese Nacht. Ein Palast mit so kleinen Fenstern, daß sie für Puppen, aber nicht für Menschen berechnet schienen, war das einzige was mir hier auffiel.

6. Februar. Als ich des Morgens das Serai verlassen wollte, pflanzten sich drei bewaffnete Männer vor meiner Baili auf und hielten mich, trotz des Schreiens meiner Leute, an. Ich verstand endlich so viel, daß es sich um einige Bais*) handle, die sie für eine vor meinem Schlafgemache durchwachte Nacht in Anspruch nahmen und die ihnen meine Leute nicht zugestehen wollten. Dem Tschepraßo war es nämlich in dem Serai nicht ganz geheuer vorgekommen und er hatte des Abends von dem Serdar (Richter) eine Sicherheitswache verlangt. Die Leute mögen in irgend einem Winkel des Vorhofes ganz wacker geschlafen und vielleicht vom Wachen geträumt haben, denn obwohl ich während dieser gefährlichen Nacht manchmal in den Hof hinaus geblickt hatte, war mir nicht einer von ihnen zu Gesichte gekommen, — was will man aber auch für einige Bais verlangen? Ich beglückte sie mit der kleinen Gabe, worauf sie eine echt militärische Schwenkung zur Seite machten und mich unter vielen Salams weiter ziehen ließen. — Wäre ich zur Furcht geneigt gewesen, so hätte ich schon seit einigen Tagen in beständiger Angst sein müssen, denn das Aussehen der Eingebornen war nichts weniger als Zutrauen einflößend. Alle führten Waffen mit sich, Säbel, Bogen und Pfeile, Gewehre mit brennenden Lunten, tüchtige mit Eisen beschlagene Knüttel, ja selbst kleine Schilder von Eisenblech; diese Bewaffnung erstreckte sich bis auf die Viehhirten im

---

*) Ein Bais = ein Kreuzer.

Felbe. Nichts vermochte mich aber aus meiner Seelenruhe aufzuschrecken, der Sprache unkundig und nur den alten Tschepraßo zur Seite, war's mir immer, als wüßte ich mit Bestimmtheit, daß meine letzte Lebensstunde noch nicht geschlagen habe.

Bei allbem war es mir aber doch nicht unlieb, daß wir die schauerlichen Schluchten und tiefen Erdspalten, durch welche unsere heutige Straße einige Coose führte, bei hellem Tageslichte passirten.

Von diesen Schluchten traten wir in ein großes Thal, an dessen Eingange auf einem einzeln stehenden Berge eine Festung lag; zwei Coose weiter stießen wir auf eine kleine Baumgruppe, in deren Mitte sich eine fünf Fuß hohe Steinterrasse erhob, auf welcher die lebensgroße Statue eines in Stein gemeißelten Pferdes stand. Darneben war ein Brunnen ausgegraben, eine Art Cisterne mit großen Blöcken rothen Sandsteines ausgemauert, zu deren Wasser drei Treppen führten.

Aehnliche und noch viel größere Brunnen und Cisternen von den herrlichsten Mango- und Tamarinden-Bäumen umschattet, findet man in Indien häufig, besonders in Gegenden wo es, wie hier, an guten Quellen mangelt. Hindus und Mohamedaner haben den schönen Glauben, durch Errichtung von Werken für das öffentliche Wohl die künftige Seligkeit leichter zu gewinnen. Sind dergleichen Wasserbehälter und Baumgruppen von Hindus angelegt, so sieht man gewöhnlich noch einige in Stein ausgehauene Sinnbilder ihrer Gottheiten, oder rothbemalte Steine dabei prangen. Bei manchen Brunnen und

Cisternen ist auch ein Mann angestellt, der dem müden Wanderer das Wasser aus der Tiefe holen oder schöpfen muß.

So schön die Einrichtung dieser Wasserbehälter einerseits ist, so eklicht ist es andererseits, daß die Leute überall hineinsteigen, sich waschen und übergießen und daß man aus denselben Brunnen und Cisternen das Wasser zum Trinken schöpfen muß. Was vermag aber nicht der Durst?! Ich füllte meinen Krug so gut wie die Andern.

7. Februar. Dungerkamaluma, ein kleines Oertchen an dem Fuße eines niedlichen Berges. Eine kurze Strecke von der Station lag noch eine ächt arabische Sandwüste, die aber zum Glück nicht von langer Dauer war. Die Sandflächen Indiens sind übrigens kulturfähig, da man nur einige Fuß tief graben darf, um überall Wasser zu finden, um die Felder damit zu überfluthen. Auch in dieser kleinen Wüste lagen einige Waizenfelder, die recht üppig blühten.

Diesen Nachmittag dachte ich schon von meiner Pistole Gebrauch machen zu müssen um einen Streit zu schlichten. Mein Fuhrmann forderte stets, daß ihm Alles ausweichen solle, geschah dies nicht, so zankte er. Heute stießen wir auf ein halb Dutzend bewaffneter Fuhrleute, die auf das Geschrei meines Kutschers nicht achteten, worauf dieser, wuthentbrannt, seine Peitsche aufhob und sie zu schlagen drohte. Wäre es zu einem Gefechte gekommen, so hätten wir, ohnerachtet meiner Hülfe, gewiß das Kürzere gezogen, allein es blieb bei gegenseitigen Schimpfworten und Drohungen und die Kerls wichen aus.

Ich habe überhaupt bemerkt, daß der Indier viel schreit und droht, aber nie zu Thätlichkeiten übergeht. Ich habe viel unter dem Volke gelebt und es beobachtet und oft Zank und Streit, nie aber eine Schlägerei gesehen. Ja, wenn ihr Zank lange fortwährt, setzen sie sich dabei sogar nieder. Nicht einmal die Jungens ringen oder raufen, weder im Scherze noch im Ernste. Ein einziges Mal sah ich zwei Knaben in einen ernstlichen Streit verwickelt, wobei sich der eine so weit vergaß, dem andern eine Ohrfeige zu geben; er that dies aber so behutsam, als ob der Schlag ihm selbst gälte. Der Geschlagene fuhr sich mit dem Aermel über die Backe und der Streit war geendet. Andere Jungens hatten von der Ferne zugesehen, keiner aber Theil genommen.

Diese Gutmüthigkeit mag zum Theil daher rühren, daß das Volk so wenig Fleisch genießt und ihrer Religion gemäß gegen alle Thiere höchst barmherzig ist, doch glaube ich auch, daß einige Feigheit dabei im Spiele ist. So sagte man mir, daß ein Hindu kaum zu bewegen sei ein finsteres Zimmer ohne Licht zu betreten, — macht ein Pferd oder ein Ochse den kleinsten Sprung, so stäubt Groß und Klein ängstlich und schreiend auseinander. Andererseits hörte ich wieder von den englischen Officieren, daß die Sepoi's (so werden die Eingebornen genannt, die den Engländern als Soldaten dienen), ganz brave Soldaten seien. — Kommt diese Tapferkeit mit dem Rocke oder durch das Beispiel der Engländer??

In den letzten Tagen sah ich viele Mohnpflanzungen; sie gewähren einen wundervollen Anblick, die Blätter sind fett und glänzend, die Blumen groß und vielfarbig. Die

Gewinnung des Opiums geschieht auf eine sehr einfache, dabei aber doch höchst mühsame Weise. Man macht in die Mohnköpfe, bevor sie die vollkommene Reife erlangt haben, des Abends mehrere Einschnitte. Aus diesen Wunden quillt das reinste Opium, ein weißer, zäher Saft, der sich an der Luft alsbald verdickt und in kleinen Kügelchen hängen bleibt. Die Kügelchen werden des Morgens mit einem Messer abgeschabt und in Gefäße gegeben, die die Form kleiner Kuchen haben. Eine zweite geringere Gattung gewinnt man durch das Auspressen und Auskochen der Mohnköpfe und Stengel.

In manchen Büchern, darunter auch in „Zimmermanns Taschenbuch der Reisen," las ich, daß die Mohnpflanze in Indien und Persien eine Höhe von vierzig Fuß erreiche, und daß die Kapsel die Größe eines Kinderkopfes habe und gegen eine Maß Saamen enthalte. Dem ist nicht so. Ich sah die schönsten Pflanzungen in Indien und späterhin auch in Persien, fand die Pflanzen aber nie höher als drei, höchstens vier Fuß und den Umfang der Kapsel einem kleinen Hühnerei zu vergleichen.

8. Februar. Madopoor, ein elendes Dorf an dem Fuße niedriger Gebirge. Auch heute kamen wir wieder durch fürchterliche Schluchten und Erdspalten, die sich, gleich den gestrigen, nicht in der Nähe des Gebirges, sondern mitten in der Ebene befanden. Erfreuend war dagegen der Anblick einiger Palmen, der ersten seit ich Benares verlassen, sie trugen jedoch keine Früchte. Noch mehr aber überraschte mich in diesen baum- und strauchlosen Gegenden vereinzelt angepflanzte Tamarinden-, Banian- oder Mango-Bäume, die mit großer Sorgfalt

gepflanzt, in unvergleichlicher Pracht und Fülle gediehen. Doppelt steigt ihr Werth, da man gewiß ist, einen Brunnen oder eine Cisterne darunter zu finden.

9. Februar. Indergur, ein kleines, unbedeutendes Städtchen. Wir rückten heute dem niedern Gebirge, das wir schon gestern gesehen hatten, bedeutend näher, bald befanden wir uns in engen Thälern, deren Ausgang hohe Felswände zu versperren schienen. Auf einigen der höchsten Felsgipfel standen kleine Kioske, dem Andenken der Sulli's geweiht. Sulli heißen jene Frauen, die sich mit der Leiche ihres Mannes verbrennen lassen. Sie werden nach der Behauptung der Hindus dazu nicht gezwungen. Die Verwandten verspotten und verachten sie aber, wenn sie es nicht thun und sie sind aus der menschlichen Gesellschaft verstoßen; gewöhnlich geben daher die Armen ihre freiwillige Zustimmung. Sie werden herrlich gekleidet und geschmückt und durch Opium oft bis zum Wahnsinn betäubt, unter Jubel und Gesang an den Ort geführt, wo die Leiche ihres Mannes, in weißen Musselin gewickelt auf dem Scheiterhaufen liegt. In dem Augenblick als sich das Opfer über die Leiche wirft, wird der Holzstoß von allen Seiten angezündet. Zu gleicher Zeit ertönt eine lärmende Musik und Alles fängt zu schreien und zu singen an, um das Geheul des armen Weibes zu übertäuben. Die Gebeine werden nach der Verbrennung gesammelt, in eine Urne gegeben und auf irgend einer Anhöhe unter einem kleinen Denkmale vergraben. Nur die Gemahlinnen (darunter nur die erste oder die Lieblings=Gemahlin) der Reichen oder Vornehmen haben das Glück verbrannt zu werden. Seit der Eroberung Hindostans

durch die Engländer dürfen diese Gräuelscenen nicht mehr stattfinden.

Die Gebirgsscenen wechselten mit Ebenen und gegen Abend kamen wir an noch schönere Gebirge. Einen interessanten Anblick gewährte eine kleine Festung, die auf dem Abhange eines Berges ganz aufgedeckt lag, man konnte die Moscheen, Kasernen, kleinen Gärtchen u. s. w. vollkommen gut übersehen. Am Fuße dieser Festung lag unser Nachtquartier.

10. Februar. Nolara. Lange fuhren wir durch enge Thäler auf so steinigen Wegen, daß das Fahren kaum auszuhalten war und ich dachte, die Baili müßte jeden Augenblick in hundert Stücke brechen. So lange die Sonne nicht brennend auf meinen Scheitel fiel, ging ich zu Fuß darneben, bald aber war ich gezwungen, den Schatten des mit Linnen bedeckten Wagens aufzusuchen; ich schnürte mir die Stirne fest, klammerte mich an die beiden Seiten des Karrens und ergab mich in mein Schicksal. Der Jungle, der uns umgab, glich an Schönheit und Ueppigkeit dem bei Baralpoor, gewährte mir aber mehr Unterhaltung, da er von wilden Affen belebt war. Sie waren ziemlich groß, hatten gelblichbraune Haare, schwarze Gesichter und sehr lange, wenig behaarte Wickelschwänze. Sehr niedlich war es anzusehen, wie die Mutter um ihre Kleinen besorgt war, wenn ich sie aufschreckte, sie lud eines auf den Rücken, das andere klammerte sich vorne an die Brust, und mit dieser doppelten Last sprang sie nicht nur von Zweig zu Zweig, sondern selbst von Baum zu Baum.

Wäre ich nur mit etwas mehr Einbildungskraft begabt gewesen, so hätte ich diesen Wald wohl für einen Zauberhain gehalten, denn außer den fröhlichen Affen sah ich noch mehr der wunderbaren Dinge. Die Felswände und Felstrümmer zur Linken des Weges hatten nämlich die sonderbarsten und mannigfaltigsten Formen, einige glichen Häuser- oder Tempelruinen, andere Bäumen, — ja die Gestalt eines Weibes mit einem Kindchen auf dem Arme, war so natürlich, daß man sich kaum des Mitleids erwehren konnte, sie in diese traurige Leblosigkeit verwandelt zu sehen. Weiterhin lag ein Thor, dessen edler, kunstvoller Bau mich so täuschte, daß ich lange nach den Ruinen der Stadt suchte, zu der es zu führen schien.

Unweit des Jungles, an einer mächtigen Felswand und noch außerdem durch Festungswerke beschützt, liegt das Städtchen Lakari. Ein herrlicher Teich, ein großer Brunnen mit einem kunstvollen Porticus, Terrassen mit Hindus-Gottheiten und mohamedanische Grabmäler liegen in reizender Unordnung durcheinander.

Vor Notara fand ich einige Altäre mit dem heiligen Stier in Rothstein ausgehauen. In dem Städtchen selbst stand ein hübsches Monument, ein offener Säulentempel auf einer Steinterrasse, die mit schönen Reliefs, Elephanten und Reiter vorstellend, umgeben war.

Es gab hier kein Serai und ich war gezwungen mit meinem Prachtfuhrwerke Straße auf und ab zu fahren, um ein Obdach zu suchen, — Niemand aber wollte die Christin aufnehmen; dies geschah jedoch nicht aus Mangel an Gutmüthigkeit, sondern in Folge einer irrigen

Religionsmeinung, die jedes Haus für verunreinigt hält, welches von einem Andersgläubigen besucht wird. Diese Meinung erstreckt sich auch auf viele andere Gegenstände.

Mir blieb nichts anderes übrig, als diese Nacht in einer offenen Varanda zuzubringen.

In demselben Städtchen sah ich eine Scene, die die Gutmüthigkeit des Volkes beweist. Ein Esel, von der Natur oder durch einen Zufall höchst verkrüppelt, schleppte sich mit großer Anstrengung über die Straße, wozu er mehrere Minuten brauchte. Einige Leute, die mit ihren Lastthieren daher kamen, hielten an und warteten mit hingebender Geduld, ohne einen Laut des Unwillens auszustoßen, ohne eine Hand aufzuheben um das Thier zur größeren Eile anzuspornen. Manche der Einwohner kamen aus ihren Häuserchen und warfen ihm Futter zu und jeder Vorübergehende wich ihm sorgfältig aus. — Mich rührte dieses Zartgefühl ungemein.

In einigen der größeren Städte Indiens gibt es sogar Spitäler für alte oder verkrüppelte Thiere, in welchen sie bis an ihr Lebensende verpflegt werden. Ich sah zwei derlei Anstalten und fand wirklich Thiere darinnen, für welche es aber eine größere Wohlthat gewesen wäre, sie durch den Tod von ihren Leiden und Gebrechen zu befreien; der Hindus tödtet jedoch kein Thier.

11. Februar. Heute, am dreizehnten Tage meiner Reise, kam ich in Kottah an.

Ich war mit meinem Diener und Fuhrmann, wie überhaupt mit der ganzen Reise sehr zufrieden! Die Eigenthümer der Serai's hatten von mir nicht mehr gefordert als von den Eingebornen, und mir alle Gefälligkeiten erwiesen, die ihnen die strengen Gebote ihrer Religion erlaubten. Ich hatte die Nächte in offenen, unverschlossenen Zellen, wohl auch unter Gottes freiem Himmel zugebracht, umgeben von dem Volke der ärmsten und niedrigsten Klasse und war nie beleidiget worden, weder durch Worte, Handlungen noch böse Mienen. Nie ward mir etwas entwendet und wenn ich irgend einem Kinde*) eine Kleinigkeit gab, ein Stückchen Brod, Käse u. dgl., suchten die Eltern stets durch andere Gaben oder Gefälligkeiten mir ihre Erkenntlichkeit zu bezeigen. Ach, wenn doch die Europäer wüßten, wie leicht sie diese guten Natur-Menschen durch Nachsicht und Freundlichkeit gewinnen könnten! Leider aber wollen sie durch Gewalt herrschen und behandeln das arme Volk mit Verachtung und Härte.

Kottah ist die Hauptstadt des Königreiches Radschpatan's. Hier, wie in allen jenen Provinzen, die die englische Regierung noch unter der Herrschaft ihrer eingebornen Prinzen gelassen hat, ist ein englischer Beamte aufgestellt, welcher den Titel „Resident" führt. Diesen Residenten könnte man eigentlich den „König" -oder wenigstens den „Gouverneur des Königs" nennen, denn der wahre König darf ohne seine Einwilligung nichts Bedeutendes unternehmen. Solch ein armer Schattenkönig darf z. B. ohne die Erlaubniß des Residenten nicht einmal die Grenzen seiner Staaten überschreiten. Die größeren

---

*) Gewöhnlich werden die Kinder bis zum neunten Jahre als unrein betrachtet und sind daher an keine Gebote ihrer Religion gebunden.

Festungen des Landes haben englische Besatzungen und hin und wieder sind kleine englische Militär-Stationen angelegt.

Für das Volk ist diese Ueberwachung eines Theils nützlich, andern Theils schädlich. Die Verbrennungen der Witwen sind eingestellt und streng verboten*), ebenso die grausamen Verurtheilungen, als: von Elephanten zertreten oder an den Schwanz eines Elephanten gebunden und zu Tode geschleift zu werden. Dagegen sind die Abgaben größer geworden, da der König für das Recht nach dem Willen des Residenten zu regieren, auch noch einen bedeutenden Tribut erlegen muß, den er natürlich aus dem Säckel des Volkes nimmt. Der König von Radschpatan zahlt jährlich drei Lack (300,000 Rupien) an die englische Regierung.

Der Resident von Kottah, Kapitän Burdon, war ein sehr guter Freund Dr. Sprengers, der ihm meine baldige Ankunft schon im Voraus angezeigt hatte. Leider befand er sich aber auf einer Inspectionsreise nach den verschiedenen Militär-Stationen, doch hatte er vor seiner Abreise alle Anstalten zu meinem Empfange getroffen und Herrn Dr. Rolland**) ersucht, für ihre Ausführung Sorge zu tragen. Man trieb die Aufmerksamkeit so weit, daß man mir auf der letzten Nachtstation Zeitungen, Bücher und Diener entgegen gesandt, die mich aber verfehlten,

---

*) Seit dem Jahre 1843 soll in ganz Indien keine Verbrennung mehr stattgehabt haben.

**) In jeder Residentschaft ist ein englischer Arzt angestellt.

da mein Fuhrmann die zwei letzten Tage vom Hauptwege ablenkte und näher führende einschlug.

Ich stieg in dem schönen Bongolo des Residenten ab. Das ganze Haus war leer; Madame Burbon hatte sammt den Kindern ihren Gemahl begleitet, wie dies gewöhnlich in Indien geschieht, wo häufige Luftveränderung für den Europäer sehr nothwendig sein soll. Das Haus, die zurückgebliebenen Diener und Sepoi's, des Kapitäns Palankin und Equipage standen ganz zu meiner Verfügung und um mein Glück zu vervollständigen, war Dr. Rolland so gütig, sich mir zu allen Ausflügen als Begleiter anzutragen.

12. Februar. Des Morgens sandte mir der König Ram-Singh, der sogleich von meiner Ankunft unterrichtet war, in großen Körben eine Menge Früchte und Süßigkeiten und zu gleicher Zeit, was mir mehr Freude machte, seinen schön geschmückten Leib-Elephanten, einen Officier zu Pferde und einige Soldaten. Bald saß ich mit Dr. Rolland auf der hohen Hauda (der Sitz auf dem Elephanten) und trabte der nahen Stadt zu.

Kottah zählt an 30,000 Einwohner, und liegt an dem Flusse Tschumbal, in einer unbegrenzten, theilweise sehr felsigen Ebene, 1300 Fuß über der Meeresfläche. Die Stadt, die sich vortheilhaft ausnimmt, ist von starken Festungswerken umgeben, auf welchen fünfzig Kanonen vertheilt sind. Die nahe Umgebung ist felsig, kahl und öde. Das Innere der Stadt ist durch drei Thore in drei Theile getheilt. Die erste Abtheilung wird von der armen Volksklasse bewohnt und sieht sehr erbärmlich aus, die beiden andern Abtheilungen, von den Kaufleuten und

Vornehmen bewohnt, haben ein ungleich besseres Ansehen. Die Hauptstraße, obwohl holprig und felsig, ist doch wenigstens breit genug, um ohne Anstand an den Fuhrwerken und schweren Lastthieren vorbeikommen zu können.

Im höchsten Grade originell ist die Bauart der Häuser. Schon in Benares war mir die Kleinheit der Fenster aufgefallen, hier sind sie so enge und niedrig, daß die Leute kaum den Kopf hinausstecken können; die meisten sind statt der Gläser durch fein gearbeitete Steingitter verschlossen. Viele Häuser haben große Erker, andere in den ersten Stockwerken große Hallen, die auf Säulen ruhen und die ganze Fronte des Hauses einnehmen; viele dieser Hallen waren durch Zwischenwände in größere und kleinere offene Säle getheilt, an den beiden Ecken der Hallen zierliche Pavillons und im Hintergrunde der Hallen führen Thüren in das Innere des Hauses. Diese Hallen dienen meist zu Geschäfts- und Verkaufs-Localen, sind aber auch der Sammelplatz müßiger Leute, die auf Matten und Teppichen sitzend, ihre Huka rauchen und sich an dem Straßengewühle ergötzen. An andern Häusern waren wieder die Vorderwände al fresco bemalt, mit fürchterlichen Riesen, Tigern, Löwen, zwei- bis dreimal so groß als sie die Natur geschaffen, die unter grimmigen Verzerrungen die Zungen weit hervorstreckten, oder mit Gottheiten, Blumen, Arabesken u. s. w. ohne Sinn und Geschmack untereinander geworfen, jämmerlich gezeichnet und mit den schreiendsten Farben überschmiert.

Eine schöne Zierde der Stadt sind hingegen die zahlreichen Hindus-Tempel, die alle auf hohen Steinterrassen stehen und bedeutend höher, umfangreicher und schöner sind als jene von Benares, den Visvishas ausgenommen. Die Tempel hier stehen auf offenen Hallen von Säulengängen durchschnitten, mit mehreren viereckigten Thürmen verziert und mit Kuppeln von zwanzig bis vierzig Fuß Höhe überdeckt. In der Mitte befindet sich das Sanctuarium, ein kleines, sorgfältig verschlossenes Gemach, in welches eine Thüre führt. Diese Thüre, so wie die Säulen und Friesen sind mit schönen Sculpturen überdeckt, die viereckigten Thürme eben so sorgfältig ausgearbeitet wie jene in Benares. Unter den Hallen stehen häßliche Götzengestalten und Sinnbilder, von welchen manche mit hellrother Farbe überstrichen sind. An den Seitenwänden der Terrassen sind Arabesken, Elephanten und Pferde in Relief ausgehauen.

Der königliche Palast liegt an dem Ende des dritten Stadttheiles und bildet eine Stadt in der Stadt, oder besser gesagt, eine Festung in der Festung, da er nicht nur gegen Außen, sondern auch gegen die Stadt von ungeheuern Festungsmauern umgeben ist; viele größere und kleinere Gebäude liegen innerhalb derselben, weisen aber, außer schönen Hallen, nichts Besonderes auf.

Wäre der Resident in Kottah gewesen, würde ich dem König vorgestellt worden sein, so mußte es, der Etiquette wegen, unterbleiben.

Von der Stadt begaben wir uns nach Armornevas, einem der nahen Lustschlößchen des Monarchen. Der Weg dahin war über alle Maßen schlecht, voll Felsplatten und großer Steine, — ich konnte nicht genug unsern Elephanten bewundern, der seine plumpen Füße mit großer

Geschicklichkeit dazwischen setzte und so eilig forttrabte, als ob es über die schönste Straße gegangen wäre.

Als ich gegen Dr. Rolland meine Verwunderung äußerte, wie der König nach seinem Lustschlosse, das er so häufig besuche, keine gute Straße bauen ließe, erwiederte er mir, daß es bei allen indischen Monarchen eine Maxime sei, keine Straße anzulegen, da ihrer Meinung nach, im Falle eines Krieges, gebahnte Wege das Einbringen des Feindes zu sehr erleichtern.

Das Schlößchen ist klein und unbedeutend, es liegt an dem Flusse Tschumbal, der sich hier in die Felsen ein merkwürdig tiefes Bett gewühlt hat. Malerische Schluchten und Felsgruppen bilden seine Ufer.

Das Schloßgärtchen ist so dicht mit Orangen-, Citronen- und andern Bäumen besetzt, daß auch nicht das kleinste Blumenbeetchen oder Rasenplätzchen dazwischen Raum hätte; die wenigen Blumen in den indischen Gärten befinden sich am Eingange. Die Wege sind zwei Fuß hoch aufgemauert, da der Boden, der häufigen Bewässerung halber, beständig schmutzig und feucht ist. Die meisten indischen Gärten, die ich in der Folge sah, glichen diesem.

Der König erlustiget sich hier häufig an kleinen Thiergefechten.

Etwas weiter aufwärts am Flusse sind auf niedern Hügeln kleine Thürme zum Behufe der Tigerjagd angelegt. Die Tiger werden nach und nach dem Wasser zugetrieben und immer enger eingeschlossen, bis sie sich auf Schußweite von den Thürmchen befinden. Der König mit seiner

Gesellschaft sitzt wohlgesichert auf dem Plateau des Thürmchens und feuert muthvoll auf die wilden Unholde.

Neben dem Schlößchen war so eben der Bau eines hölzernen kleinen Tempels beendet worden, in welchem jedoch noch die Hauptsache, der liebenswürdige Götze fehlte. Diesem glücklichen Umstande hatten wir es zu verdanken, daß wir das Sanctuarium betreten durften, — es bestand aus einem kleinen Marmor-Kioske, der in der Mitte der Halle stand. Der Tempel und die Säulen waren mit ziemlich schlechten Malereien in den grellsten Farben überklext. — Es ist sonderbar, daß sich weder die Hindus noch die Mohamedaner je auf Malerei verlegt haben müssen, denn von keinem dieser Völker sind gute Gemälde oder Zeichnungen zu sehen, während sie so Großes im Baufache, in Reliefs und in Mosaik-Arbeiten geleistet haben.

Von Armornevas wendeten wir uns nach dem Inselchen Cotrikatalan, das nahe der Stadt in einem kleinen See liegt. Auch hier ist ein kleines königliches Schlößchen, sammt einem kleinen Gärtchen, zu sehen, die sich aber beide vom Ufer aus ungleich besser ausnehmen, als in der Nähe.

Zum Schlusse besuchten wir einen ausgezeichnet schönen Hain von Tamarinden- und Mango-Bäumen, unter deren Schatten in schönen Monumenten die Asche vieler königlicher Prinzen aufbewahrt liegt. Diese Monumente bestehen aus offenen Tempeln, zu welchen breite Treppen von zehn bis zwölf Stufen führen. An den Aufgängen der Treppen stehen zu jeder Seite steinerne

Elephanten. Einige der Tempel sind mit schönen Sculpturen verziert.

Der Abend wurde durch allerlei Unterhaltungen ausgefüllt. Der gute Doctor wollte mich mit den verschiedenartigen Geschicklichkeiten der Hindus bekannt machen, deren mir jedoch die meisten nicht mehr neu waren. So führte uns ein Affenmann seine kleine Gesellschaft vor, die ganz artige Kunststücke vollführte, — ein Schlangenbändiger ließ die giftigsten Schlangen*) sich um seinen Körper schlingen, die größten Scorpionen auf Armen und Beinen umherkriechen. Zuletzt erschienen vier elegante Tänzerinnen, in gold= und silbergestickten Musselin gekleidet und mit Schmuck überladen, — Ohren, Stirne, Hals, Brust, Lenden, Hände, Arme, Füße, kurz alle Theile des Körpers hingen voll Gold, Silber und Gestein, ja selbst die Fußzehen waren damit geschmückt und von der Nase hing bis über den Mund ein großer Reif mit drei Steinen. Zwei der Tänzerinnen traten zuerst auf, ihr Tanz bestand in denselben schneckenartigen Bewegungen, die ich bereits in Benares gesehen, nur machten sie sie ungleich lebhafter und verdrehten auf alle denkbare Weise Finger, Hände und Arme. Man hätte mit vollem Rechte von ihnen sagen können, daß sie mit den Armen, aber nicht mit den Füßen tanzten. Zehn Minuten tanzten sie ohne Gesang, dann fingen sie an zu kreischen, jedoch ohne zusammen zu stimmen, wobei ihre Bewegungen immer

---

*) Man sagt: der hohle Zahn, in welchem sich der Giftsack oder die Giftblase befindet, ist der Schlange ausgebrochen und dadurch ist ihr Biß ohne böse Folgen.

rascher und wilder wurden, bis ihnen nach ungefähr einer halben Stunde Kraft und Stimme versagten. Ganz erschöpft traten sie ab und überließen den Schauplatz ihren Schwestern, die denselben Spectakel wiederholten. — Dr. Rolland sagte mir, daß sie eine Liebesgeschichte vortrügen, in welcher alle Tugenden und Leidenschaften, als: Sanftmuth, Treue, Hingebung, dann Haß, Verfolgung, Verzweiflung u. s. w. ihre Rollen spielten. — Die Musikanten standen knapp hinter den Tänzerinnen und folgten jeder ihrer Bewegungen. Der ganze Raum, den solch eine Gesellschaft braucht, mißt höchstens zehn Fuß in der Länge und acht Fuß in der Breite. Die guten Hindus vergnügen sich stundenlang an diesen geschmacklosen Wiederholungen.

Ich erinnere mich in Büchern gelesen zu haben, daß die indischen Tänzerinnen weit graziöser seien als die europäischen, daß ihre Gesänge höchst melodisch klängen und ihre Mimik zart und begeisternd, hingebend und ergreifend sei. Ich möchte wissen, ob die Verfasser ähnlicher Bücher wirklich in Indien gewesen sind?! Nicht minder übertrieben fand ich die Beschreibungen anderer, die behaupteten, daß man nichts unsittlicheres als die indischen Tänze sehen kann. Diese möchte ich wieder fragen, ob sie die Sammaquecca und Resolosa in Valparaiso, die Insulanerinnen auf Otahaiti, oder selbst unsere Tänzerinnen in fleischfarbigen Tricots gesehen haben?! —

Der Anzug des weiblichen Geschlechtes in Radschpatan und einigen Gegenden Bundelkund's ist von dem in den andern Gegenden Indiens sehr verschieden. Sie tragen lange, farbige, faltenreiche Röcke, fest anliegende Leibchen, die so kurz sind, daß sie kaum die Brust decken und darüber ein weißes oder blaues Tuch, in welches sie den Oberkörper, den Kopf und das Gesicht hüllen, und von dem sie einen Theil, gleich einer Schürze, vorne herabhängen lassen. Mädchen, die die Köpfe nicht immer verhüllt haben, gleichen in diesem Anzuge beinahe unsern Bauerndirnen. Mit Schmuck sind sie, gleich den Tänzerinnen, überladen; wenn sie ihn nicht in Gold oder Silber haben können, begnügen sie sich mit irgend einem andern Metalle. Die Reife um Hände, Arme und Füße tragen sie auch von Horn, Bein oder Glasperlen. An den Füßen tragen sie Schellen, so daß man sie schon sechzig Schritte weit kommen hört; die Fußzehen sind mit breiten, schweren Ringen überdeckt und von der Nase hängen Ringe bis an das Kinn herab, die sie bei jeder Mahlzeit über die Nase hinaufschlagen müssen. — Ich bedauerte die armen Geschöpfe, die an ihrem Putze nicht wenig zu tragen haben mögen! —

Die Augenbrauen und Augenlieder färben sie schon in frühester Jugend schwarz, auch malen sie sich häufig fingerbreite dunkelblaue Streifen über die Augenbrauen und Flecke auf die Stirne. Die Erwachsenen punktiren Brust, Stirne, Nase oder Schläfe mit rothen, weißen oder gelben Farben, je nachdem sie einer oder der andern Gottheit besonders ergeben sind. Viele tragen Amulete und Bildchen an Schnüren um den Hals, so daß ich sie anfangs für Katholiken hielt, und über die glänzenden Erfolge der Missionäre sehr erfreut war. Als ich aber einst einem der Hindus näher trat um das Bildchen besser zu besehen, was sah ich da! etwa eine liebliche Madonna? ein blond gelocktes Engelsköpfchen? einen schwärmerischen

Antonio von Padua? Ach nein! es grinsten mir der achtarmige Gott Schiwa, der Ochsenkopf Vischnu's, die langzungige Göttin Kalli entgegen. Die Amulete enthielten höchst wahrscheinlich etwas von der Asche eines ihrer verbrannten Märtyrers, oder einen Nagel, ein Stückchen Haut, ein Haar eines Heiligen, einen Splitter von den Knochen eines heiligen Thieres u. s. w.

13. Februar. Heute führte mich Dr. Rolland nach dem Städtchen Kesho-Rae-Patum, einem der heiligsten in Bunda und Radschpaton, das am jenseitigen Ufer des Tschumbal, sechs engl. Meilen von Kottah liegt. Viele Pilger kommen hierher sich zu baden, da sie das Wasser an dieser Stelle für ganz besonders heilig halten. — Diesen Glauben kann man ihnen nicht übel nehmen, wenn man bedenkt, wie viele Christen es gibt, die der heiligen Maria zu Maria-Zell, Einsiedeln oder Loretto den Vorzug vor den andern geben, die doch alle eine und dieselbe vorstellen.

Schöne Steintreppen führen von der Höhe des Ufers bis an den Fluß und in zierlichen Kiosken sitzen Brahminen, die den Gläubigen zur Ehre der Götter Geld abnehmen. Auf einer der Treppen lag eine sehr große Schildkröte; sie konnte sich ruhig da sonnen, kein Mensch dachte daran sie zu fangen — sie kam aus dem heiligen Flusse, ja sie war vielleicht gar der verkörperte Gott Vischnu selbst*). Längs des Flusses stehen viele steinerne Altäre mit kleinen, ebenfalls in Stein ausgehauenen Stieren und andern Sinnbildern.

---

*) Gott Vischnu wird auch als Schildkröte dargestellt.

Das Städtchen selbst ist klein und erbärmlich, der Tempel aber groß und schön.

Man war hier so tolerant, uns den Eintritt in alle Räume des Tempels zu gestatten; er ist von allen Seiten offen und bildet ein Achteck. Im obern Theile umgeben ihn Gallerien, von welchen die eine Hälfte für die Weiber, die andere für die Musikanten bestimmt ist. Das Sanctuarium steht im Hintergrunde des Tempels, fünf Glocken hingen davor, an welche geschlagen wird, wenn Frauen in den Tempel treten; sie erschallten auch bei meinem Eintritte. Hierauf wurde die verhängte und verschlossene Pforte geöffnet und uns der volle Blick in das Innere gestattet. — — Wir sahen da eine kleine Gesellschaft in Stein ausgehauener Götzen. Das Volk, das uns neugierig gefolgt war, fing bei Eröffnung des Allerheiligsten ein leises Gemurmel an, — ich wandte mich etwas befangen um, in der Meinung, daß es uns gälte und war aufs Aergste gefaßt, allein es waren Gebete, die sie in andachtsvoller Stellung leise vor sich hersagten. Einer der Brahminen verscheuchte mit einem großen Fliegenwedel die kecken Fliegen von den geistreichen Antlitzen der Götter.

An den großen Tempel stoßen mehrere Kapellen, die sich alle vor uns öffneten; sie enthielten rothbemalte Steine oder Bilder. Im Vorhofe sitzt unter einem Dächlein ein steinerner Heiliger, der ganz ordentlich angekleidet war und selbst eine Mütze auf dem Kopfe hatte.

Am jenseitigen Ufer des Flusses liegt ein kleiner Hügel, auf welchem ein großer, ziemlich plump in Stein ausgehauener Stier ruht. Dieser Hügel wird der „**heilige Berg**" genannt.

Kapitän **Burdon** hat in der Nähe des „heiligen Berges" ein höchst geschmackvolles Haus gebaut, welches er manchmal mit seiner Familie bewohnt. Ich sah daselbst eine schöne Sammlung ausgestopfter Vögel, die der Resident selbst von der Gegend des Himalaya gebracht hat; ich bewunderte besonders die Fasanen, von welchen einige in wahrem Metallglanze schimmerten, nicht minder schöne Exemplare gab es unter den Auerhähnen.

Gesehen hatte ich nun Alles und so bat ich den Doctor, mir für den nächsten Tag eine Gelegenheit nach Indor (180 engl. Meilen) zu bestellen, er überraschte mich mit dem Anerbieten des Königs, mir Kameele zu geben, so viel ich deren brauche und auch zwei Sepoi's zu Pferde, als Begleiter. Ich bat um zwei Stück, das eine für mich und mein kleines Gepäcke, das andere für den Treiber und den Diener, den mir Dr. Rolland mitgab.

Fortsetzung der Reise.

Die Reisen auf indischen Kameelen. Zusammenkunft mit der Familie Burbon. Die weibliche Volksklasse in Indien. Udjein. Indor. Kapitän Hamilton. Vorstellung bei Hofe. Eisfabrikation. Die Felstempel von Adjunta. Eine Tigerjagd. Die Felstempel von Elora. Die Festung Dowlutabad

14. Februar. Morgens fünf Uhr waren die Kameele bestellt, aber erst gegen Mittag kamen sie und mit jedem ein Treiber. Als diese mein Kofferchen erblickten (25 Pfund im Gewichte), waren sie ganz verblüfft; sie wußten nicht wohin damit. Ich erklärte ihnen vergebens, wie man in Egypten packe und daß ich mein geringes Gepäcke stets bei mir auf meinem Thiere gehabt habe, — — sie waren das Ding anders gewohnt und wollten davon nicht abweichen.

Das Reisen auf Kameelen ist immer unangenehm und ergreifend, die stoßende Bewegung des Thieres bewirkt selbst bei vielen Reisenden dasselbe Uebel, wie das Schaukeln des Schiffes auf dem Meere, — beinahe unerträglich wird es aber in Indien durch die zweckwidrige Einrichtung. Jedes Thier hat hier seinen Führer, der vorne sitzt und den guten Platz einnimmt, dem Reisenden ist kaum ein kleines Fleckchen auf dem Hintertheile des Thieres gestattet.

Dr. Rolland rieth mir, mich vor der Hand in mein Schicksal zu ergeben, den nächstfolgenden Tag würde ich mit Kapitän Burbon zusammentreffen, und diesem sei es leicht, mir eine bequemere Gelegenheit zu verschaffen. — Ich folgte seinem Rathe, ließ mein Gepäck tragen und bestieg geduldig mein Kamehl.

Wir durchzogen ausgedehnte Ebenen, in welchen sich vor allem bedeutende Flachs=Pflanzungen auszeichneten, kamen an einem schönen Teiche vorüber, dem zunächst ein niedlicher Palast lag und erreichten gegen Abend das Dörfchen Moasa, wo wir über Nacht blieben.

In den Ländern, die unter eingebornen Fürsten stehen, gibt es weder Postanstalten noch Straßen; doch sind in allen Städten und Dörfern Leute bestimmt, die den Reisenden die Wege zeigen und deren Gepäck tragen müssen, wofür man eine unbedeutende Kleinigkeit zu zahlen hat. Jene Reisenden, die von dem Könige oder Aumil (Gouverneur) eine Wache oder einen Tschepraßo mit haben, bezahlen dafür nichts, die andern geben per Kopf ein bis vier Bais, je nach der geringeren oder größeren Entfernung.

Als ich in Moasa ankam, eilte alles herbei, mir zu dienen, — ich reiste ja mit des Königs Leuten; auch gehörte in dieser Gegend ein europäisches Frauengesicht schon zu den Seltenheiten. Man brachte mir Holz, Milch und Eier. Meine Tafel war überall ziemlich gleich frugal bestellt: wenn es gut ging, gab es Reis in Milch gekocht oder einige Eier, für gewöhnlich nur Reis mit

Wasser und Salz. Ein ledernes Gefäß für Wasser, ein Pfännchen zum Kochen, eine Handvoll Salz und etwas Reis und Brod, war alles, was ich mit mir führte.

15. Februar. Spät des Abends kam ich in Nurankura an, einem Oertchen, das von niedern Gebirgen umgeben ist. Ich traf hier einige Zelte des Kapitän Burdon, eine Magd und einen Diener. Unendlich ermüdet zog ich mich alsogleich in eines der Zelte zurück, um mich zur Ruhe zu begeben. Kaum hatte ich einen Divan eingenommen, als die Magd in das Zelt trat und mich, ohne zu fragen, abzukneten anfing. Ich wollte es ihr verwehren; allein sie erklärte mir, daß dies, wenn man so ermüdet sei, sehr gut thue, drückte meinen Körper eine Viertelstunde lang von oben bis unten tüchtig durch, und die Wirkung war wahrhaftig von großem Erfolge, — ich fand mich sehr erleichtert und gestärkt. Dieses Drücken und Kneten des Körpers ist in Indien, wie im ganzen Orient, besonders nach dem Bade, sehr gebräuchlich; auch die Europäer lassen diese Operation gerne mit sich vornehmen.

Die Magd erklärte mir halb mit Zeichen, halb mit Worten, daß man mich schon des Mittags hier erwartet hätte, daß ein Palankin für mich bereit stände und daß ich im Palankine so gut schlafen könnte, wie im Zelte. Ich war damit einverstanden und setzte des Nachts um eilf Uhr meine Reise wieder fort. Die Gegend war zwar, wie ich wußte, von Tigern belebt; allein da mehrere Fackelträger mitgingen und die Tiger geschworne Feinde des Lichtes sind, so konnte ich meine unterbrochene Schlafpartie ruhig fortsetzen.

Um drei Uhr des Morgens setzte man mich abermals in einem Zelte ab, das zu meiner Aufnahme bereit und mit allen Bequemlichkeiten versehen war.

16. Februar. Diesen Morgen lernte ich die liebenswürdige Familie Burdon kennen. Beide Ehegatten leben im Kreise von sieben Kindern, die sie größtentheils selbst unterrichten, vergnügt und zufrieden, obwohl sie ganz nur auf sich selbst angewiesen sind, da außer Dr. Rolland kein Europäer in Kotlah lebt. Sie erhalten höchst selten Besuche durchreisender Officiere, und ich war seit vier Jahren die erste Europäerin, welche Madame Burdon zu Gesichte bekam.

Ich brachte den ganzen Tag höchst angenehm in dem Kreise dieser Familie zu. Nicht wenig war ich erstaunt, hier alle Bequemlichkeiten zu finden, wie sie nur ein sehr gut eingerichtetes Haus bieten kann, und ich will bei dieser Gelegenheit nur mit einigen Worten beschreiben, auf welche Art englische Officiere und Beamte in Indien reisen.

Vor allem besitzen sie Zelte, die so groß sind, daß sie zwei bis vier Zimmer enthalten (ich sah Zelte von mehr denn 800 Rup. im Werthe); sie nehmen die hierzu gehörigen Möbel, vom Fußteppich bis zum eleganten Divan, ja beinahe das ganze Haus- und Küchengeräthe mit. Dabei haben sie eine Unzahl Diener, von denen jeder seine eigene Beschäftigung hat, die er sehr genau kennt.

Die Herrenleute legen oder setzen sich, nachdem sie die Nacht in ihren Betten zugebracht, des Morgens um drei Uhr in bequeme Palankine oder steigen zu Pferde, um nach vier bis fünf Stunden (sie machen nie mehr als vier Coose den Tag) am aufgerichteten Zelte abzusteigen und das dampfende Frühstück einzunehmen. Sie finden alle häuslichen Bequemlichkeiten, verrichten ihre gewöhnlichen Beschäftigungen, halten ihre gewohnten Mahlzeiten, sind, mit einem Worte, ganz zu Hause.

Der Koch tritt immer des Nachts seine Wanderung an, die Zelte werden, sobald sie verlassen sind, abgebrochen, schnell fortgeschafft und eben so schnell wieder aufgesteckt; an Menschenhänden und Lastthieren fehlt es nicht.

In den cultivirtesten Ländern Europa's reist man nicht so luxuriös und bequem als in Indien.

Des Abends mußte ich wieder scheiden. Der gute Herr Burdon wollte mir bis Indor seinen Palankin mit den dazu gehörigen Trägern geben; mich dauerten aber die Leute zu sehr, und ich gab vor, die Reise auf dem Kamehle nicht unangenehm zu finden, ja sie, der freien Aussicht halber, der im Palankine sogar vorzuziehen. Doch nahm ich, meines kleinen Kofferchens wegen, ein drittes Kamehl. — Die Sepoi's ließ ich hier zurück.

Wir gingen diesen Abend noch vier Coose nach dem Städtchen Patan.

17. Februar. Des Morgens sah ich erst, daß Patan an einer romantischen Hügelkette lag und einige ausgezeichnet schöne Tempel aufzuweisen hatte, in deren offenen Hallen lebensgroße, in Stein gehauene Figuren saßen. Die Arabesken und Figuren an den Säulen waren erhaben und rein ausgearbeitet. In den Thälern, die wir

durchzogen, gab es viel basaltähnliches Gestein so wie herrlich krystallisirte Quarze.

Gegen Abend erreichten wir Bat-chbachar, ein erbärmliches Städtchen.

18. Februar. Run-tscha ist etwas größer und besser. Ich mußte hier mein Lager mitten auf dem Bazar unter einer offenen Veranda aufschlagen. — Serai's gibt es auf diesem Wege nicht. Die halbe Bevölkerung der Stadt versammelte sich alsbald um mich und beobachtete mit großer Aufmerksamkeit meine Bewegungen und Handlungen. Ich gab ihr Gelegenheit, das Aussehen einer erzürnten Europäerin zu studieren, denn ich war über meine Leute sehr aufgebracht und schalt sie, trotz meiner geringen Sprachkenntniß, tapfer aus. Sie ließen nämlich die Kamehle so schläfrig gehen, daß wir, obwohl vom frühen Morgen bis späten Abend auf dem Marsche, nicht mehr als zehn bis eilf Coose, wie mit einem Ochsenfuhrwerke, machten. Ich erklärte ihnen, daß dies nicht mehr geschehen dürfe, und es geschah auch nicht mehr. Ich muß bei dieser Gelegenheit allen widersprechen, die behaupten, daß die Kamehle im Durchschnitte vierzig Coose täglich machen und daß, wenn sie auch langsam gingen, ihre Schritte sehr ausgiebig seien. Ich untersuche jede Sache sehr genau und urtheile dann nach meiner Erfahrung, ohne mich durch das gelesene beirren zu lassen. Bevor ich eine Reise antrete, bemerke ich mir nicht nur die Hauptentfernungen, sondern auch die Distanzen zwischen den einzelnen Orten, ordne mit Hülfe sachverständiger Freunde meinen Reiseplan von Station zu Station und bin auf

diese Weise meinem Führer gewachsen, der mir nicht sagen kann, wir hätten zwanzig bis dreißig Coose zurückgelegt, wenn wir nur die Hälfte gemacht haben. Ferner konnte ich auf der Reise von Delhi nach Kottah; die ich mit einem Ochsenfuhrwerke zurücklegte, mehrere Kamehlzüge beobachten, mit denen ich jeden Abend auf derselben Nachtstation zusammentraf. Es ist wahr, daß ich vortreffliche Ochsen hatte und daß die Kamehle zu den gewöhnlichen gehörten. Ich machte aber auf dieser Reise mit guten Kamehlen doch täglich nicht mehr als fünfzehn, höchstens sechzehn Coose und war von Morgens vier Uhr bis Abends sechs Uhr, zwei Stunden der Mittagsruhe ausgenommen, ununterbrochen auf dem Marsche. Ein Kamehl, das in einem Tage vierzig Coose macht, gehört zu den Ausnahmen und würde diese Aufgabe am zweiten und dritten Tage schwerlich mehr leisten können.

19. Februar. **Ranera, ein unbedeutender Ort.**

Hier wurde mir ein Kuhstall zum Schlafgemache angewiesen. Er war zwar sehr rein gehalten; ich zog es aber doch vor, unter freiem Himmel vor dem Stalle zu schlafen.

Bis in die späte Nacht ging es in diesem Orte sehr lebhaft zu: Züge von Menschen, meist Weiber und Kinder, folgten dem Lärm des Tam-Tam, das sie mit einem widerlichen, heulenden Gesange begleiteten, — sie zogen nach irgend einem Baume, unter welchem ein Götzenbild errichtet war.

Wir hatten diesen Tag viele niedere Hügelreihen zu übersteigen. Der unbebaute Boden war überall von der glühenden Sonne*) ausgebrannt; dagegen blühten die Pflanzungen von Mohn, Flachs, Getreide, Baumwolle u. s. w. sehr üppig. Allenthalben waren Wassergräben in die Felder geleitet und Bauern mit ihren Ochsengespannen beschäftigt Wasser aus den Brunnen und Flüssen zu ziehen. Weiber sah ich dabei nicht arbeiten. Ich hatte auf meinen vielen Reisen Gelegenheit zu beobachten, daß das Loos der ärmeren weiblichen Volksklasse weder in Indien noch im Oriente oder sonst unter rohen Völkern so hart ist als man allgemein glaubt. Alle schweren Arbeiten verrichten die Männer, selbst in die den Weibern zugehörigen Arbeiten greifen sie ein. So wird z. B. in den Städten, wo Europäer wohnen, deren Wäsche von den Männern gewaschen und geplättet; das Weib darf an den öffentlichen Arbeiten höchst selten Theil nehmen, sie trägt Holz, Wasser oder sonst eine schwere Last nur in ihr eigenes Haus. Auf den Feldern sieht man zwar zur Erntezeit Weiber; doch besorgen sie auch da nur die leichteren Arbeiten. Begegnet man Zügen, bei welchen sich Pferde oder Ochsen befinden, so sitzen die Weiber und Kinder darauf und die Männer gehen nebenher und sind oft noch mit Bündeln beladen. Sind keine Lastthiere bei dem Zuge, so tragen die Männer die Kinder und Lasten. Auch sah ich nie einen Mann sein Weib oder Kind mißhandeln. Ich wollte von Herzen wünschen, daß die Weiber der armen Volksklasse in unsern Ländern von

---

*) Obwohl es erst Anfangs Frühling war, stieg die Hitze doch während des Tages auf 28—30 Grad Réaumür.

ihren Männern nur halb so schonungsvoll behandelt würden, wie ich es in allen übrigen Welttheilen sah. —

20. Februar. Udjein an der Seepa, eine der ältesten und bestgebautesten Städte Indiens, ist die Hauptstadt des Königreiches Sindhia, mit einer Bevölkerung von mehr als 100,000 Seelen.

Die Bauart dieser Stadt ist ganz eigenthümlich: die Vorderwände der stockhohen Häuser sind von Holz und mit großen, regelmäßigen Fensteröffnungen im obern Stockwerke versehen, die statt der Glasscheiben mit Balken fest verschlossen werden. Im Innern baut man die Gemächer alle sehr hoch und luftig: sie gehen von der ebenen Erde bis unter das Dach ohne Unterbrechung eines Zwischenbodens durch. Die Außenwände und Balken der Häuser sind mit dunkelbrauner Oelfarbe übermalt, — diese Stadt sah über alle Beschreibung düster aus.

Zwei Häuser zeichneten sich durch Größe und durch ungemein schön ausgeführtes Holzschnitzwerk vor den übrigen aus; sie hatten zwei Stockwerke und waren mit Gallerien, Säulen, Friesen, Nischen u. s. w. sehr geschmackvoll verziert. So viel ich aus der Beantwortung meiner Fragen und den zahlreichen Dienern und Soldaten, die sich vor denselben umhertrieben, entnehmen konnte, waren es die Paläste des Aumil und der Königin Witwe Madhadji-Sindhia.

Wir durchzogen die ganze Stadt; die Straßen waren breit, die Bazare sehr ausgedehnt und mit Menschen so überfüllt, daß wir häufig anhalten mußten, — es war gerade großer Markt. Nie sah ich in Indien bei ähnlichen Gelegenheiten, so wie bei großen Festen und

Volksversammlungen, Betrunkene, obgleich es nicht immer an berauschenden Getränken fehlt — die Menschen sind hier nüchtern und enthaltsam, auch ohne Vereine.

Außerhalb der Stadt fand ich eine offene Veranda, in welcher ich mein Nachtquartier aufschlug.

Ich ward hier Zeuge einer traurigen Scene, eine Folge der irrigen Religionsbegriffe der sonst so gutmüthigen Hindus. Ein Greis lag unweit der Veranda ausgestreckt auf dem Boden, ohne ein Lebenszeichen von sich zu geben; viele der Vorübergehenden blieben stehen, betrachteten ihn und gingen ihres Weges, keiner frug oder half. Der arme Mann war an dieser Stelle entkräftet zusammengesunken und hatte nicht mehr sagen können, zu welcher Kaste er gehöre. Ich faßte Herz, trat näher und lüftete das Kopftuch, das sich über einen Theil des Gesichtes geschoben hatte, — zwei erstarrte Augen glotzten mir entgegen, — ich befühlte den Körper — er war steif und kalt. Meine Hülfe kam zu spät.

Am nächsten Morgen lag die Leiche noch auf demselben Platze; man sagte mir, daß man warte, ob Verwandte kämen, die Leiche abzuholen, wenn nicht, würde sie von den Paria's fortgeschafft werden.

21. Februar. Des Nachmittags erreichte ich Indor, die Hauptstadt des Königreiches Holkar.

Als ich mich dem Wohnplatze der Europäer näherte, fand ich sie gerade auf einer Spazierfahrt begriffen. Die Equipage des Residenten, Herrn Hamilton, an den ich Briefe hatte, zeichnete sich vor den andern durch große Pracht aus. Vier schöne Pferde waren an einen zurückgeschlagenen Landauer gespannt, und vier Diener in orientalischer Tracht liefen neben dem Wagen her.

Die Herren gewahrten kaum meinen Zug, als sie anhalten ließen und einen der Diener mir entgegen sandten; vermuthlich wollten sie sogleich wissen, durch welchen Zufall eine einzelne Europäerin in diese Gegend verschlagen wurde. Mein Diener, der die Briefe an Herrn Hamilton schon in Händen hatte, eilte sogleich zu diesem hin und übergab sie. Herr Hamilton las sie flüchtig durch, stieg augenblicklich aus, kam auf mich zu und empfing mich sehr herzlich. Meine schlechten, von der Sonne gebleichten Kleider waren ihm kein Anstoß, und er achtete mich nicht gering, weil ich **ohne viel Gepäck und ohne Dienerschaft** kam.

Er führte mich selbst in den für Fremde bestimmten Bongolo, wies mir mehrere Zimmer an und verweilte so lange, bis er gesehen, daß die Diener für alle Bequemlichkeiten genau und ordentlich gesorgt hatten. Nachdem er mir noch einen ausschließlich für mich bestimmten Diener vorgestellt und Wache vor den Bongolo, den ich allein bewohnte, beordert hatte, empfahl er sich, indem er mir versprach, mich in einer Stunde zu Tische abholen zu lassen.

Bei solchen Gelegenheiten fiel mir jederzeit der liebenswürdige österreichische Minister in Rio de Janeiro ein.

Der Palast des Residenten, kaum einige hundert Schritte von dem Bongolo entfernt, ist ein wunderherrliches Gebäude in echt italienischem Style von großen Quadersteinen gebaut. Breite Treppen führen von außen hinauf in Hallen, welche sich durch Größe und schöne Wölbungen vor allen auszeichneten, die ich bisher gesehen. Säle, Gemächer und innere Einrichtung entsprachen der hohen Erwartung, die der Anblick des Aeußern hervorruft.

Es war gerade Sonntag, und ich hatte das Vergnügen, die ganze europäische Welt von Indor bei dem Herrn Residenten versammelt zu finden, — sie bestand aus — drei Familien.

Meine Verwunderung über die mich umgebende Pracht, über die luxuriöse Mahlzeit stieg noch mehr als ein vollständiges, gut eingeübtes Musikcorps schöne Ouverturen und mir aus dem Vaterlande wohlbekannte Melodien anstimmte. Nach Tische stellte mir Hamilton den Kapellmeister, einen Tyroler Namens Näher, vor. In Zeit von drei Jahren hatte dieser wackere Mann seine Kapelle geschaffen, die aus jungen Eingebornen bestand.

Für den folgenden Morgen war ich zu einer Aether-Operation eingeladen, die erste, die ein europäischer Arzt hier vornahm. Einem Eingebornen sollte ein großes Gewächs am Nacken operirt werden; — leider fiel das Ding nicht nach Erwartung aus: der Betäubte kam nach dem ersten Schnitte wieder zu sich und fing jämmerlich zu schreien an. Ich verließ eilig das Gemach, der Arme dauerte mich gar zu sehr. Die Operation gelang zwar; die Schmerzen aber wurden dem Manne nicht erspart.

Während des Frühstücks machte mir Herr Hamilton den Vorschlag, meine Wohnung im Bongolo mit einer solchen in seinem Palaste zu vertauschen, indem mir das Hin- und Wiedergehen zu jeder Mahlzeit sehr beschwerlich fallen müsse. Er überließ mir die Zimmer seiner verstorbenen Gemahlin und wies mir zugleich eine weibliche Dienerin an.

Nach dem Tiffen (Gabelfrühstück) sollte ich erst die Stadt besehen und hierauf bei Hofe vorgestellt werden.

Die Zwischenzeit benützte ich, Herrn und Frau Näher einen Besuch zu machen. Frau Näher, ebenfalls eine Deutsche, war bis zu Thränen gerührt, als sie mich sah, — seit fünfzehn Jahren hatte sie mit keiner Deutschen gesprochen.

Die Stadt Indor zählt an 25,000 Einwohner. Sie ist nicht befestigt; die Häuser sind wie jene in Udjein gebaut.

Der königliche Palast steht mitten in der Stadt und bildet ein Viereck. Die Mitte der Vorderfronte erhebt sich pyramidenförmig sechs Stockwerke hoch. Eine überaus hohe, sehr schöne Eingangspforte, an deren beide Seiten sich runde, etwas vorspringende Thürme schließen, führt in den Vorhof. Die Außenseiten des Palastes sind ganz mit Fresken überdeckt, meist Elephanten und Pferde vorstellend, die sich von ferne gut ausnehmen. Das Innere ist in mehrere Höfe getheilt. In dem ersten Hofe befindet sich in dem Erdgeschoße eines großen Gebäudes ein Saal, von zwei Reihen hölzernen Säulen eingefaßt. Hier wird der Durwar (Ministerrath) abgehalten. Im ersten Stockwerke desselben Gebäudes dient ein herrlicher offener Saal einigen heiligen Stieren als Wohnplatz.

Dieser Thierhalle gegenüber ist der Empfangssaal. Finstere Aufgänge, in welchen man am hellen Tage vorleuchten muß, führen zu den königlichen Gemächern. Beinahe in allen hindostanischen Palästen sollen die Aufgänge so finster sein, — man glaubt sie dadurch den Feinden zu verbergen oder diesen den Eintritt wenigstens zu erschweren.

In dem Empfangssaale saß die Königin Jeswont-Rao-Holcar, eine bejahrte, kinderlose Witwe, an ihrer Seite ihr Adoptiv-Sohn Prinz Hury-Rao-Holcar, ein Jüngling von vierzehn Jahren mit sehr gutmüthigen Zügen und ausdrucksvollen Augen.

Uns wurden an ihrer Seite Plätze angetragen, die aus Polstern auf dem Boden bestanden. Der junge Prinz sprach gebrochen englisch, und die Fragen, die er an mich stellte, bewiesen, daß er in der Geographie gut bewandert war. Sein Mundschi*), ein Eingeborner, soll ein Mann von Geist und Kenntnissen sein. Ich konnte nicht umhin, ihm, nach Beendigung der Audienz, ein Compliment über die gelungene Erziehung des Prinzen zu machen.

Der Anzug der Königin und des Prinzen bestand in weißem Dakka-Musselin; der Prinz hatte einige Edelsteine und Perlen auf dem Turban, auf der Brust und den Armen. Die Königin trug ihr Gesicht unverschleiert, obwohl Herr Hamilton zugegen war.

Alle Gemächer und Gänge waren von Dienern überfüllt, die ohne die geringste Ceremonie auch in den

---

*) Mundschi heißt der königliche Lehrer, Schreiber oder Uebersetzer.

Audienzsaal traten, um uns näher betrachten zu können, — wir saßen in einem wahren Gedränge.

Man kredenzte Süßigkeiten und Früchte, begoß uns mit Rosenwasser und gab uns sogar etwas Rosenöl auf die Taschentücher. Nach einiger Zeit brachte man Arekanuß und Betelblatt auf einer silbernen Tasse, die uns die Königin selbst reichte; dies ist das Zeichen der Beendigung der Audienz, und so lange es nicht gegeben wird, darf man sich nicht entfernen. Ehe wir aufstanden, hing man uns große Kränze von Jasmin um den Hals, mir band man außerdem kleine Kränzchen um die Handgelenke.

Früchte und Süßigkeiten wurden uns auch nach Hause gesandt.

Die Königin hatte dem Mundsch Befehl gegeben, uns in dem ganzen Palaste herum zu führen. Er ist nicht sehr groß, und die Gemächer, den Audienzsaal nicht ausgenommen, sind sehr einfach und beinahe ohne Möbel; in jedem aber liegen Polster, mit weißem Musselin überzogen, auf dem Boden.

Als wir auf der Terrasse des Hauses standen, sahen wir den Prinzen ausreiten. Zwei Diener führten sein Pferd und vieles Gefolge umgab ihn. Mehrere Beamte begleiteten ihn auf Elephanten und berittene Soldaten schlossen den Zug. Letztere hatten weite, weiße Hosen, blaue, kurze Kaftane und schöne, runde Mützen — sie sahen sehr gut aus. Das Volk erhob, als es den Prinzen sah, ein leises Gemurmel, welches den Ausdruck seiner Freude bezeigen sollte.

Der **Mundschi** war auch so gütig, mir die Fabrikation des Eises zu zeigen. Die Zeit der Fabrikation ist eigentlich in den Monaten December und Januar; doch sind auch noch im Monate Februar die Nächte und besonders die frühen Morgenstunden vor Sonnenaufgang so kalt, daß eine kleine feuchte Wassermasse sich mit einer dünnen Eisdecke überzieht. Zu diesem Ende werden entweder flache Gruben in salpeterreichen*) Boden gegraben und kleine flache Schüsseln von gebranntem, porösem Thon, mit Wasser gefüllt, darein gesetzt, oder, wenn der Boden keinen Salpeter enthält, die höchsten Terrassen auf den Häusern mit Stroh überlegt und die Schüsselchen darauf gestellt. Die gewonnenen dünnen Eisrinden werden in feine Stücke zerschlagen, mit etwas Wasser übergossen und in die Eisgruben gegeben, die ebenfalls mit Stroh ausgelegt sind. — Diese Eisfabrikation beginnt schon in **Benares.**

Herr Hamilton war so gütig für meine Weiterreise zu sorgen. Ich hätte abermals königliche Kameele haben können, zog aber einen Ochsenkarren vor, da der Zeitverlust nicht bedeutend und die Strapaze geringer ist. Herr Hamilton machte selbst den Contract mit dem Fuhrmann, theilte die Stationen von hier bis **Auranjabad** (230 engl. Meilen) ein, gab mir einen braven Diener und einen Sepoi mit, versah mich mit Briefen und frug mich sogar, ob ich Geld genug habe. Und alles

---

*) Es ist bekannt, daß Salpeter einen großen Grad Kälte erzeugt.

dies that der vortreffliche Mann mit solch einer Liebens=
würdigkeit, daß ich wahrlich nicht wußte, ob die Gefälligkeiten oder die Art sie vorzubringen, den Vorzug verdienten.
Aber auch nicht blos in Indor, sondern überall wo man
ihn kannte, hörte ich seinen Namen stets mit der größten
Hochachtung nennen.

Am 23. Februar Mittags verließ ich Indor, um
noch nach dem Dörfchen Simarola (5 Coose) zu gehen.
Der Weg führte durch hübsche Palmenhaine und reich
bepflanztes Land. In Simarola fand ich ein niebliches,
bequem eingerichtetes Zelt, das Herr Hamilton voraus=
gesandt hatte, um mich noch durch eine gute Nachtstation
zu überraschen. Ich sagte ihm im Stillen meinen recht
herzlichen Dank dafür.

24. Februar. Von Simarola aus wurde die Gegend
wahrhaft malerisch. Ein schmaler Gebirgskamm, an
manchen Stellen kaum breit genug für den Weg, führte
ziemlich steil abfallend*) in kleine Thäler, an deren
Seiten sich schöne Gebirge aufthürmten. Letztere waren
dünn bewaldet; unter den Bäumen fielen mir besonders
zwei Gattungen auf, die eine mit gelben, die andere mit
rothen Blumen, — beiden fehlte es sonderbarer Weise
gänzlich an Blättern.

Schon seit Kottah waren des gar zu steinigen Bo=
dens wegen die Kamehlzüge immer seltener geworden;
statt ihrer begannen die Ochsenzüge. Heute begegneten
mir deren von unglaublicher Größe. Ich übertreibe nicht,
wenn ich behaupte, Züge von mehreren tausend Stück

---

*) Indor liegt 2000 Fuß über der Meeresfläche.

Ochsen gesehen zu haben, auf deren Rücken Getreide, Wolle, Salz u. s. w. fortgeschafft wurde. Unbegreiflich ist es mir, woher man die Nahrung für so viele Thiere auftreibt, — man sieht nirgends Wiesen, und außer den Pflanzungen ist der Boden ausgebrannt oder höchstens mit dürrem, feinem Grase (Jungle-Gras) bewachsen, von dem ich kein Thier fressen sah.

Die Geschäftigkeit der Weiber und Kinder in den Dörfern, durch welche dergleichen Züge kommen, ist über alle Maßen groß: sie versehen sich mit Körben, folgen dem Zug eine große Strecke nach und sammeln den Mist der Thiere, den sie zu flachen Ziegeln verarbeiten, an der Sonne trocknen und zur Feuerung benützen.

Spät des Abends zogen wir unter Blitz und Donner in das Dörfchen Burwai ein, das an dem Flusse Nurbuda liegt. Es sollte hier ein offener Bongolo sein, den wir aber in dieser finstern Nacht nicht finden konnten; ich begnügte mich mit dem Vordache eines Hauses.

25. Februar. Diesen Morgen mußten wir den Fluß Nurbuda in einem Boote übersetzen, wozu wir, die Vorbereitungen eingerechnet, zwei Stunden brauchten.

26. Februar. Rostampoor. Zwischen Simarola und hier ist das Land ziemlich öde und auch sehr dünn bevölkert, — wir fuhren oft mehrere Coose ohne ein Dörfchen zu sehen.

27. Februar. Heute erfreute uns eine blühende Natur und schöne Gebirge. Auf einem einzeln stehenden Berge thronte die alte, ehrwürdige Festung Afsergur, aus welcher zwei halbverfallene Minarets gar traurig heraussahen. Gegen Abend fuhren wir zwischen vielen

Ruinen durch; darunter bemerkte man noch eine schöne Moschee, von der die Vorhöfe, die Minarets und die Seitenwände standen. An diese Ruinenwelt schloß sich die sehr belebte Stadt Berhampoor an, die jetzt noch 60,000 Einwohner zählt, vor Zeiten aber viel größer gewesen sein soll.

In der Stadt residirt ein Aumil und zur Ueberwachung dieses, ein englischer Officier. Um zu dem Bongolo des letzteren zu gelangen, mußten wir durch die ganze Stadt, durch den tiefen Fluß Taptai und über fürchterliche Wege Hügel auf und ab fahren, so daß wir erst in später Nacht ankamen. Kapitän Henneßi saß mit seiner Familie bereits bei der Abendtafel, — man empfing mich mit wahrer Herzlichkeit, und obwohl erschöpft und tüchtig durchgerüttelt, nahm ich doch alsbald meinen Platz an dem fröhlichen Mahle und unterhielt mich bis spät in die Nacht mit dieser liebenswürdigen Familie.

28. Februar. Leider mußte ich heute Mittag schon wieder weiter ziehen. Zwischen Berhampoor und Itschapoor liegen die herrlichsten und mannigfaltigsten Pflanzungen, — da gab es Getreide, Flachs, Baumwolle, Zuckerrohr, Mohn, Dahl*) u. s. w.

Die Sonne fing bereits an lästig zu werden (bis 34 Gr. Réaum.), dabei befand ich mich von vier Uhr Morgens bis fünf, sechs Uhr Abends unausgesetzt auf der Straße, und nur selten wurde an irgend einem Flüßchen unter einem Baume eine kurze Rast gemacht. In der

---

*) Dahl ist eine Gattung von Erbsen, die auf vier Fuß hohen Stauden wachsen.

Nacht zu reisen ging durchaus nicht an, da die Einöden und Jungles oft sehr ausgedehnt und überdieß mit Tigern ziemlich belebt waren, deren Dasein wir schon am folgenden Tage erfahren sollten, — auch waren meine Leute der Wege unkundig.

29. Februar. Die heutige Station war eine der größten; wir begaben uns daher schon um drei Uhr Morgens auf den Weg, der durch abscheuliche Einöden und magere Jungles führte. Nachdem wir eine Zeit lang ruhig gefahren waren, blieben die Thiere wie eingewurzelt stehen und fingen zu zittern an; ihre Furcht theilte sich alsbald den Leuten mit, die mit Entsetzen die Worte „Bach, Bach," d. h. „Tiger, Tiger," ausriefen. Ich befahl ihnen fort zu schreien und zu lärmen, um die Thiere, wenn deren wirklich in der Nähe sein sollten, ein wenig abzuschrecken, ließ einiges Jungle-Gras ausreißen und in Brand stecken und das Feuer beständig unterhalten. Ich hörte jedoch kein Geheul und bemerkte außer der Angst meiner Leute und Thiere kein weiteres Anzeichen der gefürchteten Nähe. Dessen ohngeachtet erwartete ich diesmal den Sonnenaufgang, gleich meinen Leuten, mit großer Sehnsucht, worauf wir weiter zogen. Später erfuhren wir, daß in dieser Gegend beinahe jede Nacht ein Ochse, ein Pferd oder eine Ziege von den Tigern geraubt wird. Ein armes Weib, das sich mit Sammeln des dürren Jungle-Grases verspätete, sollte erst vor wenigen Tagen zerrissen worden sein. Alle Dörfer waren mit hohen Stein- und Erdwällen umgeben, ob aus Furcht vor den Raubthieren oder aus einer andern Ursache, konnte ich nicht mit Bestimmtheit erfahren. Diese Festungsdörfer erstreckten sich

bis Auranjabad, eine Ausdehnung von 150 englischen Meilen.

1. März. Bodur, ein unbedeutendes Dörfchen. — Auch auf dem langen Wege von Indor bis Auranjabad gibt es keine Bongolo's mit Zimmern, und man trifft höchst selten einen offenen Bongolo, das ist ein Gemach mit drei hölzernen Wänden, über welche sich ein Dach spannt. Ini Bodur fanden wir einen solchen offenen Bongolo. Er war zwar schon von einem Dutzend indischer Soldaten besetzt; allein sie rückten unaufgefordert zusammen und überließen mir die Hälfte dieses luftigen Gemaches. Sie verhielten sich die ganze Nacht still und ruhig und machten mir nicht die geringste Ungelegenheit.

2. März. Furdapoor, ein Dörfchen an dem Fuße schöner Gebirge. — Da die armen Ochsen von der Reise zu ermüden begannen, knetete sie der Fuhrmann nun jeden Abend von oben bis unten durch.

3. März. Adjunta. — Vor Adjunta passirten wir einen schauerlichen, sehr leicht zu vertheidigenden Gebirgspaß. Der Weg war sehr schmal und so schlecht, daß die armen Thiere kaum mit dem leeren Karren vorwärts kamen. Auf der Höhe des Passes sperrte ein mächtiges Festungsthor, das aber jetzt in den Friedenszeiten offen stand, den engen Weg. Auch die Abgründe und Höhen auf den Seiten waren durch hohe, starke Mauern unzugänglich gemacht.

Die Ansichten wurden mit jedem Schritte reizender: romantische Thäler und Schluchten, pittoreske Felsblöcke und Wände lagen an beiden Seiten, unermeßliche Thäler entwirrten sich hinter den Bergen, während vorne der freie Blick über eine ausgedehnte Ebene schweifte, an deren Anfange die Festung Adjunta lag. — Um acht Uhr Morgens hatten wir sie schon erreicht.

In Adjunta residirte Kapitän Gill, an den ich durch Briefe Herrn Hamilton's empfohlen war. Als ich ihm nach den ersten Begrüßungen den Wunsch äußerte, die berühmten Felsentempel von Adjunta zu besuchen, bedauerte er sehr, nicht einen Brief von mir vierundzwanzig Stunden früher empfangen zu haben. Dies hätte mir einige engl. Meilen erspart, da die Tempel näher bei Furdapoor als bei Adjunta liegen. Was war zu thun? Die Tempel wollte ich durchaus sehen, Zeit hatte ich nur wenig zu verlieren, und so entschloß ich mich kurz, den Weg wieder zurück zu machen. Ich nahm nur etwas Nahrung zu mir und bestieg sogleich ein Pferd aus des Kapitäns Stall, das mich in einer starken Stunde über den Gebirgspaß brachte.

Der Weg nach den Tempeln wendet sich von hier rechts in wilde, öde Bergthäler, deren Todtenstille kein Vogelsang, kein Lebenshauch stört. Sie waren vollkommen geeignet, die Erwartung nach den zu schauenden Wundern zu steigern und zu spannen.

Die Tempel, 27 an der Zahl, sind in hohe, halbzirkelförmig laufende, senkrechte Felswände eingehauen. An einigen Felswänden erheben sich zwei Stockwerke oder Tempel über einander, zu deren Höhe Wege an den Wänden führen, die aber so schmal und ausgebrochen sind, daß man oft kaum weiß, wohin den Fuß setzen. Unter sich sieht man schauerliche Tiefen, in die sich ein Bergstrom verliert, nach oben erheben sich die glatten Felswände noch einige hundert Fuß hoch. Die meisten Tempel bilden Vierecke, in deren Inneres man durch Veranden und schöne Portale gelangt, welche, auf Säulen gestützt, die massiven Felsberge zu tragen scheinen. Diese Tempel heißen Vihara. Ich zählte in den größeren 28, in den kleinsten 8 Säulen. Auf einer, oft auch an beiden Seiten der Tempelwände befinden sich ganz kleine, stockfinstere Zellen, in welchen wahrscheinlich die Priester hausten, im Hindergrunde, in einer hohen, großen Zelle ist das Sanctuarium. Hier sieht man Riesenfiguren in allen Stellungen, einige messen über achtzehn Fuß und erreichen beinahe die Decke des Tempels, der ungefähr vierundzwanzig Fuß hoch sein mag. Die Wände der Tempel und Veranden sind voll von Gottheiten und Statuen guter und böser Geister. In einem der Tempel ist ein ganzer Gigantenkrieg dargestellt. Die Figuren sind mehr als lebensgroß, und alles, Figuren, Säulen, Veranden und Portale sind aus dem lebendigen Fels heraus gearbeitet. Die ungeheure Menge und die ausgezeichnete Schönheit der Sculpturen und Reliefs an den Säulen, Kapitälern, Friesen, Eingangspforten, ja selbst an den Decken der Tempel ist das Reinste, Schönste und Bewundernswürdigste, was man sehen kann, der Wechsel in den Zeichnungen und Mustern unerschöpflich. Es scheint unglaublich, daß Menschenhände diese Meister- und zugleich Riesen-Werke vollbringen konnten. Die Brahminen schreiben sie auch übernatürlichen Wesen zu und behaupten, daß die Zeitepoche ihrer Erschaffung nicht ermittelt werden könne.

An den Wänden, Decken und Säulen findet man auch Reste von Malereien, deren Farben jetzt noch glänzender und frischer sind als die an vielen der neueren Kunstprodukte.

Die Tempel der zweiten Gattung haben eine ovale Form und majestätische hohe Portale, die unmittelbar in das Innere führen; sie heißen Chaitya. Der größte dieser Tempel hat auf jeder Seite eine Colonnade von neunzehn Säulen, der kleinste von acht; hier gibt es keine Veranden, keine Priesterzellen und kein Sanctuarium. Statt des letzteren steht an dem Ende des Tempels ein hohes Monument, das sich kuppelförmig endigt. Auf einem dieser Monumente ist die Gottheit Budbha in stehender Stellung ausgehauen. An den Wänden der größeren Tempel sind riesige Figuren aus dem lebenden Fels herausgearbeitet, darunter ein schlafender Budbha von 21 Fuß Länge.

Nachdem ich stundenlang umher gestiegen und gekrochen war und jeden einzelnen Tempel genau besichtiget hatte, führte man mich in einen der Tempel zurück, und siehe da — ein kleines Tischchen, mit Speisen und Getränken reich gedeckt, lud zum labenden Mahle ein. Kapitän Gill war so gütig, alles was zu einem gewählten Tissen gehört, nebst Tisch und Stühlen, in diese Einöde nachzusenden. So gestärkt und erquickt fand ich den Heimweg nicht beschwerlich.

Eine merkwürdige Lage hat das Haus, welches Kapitän Gill in Adjunta bewohnt: ein freundliches Gärtchen mit Blumen und Lauben umfaßt die Vorderseite, die eine schöne Ebene beherrscht, während die Rückseite auf der Kante eines wahrhaft fürchterlichen Abgrundes steht, über welchen sich der schwindelnde Blick in schroffe Felswände, in grausenhafte Schlünde und Klüfte verliert.

Als Kapitän Gill vernahm, daß ich die berühmte Festung Dowlutabad besuchen wolle, sagte er mir, daß ohne einen Erlaubnißschein von dem Commandanten zu Auranjabad niemand hinein gelassen würde; er wollte aber, um mir den Umweg zu ersparen (die Festung liegt nämlich vor Auranjabad), sogleich einen Eilboten dahin senden und mir die Einlaßkarte nach Elora' bringen lassen. Der Bote hatte einen Weg von 140 engl. Meilen zu machen, nämlich siebenzig hin und eben so viel wieder zurück. Ich fand alle diese Gefälligkeiten um so dankenswerther, da sie von Engländern mir, einer deutschen Frau ohne Rang und Ansehen erwiesen wurden.

4. März. Des Morgens um vier Uhr leistete mir der gute Kapitän noch Gesellschaft am Kaffeetische, eine halbe Stunde später saß ich in meiner Baili und fuhr denselben Tag bis nach dem Dörfchen Bongeloda.

5. März. Roja, ebenfalls eine der ältesten Städte Indiens, hat ein trauriges, düsteres Ansehen, die Häuser sind stockhoch und von großen Quadersteinen erbaut, durch die Zeit aber ganz gebräunt, Fenster und Thüren in geringer Anzahl und unregelmäßig angebracht.

Außerhalb des Städtchens liegt ein hübscher Bongolo mit zwei Zimmern; man sagte mir aber in der Stadt, daß er von Europäern besetzt sei und dies veranlaßte mich, nicht dahin zu fahren und mein Nachtquartier unter dem Vordache eines Hauses aufzuschlagen.

Die Gegend von Adjunta bis hierher ist eben und flach, schöne Pflanzungen liegen zwischen ausgebrannten Haiden und dürftigen Jungles. Bei Pulmary war das Land vorzüglich kultivirt.

6. März. Früh Morgens bestieg ich ein Pferd, um die nicht minder berühmten Felstempel von Elora (zwei Meilen von Roja) zu besuchen. Wie es aber manchmal im Leben geht nach dem Sprichworte: „Der Mensch denkt und Gott lenkt!" so ging es auch hier, — statt der Tempel sah ich eine Tigerjagd.

Kaum hatte ich nämlich das Stadtthor im Rücken, als ich mehrere Europäer auf Elephanten sitzend von dem Bongolo kommen sah. Wir stießen zusammen, hielten beiderseits an und begannen ein Gespräch. Die Herren waren auf dem Wege, einem Tigerlager nachzuspüren, von dem sie Kunde bekommen hatten und luden mich ein, wenn mich eine solche Jagd nicht zu sehr erschrecke, Theil daran zu nehmen. Ich war über diese Einladung sehr erfreut und saß bald auf einem der Elephanten in einem großen, zwei Fuß hohen Kasten, in welchem sich bereits zwei Herren und ein Eingeborner befanden, — letzterer war zum Laden der Gewehre bestimmt. Mir reichte man ein großes Messer, um mich, im Falle das Thier zu hoch aufspränge und den Rand des Kastens erreichte, vertheidigen zu können.

So ausgerüstet zogen wir der Hügelkette zu, und waren nach einigen Stunden dem Lager des Tigerpaares schon ziemlich nahe gekommen, als plötzlich unser Diener ganz leise „Bach, Bach!" rief und mit dem Finger nach einem Gesträuche wies. Glühende Augen leuchteten aus einem der Gebüsche hervor; doch hatte ich sie kaum gewahrt, als auch schon mehrere Schüsse fielen. Bald war das Thier von mehreren Kugeln getroffen und stürzte nun wuthentbrannt auf uns los. Es machte so gewaltige Sätze, daß ich dachte, jetzt und jetzt müsse es den Kasten erreichen und sich ein Opfer aus uns erwählen. Dies Schauspiel war grausig anzusehen, und meine Furcht wurde durch den Anblick eines zweiten Tigers noch mehr gesteigert; ich hielt mich jedoch äußerlich so tapfer, daß keiner der Herren eine Ahnung hatte, was in mir vorging. Schuß folgte auf Schuß, die Elephanten vertheidigten sehr geschickt ihre Rüssel durch Aufheben oder Einziehen. Nach einem halbstündigen, heißen Kampfe blieben wir die Sieger und die getödteten Thiere wurden im Triumphe ihrer schönen Felle beraubt. Die Herren waren so gütig, mir eines davon zum Geschenke anzubieten; ich nahm es aber nicht an, da ich meine Reise nicht so lange verschieben konnte, bis es in Stand gesetzt, d. h. hinlänglich trocken gewesen wäre. — Man belobte meine Unerschrockenheit und fügte hinzu, daß eine solche Jagd lebensgefährlich sei, wenn der Elephant nicht vorzüglich gut dressirt wäre; er dürfe sich vor den Tigern durchaus nicht fürchten, ja sich nicht einmal vom Flecke bewegen, denn liefe er davon, so würde man, von den Aesten und Zweigen der Bäume hinaus geschleudert oder an selben hängen bleibend, unfehlbar das Opfer des blutlechzenden Thieres werden.

Für heute war es zu spät geworden, die Tempel zu besuchen, der nächste Morgen traf mich auf dem Wege dahin.

Die Tempel Elora's liegen auf Tafelland, welches so eigenthümlich in Indien ist. Der Haupttempel Kylas ist der merkwürdigste aller in Stein ausgehauenen Tempel: er übertrifft an Größe und Vollendung die besten indischen Werke, ja man behauptet, daß er den staunenswerthen Bauten des alten Egypten den Vorrang streitig mache. Der Kylas ist ein kegelförmiger Tempel von 120 Fuß Höhe und 600 Fuß Umfang. Zur Ausführung dieses Meisterwerkes wurde vom lebendigen Fels ein kolossaler Block gelöst und durch einen 240 Fuß langen und 100 Fuß breiten Gang getrennt. Das Innere des Tempels besteht aus einer Haupthalle (66 Fuß lang und 56 Fuß breit) und einigen Nebenhallen, welche alle mit Sculpturen und riesigen Götzenbildern besetzt sind; die wahre Pracht aber besteht in den reichen, schönen Sculpturen an den Außenseiten, in den kunstvoll gearbeiteten Arabesken und in den feinen Spitzen, Zacken und Nischen, die an dem Thurme ausgehauen sind. Der Tempel ruht auf den Rücken unzähliger Elephanten und Tiger, die neben einander in friedlicher Stellung liegen. Vor dem Hauptaufgange, zu welchem mehrere Stufen führen, stehen zwei mehr als lebensgroße Elephanten. Alles ist, wie gesagt, aus einem einzigen Felsblocke gehauen. Die Felswand, von welcher dieser Riesenblock getrennt wurde, umgibt ihn in einem Abstande von 100 Fuß auf drei Seiten und bildet kolossale, senkrecht abfallende Wände, in welche, wie zu Adjunta, mächtige Säulengänge, größere und kleinere Tempel in ein bis drei Stockwerken über einander ausgehauen sind. Der Haupttempel (ein Vichara) heißt Nameswur und übertrifft an Größe noch ein weniges den größten Vichara in Adjunta: seine Breite ist 98 Fuß, seine Tiefe 102 und die Höhe bis zur Decke 24 Fuß, er wird von 48 Säulen und 22 Pilastres getragen und ist mit den herrlichsten

Sculpturen, Reliefs und Riesengöttern überfüllt, worunter die Hauptgruppe die Hochzeit des Gottes Ram und der Göttin Seeta vorstellt. Ein zweiter, beinahe eben so schöner Vichara heißt Laoka, dessen Hauptfigur Schiwa ist.

Unweit davon in einer andern Felswand sind ebenfalls viele Tempel ausgehauen, aber bedeutend einfacher, mit unansehnlichen Portalen und glatten Säulen, daher mit jenen in Adjunta nicht zu vergleichen. — Unausführbar wären wohl diese Arbeiten gewesen, wenn der Fels aus Granit oder Urgestein bestünde; leider konnte ich das Gestein nicht bestimmen, ich untersuchte nur die hin und wieder losgelösten Stücke, die sich sehr leicht zerschlagen ließen. Nichts desto weniger bleibt man staunend vor diesen Wunderwerken stehen und wird sie stets als unerreichbare Denkmale menschlicher Geschicklichkeit betrachten.

Der Tempel Kylas ist leider von Zeit und Wetter schon etwas mitgenommen, — schade, daß dieses Monument, das einzige der Art in der Welt, nach und nach verfallen wird.

Gegen eilf Uhr Vormittags kam ich nach Roja zurück und setzte sogleich meine Reise nach der berühmten Festung Dowlutabad fort; den Einlaßschein hatte ich richtig in Roja erhalten.

Die Entfernung beträgt nur vier Coose; man hat aber auf fürchterlichen Wegen einen ähnlichen Gebirgspaß, wie von Adjunta, zu übersteigen. Die Festung, eine der ältesten und stärksten Indiens, wird als die größte Merkwürdigkeit ihrer Art, nicht nur im Dekaner Gebiete, sondern in ganz Indien betrachtet. Sie bietet einen überraschenden Anblick dar und liegt auf einem 600 Fuß hohen Felskegel, der wie durch ein Naturereigniß von den ihm ferne stehenden Gebirgen losgetrennt worden zu sein scheint und vereinzelt auf einer schönen Ebene steht. Der Umfang dieses Felsens beträgt etwa eine engl. Meile. Er ist rundumher bis auf eine Höhe von 130 Fuß senkrecht behauen, und 30 Fuß sollen noch eben so senkrecht in die Tiefe des ihn umgebenden Wassergrabens gehen, folglich beträgt die ganze Höhe der Scarpirung 160 Fuß, und der Fels ist dadurch unersteiglich. Kein Pfad führt hinan, — ich war daher höchst begierig, auf welche Weise wir auf die Höhe gelangen würden. Da öffnete sich in dem Felsen selbst eine ganz niedrige eiserne Thüre, die nur in ruhigen Zeiten sichtbar ist, da der Graben noch einen Fuß über ihre Höhe mit Wasser angelassen werden kann. — Fackeln wurden angezündet, und vorsichtig leitete man mich durch schmale, niedrige Gänge, die in vielfachen Krümmungen durch die Eingeweide des Felsens aufwärts führten. Sogar diese Gänge waren an vielen Stellen durch massive, eiserne Pforten verschlossen. Ein gutes Stück über der Felswand trat man erst wieder an die Oberwelt, und schmale Pfade und Stufen, von starken Festungswerken beschützt, führten von hier bis an die höchste Spitze. Letztere war etwas abgeplattet (140 Fuß im Durchmesser), ganz unterminirt und so beschaffen, daß man sie durch Feuer glühend heiß machen konnte. Eine dreiundzwanzig Fuß lange Kanone war da oben aufgerichtet.

Am Fuße dieser Festung breiten sich viele Ruinen aus, die von einer sehr bedeutenden Stadt herrühren sollen; jetzt sind nur noch ihre drei- und vierfachen Festungsmauern übrig, die man erst passiren muß, um bis an den Felskegel selbst zu gelangen.

In derselben Ebene, aber schon nahe der Gebirgskette, steht auf einem abgesonderten Berge eine bedeutend größere Festung als Dowlutabad; doch ist sie von weit geringerer Stärke.

Die vielen Festungen, so wie die befestigten Ortschaften rühren, wie ich hier erfuhr, aus früheren Zeiten her, in welchen Hindostan in viele Staaten zerstückelt war, die sich ohne Ende bekriegten. Die Bewohner der Städte und Dörfer gingen stets bewaffnet, sie hatten immer Kundschafter ausgestellt, um vor plötzlichen Ueberfällen gesichert zu sein, trieben ihre Heerden allnächtlich innerhalb die Mauern und lebten in beständigem Kriegszustande. In Folge der ewigen Kriege bildeten sich auch berittene Räuberhorden, oft von zehn bis zwölf tausend Mann, die nur zu häufig die Bewohner kleinerer Städte aushungerten, überwanden und ihre Saaten gänzlich zerstörten. Diese waren dann gezwungen mit den wilden Horden Contracte zu schließen und sich durch jährliche Tribute von ihnen loszukaufen.

Seit die Engländer Indien erobert haben, ist überall Ruhe und Frieden hergestellt, die Wälle zerfallen und werden nicht mehr ausgebessert, die Leute gehen zwar noch häufig bewaffnet, doch mehr aus Gewohnheit als aus Nothwendigkeit.

Von Dowlutabad hatte ich vier Coose nach Auranjabad. Ich war zwar schon sehr ermüdet, denn ich hatte die Tempel besucht, vier Coose über den Gebirgspaß gemacht, und die Festung während der größten Hitze bestiegen; aber ich vertröstete mich auf die Nacht, die ich in einem Hause in einem bequemen Bette, nicht unter einer offenen Veranda zubringen würde und setzte mich in meine Baili, dem Fuhrmann auftragend, den Schritt seiner trägen Ochsen so viel wie möglich zu beschleunigen.

Fortsetzung der Reise und Aufenthalt in Bombay.

Auranjabad Punu. Ostindische Hochzeiten. Der närrische Fuhrmann. Bombay. Die Parsi oder Feueranbeter. Indische Todesfeier. Die Insel Elephanta. Die Insel Salsette.

Am 7. März spät Abends erreichte ich Auranjabad. Kapitän Steward, welcher außerhalb der Stadt wohnte, hatte mich eben so freundlich aufgenommen wie seine Vorgänger.

8. März. Diesen Morgen begleitete mich Kapitän Steward und seine Gemahlin in die Stadt, um mir deren Merkwürdigkeiten, die in einem Monumente und einem heiligen Teiche bestehen, zu zeigen. Auranjabad ist die Hauptstadt von Dekan, hat 60,000 Einwohner und liegt theilweise in Ruinen.

Das Monument, welches gleich außerhalb der Stadt liegt, ließ Sultan Aurung=zeb=Alemgir vor mehr denn zweihundert Jahren dem Andenken seiner Tochter bauen; es wird der „kleine Tadsch" genannt, ist zwar schön, verdient aber keineswegs mit dem „großen Tadsch" in Agra verglichen zu werden und besteht aus einer Moschee mit einem hochgewölbten Dome und vier Minarets. Von außen ist das Gebäude unten ringsherum mit einer ungefähr fünf Fuß hohen Einfassung von weißem Marmor bekleidet, das übrige mit feinem, weißem Cement überdeckt, in welchen zierliche Blumen und Arabesken eingearbeitet sind. Schön sind die Eingangsthüren mit Metall belegt, in welches man Blumen und Zierrathen höchst kunstvoll eingeäzt hat. Leider ist das Monument schon viel beschädigt, eines der Minarets liegt schon halb in Schutt.

In der Moschee steht ein einfacher Sarkophag, von einem niedern, durchbrochenen Marmorgeländer umgeben; beide haben mit jenem in dem großen Tabsch nur den Stoff, den weißen Marmor, gemein; an Reichthum und kunstvoller Arbeit stehen sie aber so ganz zurück, daß ich mir gar nicht erklären konnte, wie es nur jemanden einfallen mochte, einen so unglaublichen Vergleich zu machen.

Nahe der Moschee liegt eine hübsche Marmorhalle und rundumher ein vernachläßigter Garten.

Der jetzt regierende König wollte von diesem Monumente den Marmor abbrechen lassen, um ihn zu einem Baue zu verwenden, in welchem einst seine Hülle ruhen sollte! Er suchte bei der englischen Regierung um die Erlaubniß dazu nach. Die Antwort lautete: Er könne es wohl thun, möge aber bedenken, daß, wenn er die Monumente seiner Vorfahren so wenig achte, den seinigen dasselbe Schicksal widerfahren dürfte. — Diese Antwort bewog ihn, auf sein Vorhaben zu verzichten.

Der heilige Teich (von den Mohamedanern dafür gehalten) ist ein großes mit Quadersteinen ausgemauertes Becken. Er ist voll großer Hechte, von welchen jedoch keiner gefangen werden darf, ja es ist ein

Wächter angestellt, der sie mit Nahrung versieht. Die Hechte sind dafür so artig und vertraulich, daß sie Rüben, Brod u. dgl. aus den Händen fressen. Die Regenzeit bringt vielen dieser Thiere den Tod. Ohne dies glückliche Ereigniß würde der Teich schon lange mehr Fische als Wasser enthalten. Auch sollen seit der Ankunft der Engländer die Wächter nicht mehr so gewissenhaft sein und gar oft für baares Geld Fische aus dem Teiche in die englischen Küchen schmuggeln.

Nach einem angenehm verlebten Tage sagte ich meinen freundlichen Wirthen herzliches Lebewohl und setzte meine Reise in einer frisch gemietheten Baili gegen Puna (136 engl. Meilen) fort.

9. März. Toka. Die Fahrwege fingen hier an besser zu werden, auch gab es wieder Bongolo's gegen Bezahlung der üblichen Taxe.

10. März. Emanpoor, ein kleines Oertchen auf der Höhe einer Hügelkette. Hier fand ich den schönsten Bongolo auf der ganzen Reise von Benares bis Bombay.

11. März. Heute ging es den ganzen Tag durch öde Gegenden, über kahle Hügel und Berge, — die majestätischen, einzelnen Bäume mit den Brunnen und Altären hatten schon bei Auranjabad aufgehört.

Gegen Mittag passirten wir die sehr belebte Stadt Ahmednugger, in deren Nähe eine große englische Militär-Station angelegt ist.

12. März. Der Bongolo zu Serur war mir zu nahe, der von Candapoor zu entfernt, ich schlug daher mein Nachtquartier in einem Dörfchen unter einem Vorbache auf.

13. März. In Candapoor gibt es einige hübsche Hindu-Tempel und mehrere kleine mohamedanische Monumente. Bei Lony ist abermals eine große englische Militär-Station. Auch einen Obelisken fand ich dort errichtet zum Andenken an eine Schlacht, die 1200 Engländer gegen 20,000 Eingeborne gewannen.

14. März. Puna. Hier hatte ich unendliche Mühe Herrn Brown zu finden, an den ich von Herrn Hamilton empfohlen war. Die Europäer wohnen überall vor den Städten, meistens meilenweit auseinander, und hier stieß ich zu meinem Unglücke auf mehrere, die nicht zu den höflichsten gehörten und es nicht der Mühe werth fanden, mir Auskunft zu geben. Herr Brown hingegen nahm mich so gut auf, als ich nur wünschen konnte.

Seine erste Frage war, ob mir kein Unfall auf der Reise widerfahren sei. Er erzählte mir, daß erst kürzlich ein Officier zwischen Suppa und Puna beraubt, und da er sich zur Wehre setzte, sogar ermordet worden wäre; fügte aber hinzu, daß sich solch ein Fall außerordentlich selten ereigne.

Ich war gegen Mittag angekommen. Nach Tische fuhr Herr Brown mit mir nach der Stadt, die zur englisch-ostindischen Compagnie gehört. Sie zählt 15,000 Einwohner und liegt an dem Zusammenflusse der Mutta und Mulla, über welche beide schöne Brücken führen. Die Straßen sind breit und rein gehalten, die Häuser wie jene in Udjein mit hölzernen Vorderwänden versehen; einige waren ganz bemalt und gehörten, wie man mir sagte, meistens Fakiren zu, von denen es in der Stadt wimmelt.

Es war gerade der Monat, in welchem die Hindus am liebsten die Hochzeiten feiern, wir begegneten daher in mehreren Straßen derlei fröhlichen Zügen. Der Bräutigam ist in einen Purpurmantel gehüllt, sein Turban mit Goldflitter, Tressen, Bänder und Quasten behangen, so daß er von ferne einer reichen Krone gleicht, — die herabhängenden Bänder und Quasten bedecken beinahe das ganze Gesicht. Er sitzt zu Pferde, die Verwandten, Freunde und Gäste umgeben ihn zu Fuß. An dem Hause der Braut angekommen, dessen Thüren und Fenster fest verschlossen sind, setzt er sich stillschweigend und gelassen an die Schwelle. Hier gesellen sich auch die weiblichen Verwandten und Freundinnen der Braut hinzu, ohne jedoch viel mit dem Bräutigam oder den andern Männern zu sprechen. So bleibt die Scene unverändert, bis es Nacht wird. Da begibt sich der Bräutigam mit seinen Freunden stillschweigend hinweg, eine bereitgehaltene, ganz überdeckte Baili fährt vor die Thüre, die Freundinnen schlüpfen in das Haus, bringen die dichtverhüllte Braut, schieben sie in die Baili und folgen ihr unter der melodischen Musik des Tam-Tam. Der Zug der Braut beginnt erst, nachdem sich der Bräutigam eine Viertelstunde zuvor auf den Weg gemacht hat. Die Weiber geleiten dann die Braut in des Bräutigams Haus, welches sie jedoch bald wieder verlassen. Die Musik lärmt bis tief in die Nacht vor dem Hause fort. — Auf diese Art werden jedoch nur die Hochzeiten der ärmeren Volksklasse gefeiert.

Von Puna nach Pannwell (70 engl. Meilen) führt eine Poststraße und man kann mit Postdock fahren, von

Pannwell nach Bombay reist man zu Wasser. Ich blieb bei der billigeren Baili, und Herr Brown war so gefällig, mir eine solche zu besorgen, auch gab er mir einen Diener mit.

Am 15. März setzte ich meine Reise fort und kam denselben Tag bis Woodgown, einem Dörfchen mit einem der schmutzigsten Bongolo's, in welchem nicht einmal ein Bettgestell stand.

16. März. Cumpuily. Die Gegend von Woodgown bis Cumpully ist die schönste, die ich in Indien gesehen; besonders reizend erschien mir die Aussicht von einem Berge, einige Meilen vor Kundalla! Man steht mitten in einer großen Gebirgswelt: in vielfachen Reihen, in den mannigfaltigsten Formen häufen sich die Berge auf- und nebeneinander und überbieten sich in schönen, originellen Gebilden. Da gibt es mächtige Steinterrassen, abgeplattete Kegel, Aufsätze von Spitzen und Zacken, täuschende Ruinen und Festungswerke, dort vermeint man eine hochgespannte Decke über ein majestätisches Gebäude zu sehen, und da steigt ein riesiger Thurm empor, in gothischem Style gehalten. Der Funnelberg bildet durch seine Feueressen-Gestalt den seltsamsten Punkt für das Auge. Ueber das alles hinaus sieht man eine weite Ebene und an deren Ende den langersehnten Meeresspiegel. Ein großer Theil der Gebirge ist mit herrlichen grünen Waldungen bedeckt. Ich war so entzückt über die Fülle der Naturschönheiten, daß ich mich zum erstenmale über mein schläfrig, langsam dahin wandelndes Ochsengespann freute.

Zwischen Woodgown und Kundalla liegt das Oertchen Kurly, das ebenfalls seiner zwei Meilen entfernten Felstempel wegen berühmt ist. Ich besuchte sie nicht, weil man mir versicherte, daß sie nicht halb so interessant seien als jene zu Adjunta und Elora.

Kundalla liegt auf dem Plateau eines Berges. Es gibt hier mehrere niedliche Landhäuschen, die in der heißen Jahreszeit von mancher europäischen Familie aus dem nahen Bombay bezogen werden.

In dem Dekaner und hier im Bombayer Gebiete fand ich die Eingebornen minder schön als in Bengalen und Hindostan: ihre Gesichtszüge waren viel gemeiner und minder offen und gutmüthig.

Schon seit einigen Tagen begegneten wir wieder sehr großen Ochsenzügen, von deren Treibern einige ihre Familien bei sich hatten. Die Weiber dieser Leute waren ganz zerrissen und schmutzig gekleidet, dabei aber mit Schmuck aller Art überladen. Der ganze Körper hing voll farbiger Wollborten und Troddeln, die Arme voll Armbänder von Metall, Knochen und Glasperlen; selbst die Ohren waren nebst dem Schmuck mit großen Wollquasten behangen, und die Füße mit schweren Ringen und Ketten belastet. Und so geziert und überladen saß die Schöne auf dem Rücken eines Ochsen oder trabte neben den Thieren einher.

17. März. Seit dem Ueberfalle des Negers in Brasilien hatte ich keine solche Angst gehabt als heute. Mein Fuhrmann war mir schon vom Anfange der Reise an etwas sonderbar oder vielmehr närrisch vorgekommen: bald zankte er mit seinen Ochsen, bald liebkosete er sie,

bald schrie er die Vorübergehenden an, bald wandte er sich gegen mich und starrte mich minutenlang an. Da ich jedoch einen Diener bei mir hatte, der immer neben der Baili herging, beachtete ich dies nur wenig. Allein diesen Morgen war mein Diener ohne meine Bewilligung zur nächsten Station vorausgegangen, und ich befand mich mit dem närrischen Fuhrmann allein auf dem ziemlich einsamen Wege. Nach einiger Zeit stieg er vom Wagen und ging hart hinter demselben her. Die Baili's sind nur an den Seiten mit Strohmatten überdeckt und vorne und rückwärts offen, ich hätte daher wohl sehen können, was er machte; allein ich wollte mich nicht umwenden, um ihn nicht auf den Gedanken zu bringen, daß ich ihm Böses zumuthe. Ich wandte meinen Kopf nur nach und nach zur Seite, um ihn ein wenig beobachten zu können. Bald kam er wieder vor, nahm zu meinem Entsetzen die Hacke, die jeder Fuhrmann mit sich führt, von dem Wagen und begab sich damit neuerdings nach hinten. Nun dachte ich nicht anders, als daß er wirklich Böses im Sinne führe; ich konnte ihm aber nicht entlaufen und durfte natürlich auch keine Furcht zeigen. Ganz leise und unvermerkt zog ich jedoch meinen Mantel an mich, rollte ihn zusammen, um mir damit, im Falle er die Hacke zum Hiebe aufschwänge, wenigstens den Kopf zu schützen.

Einige Zeit ließ er mich in dieser peinvollen Lage, dann setzte er sich wieder an seinen Platz und starrte mich an, stieg jedoch abermals ab und wiederholte dasselbe Verfahren mehrmals. Erst nach einer ewig langen Stunde legte er die Hacke bei Seite, blieb auf dem Wagen sitzen und begnügte sich, mich nunmehr zeitweise starr anzugaffen

Nach einer zweiten Stunde erreichten wir die Station und meinen Diener, den ich nun nicht mehr von meiner Seite ließ.

Die Dörfer, durch welche wir heute kamen, gehörten zu den erbärmlichsten, die Hütten bestanden aus Schilf- oder Rohrwänden mit Palmblättern überdeckt, — manche hatten nicht einmal Vorderwände.

Diese Dörfer sind meist von Mahratten bewohnt, einem Volkstamme, der einst in Indien und zwar auf der Halbinsel diesseits des Ganges ziemlich mächtig war. Sie wurden aber im achtzehnten Jahrhundert von den Mongolen aus Hindostan vertrieben und flüchteten sich in die Gebirge, die sich von Surate bis Goa erstrecken. Der größte Theil dieses Volkes mußte sich im neunzehnten Jahrhundert den Briten unterwerfen. Unter allen Mahrattenfürsten soll der Scindiah noch der einzige sein, der seine Unabhängigkeit einigermaßen behauptet. Die übrigen Fürsten erhalten Pensionen.

Die Mahratten sind Anhänger der Religion des Brahma. Sie haben einen festen Körperbau, ihre Hautfarbe ist schmutzigschwarz bis zum hellbraun, ihre Gesichtszüge sind häßlich und verschlagen. Sie sind abgehärtet gegen alle Beschwerden, leben meist nur von Reis und Wasser, und ihr Charakter soll grausam, hinterlistig und wild sein. Zum Gefechte berauschen sie sich durch Opium oder wilden Hanf, den sie als Tabak rauchen.

Am Nachmittage erreichte ich das Oertchen Pannwell. Gegen Abend schifft man sich in Booten auf dem Fluß Pannwell ein, geht in die See und landet gegen Morgen in Bombay.

Ich hatte die lange, beschwerliche Reise von Delhi bis Pannwell in sieben Wochen glücklich vollbracht. Ihr Gelingen danke ich vorzüglich den englischen Behörden, die sich der deutschen Frau mit Rath und That annahmen; — ihre Humanität, ihre herzliche Freundlichkeit wird mir ewig unvergeßlich bleiben. Ich sage ihnen nochmals meinen innigsten, wärmsten Dank, und die größte Anerkennung, die ich ihnen geben kann, ist der Wunsch, daß meine Landsleute, die österreichischen Consuln und Gesandten ihnen gleichen möchten! —

Ich stieg in Bombay in dem Landhause des hamburgischen Consuls, Herrn Wattenbach ab, gedachte aber seine Gastfreundschaft nur auf einige Tage in Anspruch zu nehmen und sobald als möglich weiter zu gehen, um auf der Reise durch den arabischen und persischen Meerbusen noch von dem Monsun*) begünstigt zu werden. Aus den Tagen wurden aber Wochen, denn die günstige Zeit war schon verstrichen und eine Schiffsgelegenheit daher sehr selten.

Herr Wattenbach machte mir den Aufenthalt in Bombay sehr angenehm: er zeigte mir selbst alles Sehenswerthe und begleitete mich sogar auf den Ausflügen nach Elephanta und Salsette.

Bombay liegt auf einer kleinen, aber überaus niedlichen Insel, die durch einen ganz kleinen Meeresarm

---

*) Monsun heißen die periodischen Winde, die während der einen Hälfte des Jahres von Osten nach Westen, während der andern von Westen nach Osten streichen.

von dem festen Lande getrennt ist, und deren Umfang bei fünf Quadratmeilen beträgt, auf welchen 250,000 Seelen leben. Bombay ist der Hauptort des westlichen Indiens, und da sein Hafen der beste und sicherste an der ganzen Westküste, so ist es der Hauptstapelplatz für die Waaren Indiens, der Malaien-Lande, Persiens, Arabiens und Abyssiniens. Hinsichtlich des Handels steht es nur Calcutta nach. In Bombay hört man alle Sprachen der gesitteten Welt und sieht alle Trachten und Sitten derselben.

Die schönste Uebersicht über die ganze Insel und Stadt Bombay, so wie auch der nahe gelegenen Inseln Salsette, Elephanta, Kolabeh, Caranjah und des festen Landes hat man auf Malabar's Pointe. Die etwas entferntere Umgebung der Stadt besteht größtentheils aus niedern Hügeln, die mit schönen Cocos- und Dattelwaldungen bedeckt sind, auch in der die Stadt umgebenden Ebene sieht man viele solcher durch Mauern in Gärten getheilte Haine. Die Eingebornen lieben es sehr, ihre Wohnungen unter dem dunkeln Schatten der Bäume zu bauen, während der Europäer hingegen Luft und Licht aufsucht. Die Landhäuser der letzteren sind hübsch und bequem, aber weder an Größe noch an Pracht mit jenen in Calcutta zu vergleichen. Die Stadt liegt auf einer Fläche längs dem Meeresufer.

Das rege Leben der reichen inländischen und europäischen Handelswelt muß man in dem befestigten Theile, in dem Fort suchen, das ein großes Viereck bildet: hier findet man in geräumigen Lagern Waaren aus allen Welttheilen. Die Straßen sind hübsch, der große Platz (the

Green genannt) ist herrlich; unter den Gebäuden zeichnen sich die Stadthalle, deren Saal seines Gleichen sucht, die englische Kirche, des Gouverneurs Palast und die Münze durch schöne Architektur aus.

Die offene Stadt und die „schwarze Stadt"*) schließen sich an das Fort und sind ungleich größer. In der „offenen Stadt" sind die Straßen sehr regelmäßig und breit, wie ich sie in keiner andern indischen Stadt gesehen habe, und werden auch fleißig mit Wasser begossen. Viele Häuser sah ich mit hölzernen, kunstvoll ausgeschnitzten Säulen, Kapitälern und Gallerien verziert. Sehr interessant ist der Besuch des Bazars, nicht der reichen Waaren halber, wie viele Reisende behaupten, — deren erblickt man eben so wenig wie auf andern Bazaren, ja man sieht hier nicht einmal die schönen Holzmosaik-Arbeiten, in welchen Bombay das Vorzüglichste leistet — sondern der verschiedenen Völker wegen, die hier gemengter sind als irgendwo. Drei Viertheile bestehen zwar aus Hindus, der vierte aber aus Mohamedanern, Persern, Feueranbetern, Mahratten, Juden, Arabern, Beduinen, Negern, Abkömmlingen von Portugiesen, aus einigen hundert Europäern und sogar einigen Chinesen und Hottentotten. Lange braucht man, um aus der Tracht, an der Gesichtsbildung diese vielfachen Stämme erkennen zu können.

---

*) Die „schwarze Stadt" heißt jener Theil der Stadt, in welchem die arme Volksklasse wohnt. Daß man da weder schönes noch reinliches zu suchen hat, versteht sich von selbst.

Unter den ansäßigen Völkern sind die Feueranbeter, auch Gebern oder Parsi genannt, die reichsten. Sie wurden vor ungefähr 1200 Jahren aus Persien vertrieben und siedelten sich längs der Westküste Indiens an. Da sie außerordentlich fleißig und betriebsam, sehr unterrichtet und wohlthätig sind, so sieht man unter ihnen keine Armen, keine Bettler, und alle scheinen wohlhabend zu sein. Die schönen Häuser, in welchen die Europäer wohnen, gehören meistens ihnen, sie haben den größten Grundbesitz, fahren in den herrlichsten Equipagen und sind von zahllosen Dienern umgeben. Einer der reichsten, Jamsetize-Jeejeebhoy, ließ ganz allein auf seine Kosten ein schönes Spital in gothischem Style bauen, unterhält europäische Aerzte und nimmt die Kranken aller Religionen auf. Er wurde vom englischen Gouvernement zum Ritter erhoben, und ist gewiß der erste Hindu, der sich einer solchen Auszeichnung erfreut.

Weil ich gerade von den Feueranbetern spreche, will ich gleich alles erzählen, was ich theils selbst von ihnen gesehen, theils von Herrn Manuckjee Curfetjee, einem der gebildetsten und ausgezeichnetsten, gehört habe.

Die Feueranbeter glauben an ein höchstes, einziges Wesen. Den vier Elementen, ganz besonders dem Feuer und der Sonne zollen sie große Verehrung, weil sie sich darunter Gebilde des höchsten Wesens vorstellen. Sie suchen jeden Morgen die erwachende Sonne auf und eilen aus den Häusern, ja mitunter vor die Stadt, um sie sogleich mit Gebeten zu begrüßen. Außer den Elementen sind ihnen auch die Kühe heilig.

Gleich in der ersten Zeit meiner Ankunft ging ich eines Morgens auf die Esplanaden der Stadt, um, wie ich gelesen hatte, die große Menge von Parsi (man rechnet im Ganzen nur 6000 Parsi auf der Insel Bombay) zu sehen, die sich daselbst versammeln, dem ersten Sonnenstrahle entgegenharren, sich bei seinem Erscheinen, wie auf ein gegebenes Zeichen zur Erde stürzen und ein lautes Freudengeschrei erheben. Ich sah wohl mehrere Parsi, aber nicht in Gruppen, sondern einzeln hin und wieder stehen, aus einem Buche still lesend oder vor sich hin ein Gebet murmelnd. Auch kamen sie nicht zu gleicher Zeit, — noch um neun Uhr erschienen manche.

Ebenso erging es mir mit den Leichen, die auf den Dächern, den Raubvögeln zur Beute, ausgestellt sein sollten, — ich sah keine einzige. In Calcutta hatte mir ein Herr V..., der erst kürzlich aus Bombay gekommen war, versichert, deren selbst viele gesehen zu haben. Ich konnte mir nicht denken, daß die englische Regierung eine solche barbarische, der Gesundheit schädliche Verfahrungsweise erlauben sollte; allein ich mußte es vor der Hand glauben. Meine erste Frage, als ich Herrn Manuckjee kennen lernte, war, auf welche Art die Parsi ihre Todten begraben. Er führte mich auf einen Hügel außerhalb der Stadt und zeigte mir eine vierundzwanzig Fuß hohe Mauer, die einen runden Raum von ungefähr sechzig Fuß im Durchmesser umschloß. Innerhalb dieser Mauer, sagte er, sei eine Bahre mit drei Abtheilungen aufgemauert und daneben eine große Grube ausgegraben. Die Körper der Verstorbenen werden auf die Bahre gelegt, und zwar die Männer auf die erste, die Weiber auf die zweite und die Kinder auf die dritte Abtheilung, mit eisernen Banden befestiget und, nach dem Ausspruche ihrer Religion, dem Elemente der Luft überlassen. Die Raubvögel, die stets in großen Schwärmen an solchen Orten hausen, stürzen sich gierig auf die Körper und verzehren in wenig Augenblicken Fleisch und Haut; die Gebeine werden gesammelt und in die Grube geworfen. Wenn die Grube voll ist, wird der Bestattungsort verlassen und ein neuer errichtet.

Manche Reiche haben eigene Bestattungsplätze, über welche sie feine Drahtgitter spannen lassen, damit die Todten ihrer Familie nicht von den Raubvögeln zerfleischt werden.

Die Bestattungsorte darf, außer den Priestern, die den Körper hineintragen, niemand betreten, man schließt sogar die Thüre eilig zu, denn ein Blick hinein wäre schon ein Verbrechen. Die Priester, oder vielmehr Träger werden für so unrein gehalten, daß sie von der übrigen Gesellschaft ausgeschlossen sind und eine eigene Kaste unter sich bilden. Wer nur das Unglück hat, an einen solchen Menschen anzustreifen, muß augenblicklich seine Kleider vertilgen und sich baden.

Nicht minder eigenthümlich sind die Parsi hinsichtlich ihrer Tempel: kein Anders-Gläubiger darf sie betreten, ja nicht einmal beschauen. Die Tempel, die ich hier, natürlich nur von außen sah, sind sehr klein, höchst einfach und ohne die geringste besondere Bauart; die runde Eingangshalle umgibt ein Vorplatz, der mit einer Mauer umfaßt ist. Nur bis an den Eingang der auf den Vorplatz führenden Mauer darf man treten. Der schönste Tempel in

Bombay*) ist ein unbedeutendes kleines Gebäude, und ich muß den Beschreibungen abermals widersprechen, die so viel Wesens aus den schönen Tempeln der Feueranbeter machen. So wie mich Herr Manuckjee versicherte, brennt das Feuer in einer Art eisernen Vase in einem ganz leeren, ungeschmückten Tempel oder Gemache. Die Parsi behaupten, daß das Feuer, welches im Haupttempel brennt, und woran alle übrigen angezündet worden, noch von dem Feuer stamme, das ihr Prophet Zoroaster vor 4000 Jahren in Persien angezündet habe. Als sie aus Persien vertrieben wurden, nahmen sie es mit. Diese Feuer werden nicht nur von gewöhnlichen Brennhölzern unterhalten, auch kostbare, wie Sandel-, Rosen-Holz und andere werden darunter gemischt.

Die Priester heißen Magi, und es gibt deren bei jedem Tempel ziemlich viele. Sie zeichnen sich in der Tracht von den übrigen Parsi's blos durch einen weißen Turban aus. Das Heirathen ist ihnen erlaubt.

Die Frauen besuchen die Tempel gewöhnlich zu andern Stunden als die Männer. Es ist ihnen zwar nicht verboten, sich mit diesen zugleich einzufinden; sie thun es jedoch nie, und kommen überhaupt sehr selten in die Tempel.

Ein frommer Parsi soll täglich viermal, und zwar jedesmal eine Stunde lang beten; er hat jedoch nicht nöthig, den Tempel hierzu zu besuchen, er betrachtet Feuer, Erde oder Wasser, oder starrt in die leere Luft. Wem

---

*) Und in Bombay ist doch der Hauptsitz der Feueranbeter.

vier Stunden täglichen Gebetes zu viel sind, der verständigt sich mit den Priestern; diese sind menschlich und gütig, gleich den Priestern anderer Religionen, und entheben gerne für milde Gaben den schwer Bedrängten seiner Sorgen.

Am liebsten verrichten die Parsi ihre Gebete des Morgens im Angesichte der Sonne, die sie als größtes und heiligstes Feuer am meisten verehren. Die Verehrung des Feuers geht bei ihnen so weit, daß sie keine Handwerke betreiben, die mit Feuer zu schaffen haben, kein Gewehr abfeuern und kein Licht auslöschen. Das Feuer in der Küche lassen sie ausbrennen. Manche Reisende behaupten sogar, daß sie den Feuersbrünsten keinen Einhalt thäten; dem ist jedoch nicht so, — man versicherte mir, bei einem großen Brande, der vor einigen Jahren in Bombay statt hatte, viele Parsi mit Löschen beschäftigt gesehen zu haben.

Herr Manuckjee war so gütig, mich in sein Haus einzuladen, damit ich das Leben parsischer Familien einigermaßen kennen lerne, und führte mich auch in mehrere Häuser seiner Freunde ein.

Die Zimmer fand ich auf europäische Art eingerichtet, mit Stühlen, Tischen, Kanapee's, Betten, Bildern, Spiegeln u. s. w. Der Anzug der Frauen war wenig verschieden von jenem der reichen Hindostanerinnen; nur war er sittiger, da er nicht aus durchsichtigem Musselin, sondern aus Seidenstoffen bestand, überdies hatten sie noch Beinkleider hinzugefügt. Die Seidenstoffe waren reich mit Gold durchwirkt, welcher Luxus sich bis auf die dreijährigen Kinder erstreckte. Die Kleineren, selbst

Die Neugeborenen waren in einfache Seidenstoffe gewickelt. Die Kinder alle hatten gold- und silbergestickte Käppchen auf. An Goldschmuck, Perlen und Edelgestein darf es einer Parsin eben so wenig fehlen als einer Hindostanerin; schon im Hause tragen sie viel; bei Besuchen oder festlichen Gelegenheiten aber soll der Schmuck einer reichen Parsin oft den Werth von 100,000 Rupien übersteigen. Kinder von sieben bis acht Monaten tragen bereits Fingerringe und Armbänder mit Edelsteinen oder Perlen.

Der Anzug der Männer besteht aus weiten Beinkleidern, Hemden und langen Kaftanen, — Hemden und Beinkleider sind häufig von weißer Seide, die Kaftane von weißem Perkal. Der Turban unterscheidet sich sehr von jenem der Mohamedaner: es ist eine zehn bis zwölf Zoll hohe Mütze von Pappdeckel mit farbigem Stoffe oder Wachstuche überzogen.

Männer und Weiber tragen um die Mitte des Leibes über das Hemde, eine doppelt gewickelte Schnur, die sie beim Gebete loslösen und in der Hand halten; außerdem darf sie nie am Leibe fehlen. In diesem Punkte ist das Gesetz so strenge, daß, wer sie nicht trägt, aus der Gemeinschaft gestoßen wird. Kein Vertrag, kein Geschäft ist gültig, wenn die Schnur dabei fehlt. Dem Kinde wird sie mit dem neunten Jahre umgegeben. Vor diesem Akte gehören sie nicht der Gemeinschaft an; sie dürfen sogar Gerichte, von Christen bereitet, essen, die Mädchen können den Vater an öffentliche Orte begleiten. Die Schnur ändert alles, — der Sohn speiset an des Vaters Tische, die Mädchen bleiben zu Hause u. s. w.

Ein zweites Religionsstück ist das Hemd: dieses muß

nach einer bestimmten Länge und Weite geschnitten sein, aus neun Nähten bestehen und an der Brust auf eine eigene Art übereinander gelegt werden.

Der Parsi darf nur eine Frau haben. Gebiert sie im Zeitraume von neun Jahren keine Kinder oder nur Mädchen, so kann er sich, mit Einverständniß der Frau, von ihr trennen und eine neue Verbindung eingehen; er muß aber für seine geschiedene Frau sorgen. Auch die geschiedene Frau darf sich wieder verheirathen. Der Parsi kann, nach seinen Religionsbegriffen, auf volle Glückseligkeit im künftigen Leben nur dann rechnen, wenn er in diesem eine Gattin und einen Sohn hatte.

Die Parsi sind nicht in Kasten getheilt.

In der Länge der Zeit haben die Parsi manche Gebräuche von den Hindus angenommen. So dürfen sich z. B. die Frauen nicht an öffentlichen Orten zeigen, sie leben im Hause von den Männern abgesondert, speisen allein und werden gleichfalls mehr als Sache betrachtet und behandelt. Die Mädchen werden als Kinder versprochen und im vierzehnten Jahre dem Manne angetraut; stirbt jedoch der Bräutigam, so können sich die Eltern um einen zweiten bekümmern. Auch bei den Parsi ist es eine Schande, wenn der Vater für seine Töchter keine Männer findet.

Im Hause aber genießen die Frauen der Parsi weit mehr Freiheit als die armen Hindostanerinnen: sie dürfen unverschleiert selbst an jenen Fenstern sitzen, die nach der Straße gehen, sie können sogar unverschleiert zugegen sein, wenn der Gemahl einen männlichen Besuch empfängt; letzteres geschieht jedoch selten.

Die Parsi sind durch ihre Gesichtszüge, besonders durch ihre weißere Hautfarbe von allen andern asiatischen Völkern leicht zu unterscheiden. Ihre Gesichtszüge sind ziemlich regelmäßig, jedoch etwas scharf, und die Backenknochen breit. Ich fand sie nicht so schön als die Mohamedaner und Hindus.

Herr Manuckjee macht eine Ausnahme von seinen Landsleuten. Er mag wohl der erste gewesen sein, der Paris, London und einen großen Theil Italiens besucht hat. Die europäischen Sitten und Gebräuche gefielen ihm so gut, daß er bei seiner Rückkehr versuchte, unter seinen Glaubensgenossen einige Reformen einzuführen. Leider gelang es ihm nicht. Man schalt ihn einen Menschen, der nicht wisse, was er wolle, und viele entzogen ihm sogar ihre Freundschaft und Achtung.

Seiner Familie erlaubte er, sich im Hause freier zu bewegen; allein auch da konnte er nicht viel ändern, wollte er mit seinen Glaubensgenossen nicht ganz zerfallen. Seine Töchter läßt er nach europäischer Art erziehen; die älteste spielt etwas Klavier, stickt und näht. Sie schrieb mir in mein Album recht zierlich einen kleinen englischen Aufsatz. Der Vater versprach sie auch nicht schon als Kind, sondern wünscht, daß ihre Neigung mit seiner Wahl übereinstimmen möge. — Man sagte mir, daß sie schwerlich einen Mann finden werde, weil sie zu europäisch erzogen sei; sie zählte bereits vierzehn Jahre und der Vater hatte noch keinen Bräutigam für sie.

Als ich dies Haus das erste Mal besuchte, saßen Mutter und Töchter im Empfangszimmer und waren mit Handarbeiten beschäftiget. Ich wohnte ihrer Mahlzeit bei, eine Gunst, die mir ein orthodoxer Parsi nicht gestattet hätte; doch durfte ich nicht Theil daran nehmen, — für mich wurde früher gedeckt und ich speiste allein. Man gab mir mehrere Gerichte, die mit geringen Abweichungen auf europäische Art zubereitet waren. Alle, außer dem Herrn vom Hause, sahen mir zu, wie ich mit Messer und Gabel aß, selbst die Dienerschaft lockte dies Schauspiel herbei. Nachdem ich meinen Appetit im Angesichte des Publikums kunstgerecht befriediget hatte, wurde Tisch und alles so rein gefegt, als wenn ich mit der Pest behaftet gewesen wäre. Hierauf brachte man flache Brode, die man statt der Teller auf den unbedeckten Tisch legte, und sechs bis sieben Schüsselchen mit denselben Gerichten, von welchen man mir vorgesetzt hatte. Die Familie wusch sich Hände und Gesicht und der Vater sprach ein kurzes Gebet. Alle, außer dem jüngsten Kinde, das erst sechs Jahre zählte, setzten sich zu Tische und langten mit der rechten Hand in die verschiedenen Schüsseln. Sie rissen und zerrten das Fleisch von den Hühner- und Schöpsenknochen, lösten die Fische stückweise von den Gräten, fuhren damit in die verschiedenen Brühen und Saucen und warfen den Bissen so geschickt in den Mund, daß die Lippe von der Hand nicht berührt wurde. Derjenige, dem letzteres wiederfährt, muß augenblicklich aufstehen und sich neuerdings die Hand waschen, oder er muß die Schüssel, in welche er ungewaschen fährt, vor sich nehmen und darf keine andere berühren. Die linke Hand ist während der ganzen Mahlzeit in Ruhestand versetzt.

Diese Art des Speisens scheint zwar sehr unappetitlich, ist es aber in der That nicht im geringsten; die

Hand ist gewaschen und berührt nichts außer den Speisen. Mit dem Trinken verhält es sich eben so: das Gefäß wird nicht an die Lippen gesetzt, sondern das Getränk höchst kunstvoll in den weit geöffneten Mund geschüttet. — Bevor die Kinder diese Geschicklichkeit im Essen und Trinken nicht erlangt haben, dürfen sie, auch sammt der Schnur um den Leib, nicht Theil an den Mahlzeiten der Erwachsenen nehmen.

Das üblichste Getränk ist auf Bombay Sud, auch Tobby genannt, eine Art leichtem geistigen Getränkes, das aus den Kokos- und Dattelpalmen gewonnen wird. Die Abgaben für diese Bäume sind sehr hoch, denn letztere werden, wie in Egypten, gezählt und einzeln versteuert. Ein Baum, den man bloß Früchte tragen läßt, zahlt ein viertel bis eine halbe Rupie, der, aus welchem Tobby gezogen wird, dreiviertel bis eine Rupie. Die Leute hier besteigen die Palmbäume nicht mittelst Strickschleifen, sondern sie schneiden Kerben ein, in welche sie die Füße setzen.

Während meines Aufenthaltes starb nahe an Herrn Wattenbach's Hause eine alte Hindostanerin, deren Tod mir Gelegenheit gab, eine indische Leichenfeier zu sehen. Schon als sie dem Sterben nahe war, wurde zeitweise von den sie umgebenden Weibern ein schreckliches Geheul angestimmt, das man nach ihrem Tode periodenmäßig fortsetzte. Nach und nach kamen kleine Züge von sechs bis acht Weibern, die ebenfalls zu heulen anfingen, sobald sie das Haus der Trauer gewahr wurden; diese Weiber traten alle in das Haus, die Männer, deren auch viele herbei gekommen waren, setzten sich ruhig vor dasselbe. Nach einigen Stunden wurde die Todte in ein weißes Tuch geschlagen, auf eine offene Tragbahre gelegt und von den Männern nach dem Verbrennungsorte gebracht. Einer von ihnen trug ein Gefäß mit Kohlen und ein angebranntes Stück Holz, um an Ort und Stelle den Holzstoß mit dem Feuer des Hauses zu entzünden.

Die Weiber blieben zurück und sammelten sich vor dem Hause in einem engen Kreise, dessen Mitte von einem bezahlten Klageweib eingenommen wurde. Dieses begann einen heulenden Gesang von mehreren Strophen, bei deren jedesmaligem Ende die Gesellschaft als Chor einfiel; sie schlugen sich dabei taktmäßig mit der rechten Hand auf die Brust und neigten das Haupt zur Erde. Diese Bewegungen machten sie so rasch und so gleichmäßig, als wenn man sie wie Puppen am Drahte gezogen hätte.

Nach einer Viertelstunde trat eine kurze Pause ein, worauf ein anderer Gesang angestimmt wurde, während welchem sich die Weiber mit beiden Fäusten so tapfer auf die Brust schlugen, daß man die Schläge weit hin vernehmen konnte. Nach jedem Schlage streckten sie die Hände hoch empor und neigten die Köpfe tief hinab, alles höchst gleichmäßig und sehr rasch. Diese Vorstellung sah noch komischer aus als die erste. Nach vielen Anstrengungen setzten sie sich im Kreise umher, tranken Tobby und rauchten Tabak.

Am folgenden Morgen wiederholten Weiber und Männer den Besuch. Letztere betraten das Haus abermals nicht, — sie machten Feuer an und bereiteten ein einfaches Mahl. So oft ein Zug von Weibern kam, trat einer von den Männern an die Hausthüre und meldete ihn an, worauf die Hauptleidtragende aus dem Hause kam, um sie zu empfangen. Sie warf sich vor ihnen mit einer Heftigkeit zu Boden, daß ich dachte, sie würde nicht mehr aufstehen; die Weiber schlugen sich mit den Fäusten einmal an die Brust und fuhren dann mit den Händen nach dem Kopfe. Die Trauernde erhob sich in der Zwischenzeit, fiel jeder Einzelnen stürmisch um den Hals, wobei sie ihr Kopftuch über den Kopf ihrer Trösterin schlug und mit ihr um die Wette heulte. Alle diese Bewegungen gingen ebenfalls sehr rasch vor sich, ein Dutzend Umarmungen waren im Augenblicke abgemacht. Nach dem Empfange gingen sie in's Haus und heulten periodenmäßig fort. Erst mit Sonnenuntergang trat volle Stille ein, und ein Mahl machte der Geschichte ein Ende. Die Weiber speisten im Hause, die Männer unter freiem Himmel.

Todten- und Hochzeit-Feier kosten den Hindus stets sehr viel. Die hier beschriebene war die eines Weibes aus der ärmeren Volksklasse. Dessen ohngeachtet durfte es an Tobby durch zwei Tage nicht fehlen, eben so wenig an Lebensmitteln zu dem Mahle, bei dem es der Gäste genug gab. Dazu kömmt noch der Holzstoß, der auch genug kostet, selbst wenn er nur von gemeinem Holze ist. Bei Reichen, welche die kostbarsten Hölzer dabei verbrennen, zahlt man für solch einen Holzstoß oft über tausend Rupien.

Einst begegnete ich dem Leichenzuge eines hindostanischen Kindes. Es lag auf einem Polster, war mit einem weißen Tuche überdeckt und mit frischen, schönen Blumen überstreut. Ein Mann trug es auf beiden Armen so behutsam und vorsichtig, als wenn es schliefe. Auch hier bildeten nur Männer die Begleitung.

Die Hindus haben keine bestimmten Sonn- oder

Feiertage in der Woche, sondern nur zu Zeiten Feste, die einige Tage währen. Ich sah eines derselben während meines Aufenthaltes, am 11. April, Warusche-Parupu, das Neujahrsfest. Es war eine Art Fastnachtsspiel. Die Hauptlustbarkeit bestand darin, daß sich die Leute gegenseitig mit gelber, brauner und rother Farbe begossen und besprengten und sich Wangen und Stirne mit eben solchen Farben bemalten. Das lärmende Tam-Tam oder ein Paar Geigen eröffneten den Zug, hinterher folgten kleinere und größere Gesellschaften, und lachend und singend tanzten sie von einem Hause, von einem Orte zum andern. Manche fanden wohl freilich bei dieser Gelegenheit den Tobby etwas gar zu köstlich, aber nicht so sehr, um die Besinnung zu verlieren und die Grenzen des Anstandes zu überschreiten. An diesen öffentlichen Umzügen *) nehmen die Weiber nicht Theil; des Abends aber versammeln sich beide Geschlechter in den Häusern, und da soll es nicht immer am gesittetsten zugehen.

Märtyrerfeste werden nicht mehr mit vollem Glanze gefeiert, — ihre Zeit ist schon vorüber. Ich sah keines; doch war ich so glücklich hier einen Märtyrer zu sehen, zu dem viel Volk strömte. Dieser heilige Mann hielt durch dreiundzwanzig Jahre unverändert einen Arm aufwärts gebogen und die flache Hand so weit zurück gelegt, daß ein Blumenstock darauf stehen konnte. Die dreiundzwanzig Jahre waren abgelaufen und der Blumenstock wurde

---

*) Bei keinem öffentlichen Feste erscheinen die Weiber, und bei diesem Feste erschienen auch nur übel berüchtigte Frauenspersonen.

abgenommen; allein Hand und Arm waren in keine andere Stellung mehr zu bringen, da sich die Muskeln zusammen gezogen hatten, der Arm war ganz abgezehrt und sah sehr eckelhaft aus.

Die Insel Elephanta liegt sechs bis acht Seemeilen von Bombay entfernt. Herr Wattenbach war so gütig, mich eines Tages dahin zu führen. Ich fand ziemlich hohe Berge, die wir aber nicht bestiegen, — wir besahen bloß die dem Landungsplatze ganz nahe liegenden Tempel.

Der Haupttempel gleicht den größeren Vihara's zu Adjunta, mit dem einzigen Unterschiede, daß er an den beiden Seiten von dem lebendigen Fels getrennt ist und nur oben, unten und an der Rückseite mit demselben zusammenhängt. In dem Sanktuarium steht ein riesiges, dreiköpfiges Brustbild. Manche glauben, es solle die Trimurti, d. h. die hindostanische Dreieinigkeit vorstellen; der eine Kopf ist en face, der andere profil links, der dritte profil rechts. Die Büste mißt, den Haarputz mit eingerechnet, gewiß an acht Fuß. An den Wänden und in den Nischen gibt es viele riesige Statuen und Figuren, ja ganze Scenen aus der hindostanischen Göttergeschichte. Merkwürdig sind die weiblichen Figuren: sie haben alle die linke Hüfte aus=, die rechte eingebogen. Die Säulen sind sehr massiv und nur kanelirt. Reliefs sah ich nirgends. Der Tempel scheint dem Gotte Schiwa geweiht zu sein.

In der Nähe des großen Tempels steht ein zweiter, kleinerer, dessen Wände ebenfalls mit Gottheiten bedeckt sind. Beide Tempel litten sehr von den Portugiesen, die, als sie diese Insel eroberten, in ihrem edlen Religions=

eifer Kanonen aufpflanzten, um die gräulichen Heldentempel zu zerstören, welche Arbeit ihnen weit besser gelang, als die Bekehrung der Heiden. Mehrere Säulen liegen ganz in Trümmern, beinahe alle sind mehr oder minder beschädigt, der Boden ist voll Schutt. Auch von den Göttern und ihrem Gefolge kam keiner unverletzt durch.

Von der Façade des großen Tempels genießt man eine überraschende Aussicht über den Meeresspiegel nach der ausgedehnten Stadt und den sie umgebenden lieblichen Hügeln. Einen ganzen Tag brachten wir hier zu, der uns sehr angenehm verging. Die heißen Mittagsstunden wurden in dem kühlen Schatten der Tempel mit Lesen verbracht. Herr Wattenbach hatte mehrere Diener, darunter den Koch, dann Tische, Stühle, Speisegeräth, Bücher und Zeitungen vorausgesandt. Nach meiner Meinung war dies schon viel des Ueberflusses; was würden aber meine lieben Landsmänninnen erst gesagt haben, wenn sie die englische Familie gesehen hätten, mit der wir hier zufällig zusammentrafen, — diese führte einige Ruhebetten und Armstühle, ungeheure Fußteppiche, ein Zelt u. dgl. mit sich. Das nenne ich eine einfache Landpartie! —

Salsetta (auch Tigerinsel genannt) ist durch einen kurzen, künstlichen Damm mit Bombay verbunden. Die Entfernung vom Fort der Stadt bis zu dem Dörfchen, hinter welchem die Tempel liegen, beträgt achtzehn englische Meilen, die wir, mittelst unterlegten Pferden in drei Stunden zurücklegten; die Straße war herrlich, der Wagen rollte wie auf einer Tenne.

Die Naturschönheiten dieser Insel übertreffen bei

weitem jene auf Bombay. Nicht Hügelreihen, sondern herrliche Gebirgsketten erheben sich hier, bis an die Höhen mit dichten Laubwaldungen bedeckt, aus welchen hin und wieder nackte Felswände aufsteigen, — die Thäler sind voll üppiger Getreidefelder und mit schlanken grünen Palmen bepflanzt.

Die Insel scheint nicht sehr bevölkert zu sein. Ich sah nur wenige Dörfer und ein einziges Städtchen, von Maratten bewohnt, die eben so ärmlich und schmutzig aussehen wie jene bei Kundalla.

Von dem Dörfchen, wo wir den Wagen verließen, hatten wir bis zu den Tempeln noch drei Meilen zu gehen.

Der Haupttempel allein ist im Style eines Chaitya's gehalten; nur ist er von einer ungemein hohen Vorhalle umgeben, an deren beiden Endseiten in Nischen einundzwanzig Fuß hohe Götter stehen. Ein zweiter Tempel schließt sich rechts an, der einige Priesterzellen, Sinnbilder von Gottheiten und Reliefs enthält. Außer diesen beiden gibt es noch unzählige kleinere in den Felswänden, die sich an den beiden Seiten der Haupttempel fortziehen, — man sagt es seien über hundert. Alle sind Viharas, den Haupttempel ausgenommen; die meisten sind aber kaum größer als Kämmerchen und ohne alle Auszeichnung.

Die Felstempel von Elephanta und Salsetta stehen an Größe, Pracht und Kunst weit hinter jenen von Adjunta und Elora zurück und sind nur für den interessant, der diese nicht gesehen hat.

Man sagt, daß die Felsentempel zu Salsetta wenig

besucht werden, weil man dort vielen Gefahren ausgesetzt sei; die Gegend soll voll Tiger sein, es gäbe viele wilde Bienen, die um die Eingänge stets so herumschwärmen, daß man nicht durchbringen könne, und ferner hielten sich da überall Räuber, welche unter den Namen „Bheels" bekannt sind, auf *). Uns begegnete glücklicherweise keiner dieser Unfälle. Späterhin streifte ich sogar allein umher. Mir hatte nämlich eine Anschauung nicht genügt, ich verließ während der Mittagsruhe heimlich meine Gefährten und kletterte von Fels zu Fels bis in die höchsten und entferntesten Tempel, — in einem fand ich das Fell und die Hörner einer verspeisten Ziege, welcher Anblick mich ein wenig erschreckte; allein auf die Ungeselligkeit der Tiger rechnend, die am hellen Tage den Menschen eher fliehen als aufsuchen, setzte ich meine Wanderung fort. Wir hatten, wie gesagt, keine Gefahr zu bestehen; nicht so zwei Herren, die einige Tage später bald als Opfer, zwar nicht den Tigern, aber den wilden Bienen gefallen wären. Einer von ihnen klopfte an eine Oeffnung in der Felswand, ein mächtiger Bienenschwarm stürzte hervor und über sie her, und nur mit größter Anstrengung, jämmerlich zerstochen an Kopf, Gesicht und Händen kamen sie davon.

Diese Begebenheit wurde zur Warnung für andere in der Zeitung bekannt gemacht.

Das Klima auf Bombay ist gesünder als jenes von Calcutta, selbst die Hitze ist, der beständigen Seebriesen halber, leichter zu ertragen, obwohl Bombay fünf Grad

---

*) Dieselben Gefahren soll man zu Adjunta und Elora zu fürchten haben.

südlicher liegt. Von den Mosquitos wird man hier, wie in allen heißen Ländern, ziemlich gequält. Auch schlich sich eines Abends ein Tausendfuß in mein Schlafgemach, den ich aber glücklicherweise noch zu rechter Zeit gewahrte.

Ich war schon entschlossen, ein arabisches Boot zu benützen, das am 2. April nach Bassora abgehen sollte, als mir Herr Wattenbach die Nachricht brachte, daß am 10. ein kleiner Dampfer die erste Reise nach Bassora machen werde. Dies gewährte mir große Freude, — ich ahnte nicht, daß es mit diesem Dampfer, wie mit den Segelschiffen gehen sollte, deren Abfahrt von Tag zu Tag verschoben wird. — Erst am 23. April verließen wir den Hafen von Bombay.

Von Bombay nach Bagdad.

Abreise von Bombay. Ausbruch der natürlichen Pocken. Mascat. Bandr-Abas. Die Perser. Die Meerstraße Kishm. Buschir. Einfahrt in den Schatel-Arab. Bassora. Einfahrt in den Tigris. Beduinen-Stämme. Ktesiphon und Seleucia. Ankunft in Bagdad.

Das Dampfschiff S. Ch. Forbes (40 Pferdekraft, Kapitän Lichtfield) hatte nur zwei Cabinen. eine kleine und eine große. Erstere war schon lange von einem Engländer, Herrn Roß, gemiethet, letztere wurde von einigen reichen Persern für ihre Frauen und Kinder in Beschlag genommen; ich mußte mich mit einem Platze auf dem Decke begnügen, speiste jedoch an der Tafel des Kapitäns, der mich während der ganzen Reise mit Aufmerksamkeiten und Gefälligkeiten überhäufte.

Das kleine Schiff war im vollsten Sinne des Wortes mit Menschen überladen, das Schiffspersonal allein zählte schon 45 Köpfe; dazu kamen noch 124 Passagiere, meist Perser, Mohamedaner und Araber. Herr Roß und ich waren unter den Reisenden die einzigen Europäer. Als diese Menschenmasse versammelt war, gab es auf dem Decke auch nicht das kleinste leere Plätzchen, — um von einem Orte zum andern zu gelangen, mußte man zahllose Kisten und Koffer übersteigen und dabei alle Sorgfalt anwenden, um den Leuten nicht auf die Köpfe oder Füße zu treten.

Bei solch kritischen Gelegenheiten überschaue ich sogleich das Terrain, um wo möglich ein gutes Plätzchen zu erobern. Ich fand, was ich suchte, und war von allen Reisenden die glücklichste, sogar glücklicher als Herr Roß, der keine Nacht vor Hitze und Ungeziefer in seinem Cabinchen schlafen konnte. Mein Blick war auf den untern Theil des Speisetisches des Kapitäns gefallen, der auf dem Sternbeck befestigt war; ich nahm diese Region in Beschlag, warf meinen Mantel dahinter und so hatte ich wenigstens eine ziemlich gesicherte Stelle, und durfte nicht besorgen, daß man mir auf Händen oder Füßen, oder wohl gar auf dem Kopfe herumtreten würde.

Ich hatte Bombay etwas unwohl verlassen, am zweiten Tage der Reise äußerte sich ein leichter Anfall eines Gallenfiebers. Fünf Tage hatte ich damit zu kämpfen, mühsam schleppte ich mich vor den Mahlzeiten von meinem Asyl hervor, um den Füßen der Tischgesellschaft Platz zu machen. Ich nahm keine Arznei (ich führe nie welche mit mir), sondern überließ mich der gütigen Vorsehung und meiner guten Natur.

Ein viel gefährlicheres Uebel als das meine zeigte sich am dritten Tage der Fahrt — in der großen Kajüte herrschten die natürlichen Pocken. Achtzehn Frauen und sieben Kinder waren da eingepreßt. Sie hatten weit weniger Raum als die Neger auf den Sclavenschiffen, die Luft war im höchsten Grad verpestet, und das mit Männern gefüllte Deck durften sie nicht betreten; selbst wir

Deckpassagiere waren in großer Angst, daß sich die böse Luft durch die geöffneten Lucken über das ganze Schiff verbreiten möge. Die Pocken waren unter den Kindern schon ausgebrochen, bevor sie auf's Schiff kamen; aber niemand konnte es ahnen, denn die Weiber wurden spät in der Nacht an Bord gebracht, dicht verschleiert und in große Tücher eingehüllt, unter welchen sie die Kinder trugen. Erst am dritten Tage, als eines der Kinder starb, erfuhren wir die uns umgebende Gefahr.

Das Kind wurde in ein weißes Tuch geschlagen, auf einem Brettchen befestiget, das durch einige Stücke Steinkohlen oder Steine beschwert war, von der Falltreppe ließ man es in die See gleiten; in dem Augenblicke, als es das Wasser berührte, schlugen die Wogen darüber und — es war unserem Blicke entschwunden.

Ich weiß nicht, ob eine verwandte oder liebende Seele bei dieser traurigen Bestattung zugegen war, ich sah keine Thräne fließen, — die arme Mutter mag wohl getrauert haben, sie durfte aber ihren Liebling nicht begleiten, die Sitte verbietet es.

Noch zwei Todtenfälle ereigneten sich, die übrigen Kranken genasen und die Seuche griff glücklicherweise nicht weiter um sich.

30. April. Heute kamen wir der arabischen Küste sehr nahe und sahen eine Gebirgskette, die aber nackt und kahl und nichts weniger als schön war. Am folgenden Morgen den

31. April zeigten sich hin und wieder auf den Spitzen schöner Felsgruppen kleine Forts und Wachtthürme, bald

auch ein großes auf einem mächtigen Berge an dem Eingange einer Bucht.

Wir ankerten vor der Stadt Mascat, die an dem Ende der Bucht liegt. Diese Stadt, einem arabischen Fürsten unterthänig, ist sehr stark befestiget und von mehrfachen Reihen wunderlich geformter Felsen umgeben, die alle ebenfalls mit Thürmen und Forts besetzt sind. Das größte darunter bewahrt eine traurige Erinnerung: es war einst ein Kloster portugesischer Mönche und wurde in einer Nacht von den Arabern überfallen, welche alle Mönche ermordeten. Diese Begebenheit trug sich vor ungefähr zweihundert Jahren zu.

Die Häuser der Stadt sind von Stein, haben kleine Fenster und statt der Dächer Terrassen. Zwei sogenannte Paläste, deren einer von der Mutter des regierenden Fürsten, der andere von dem Sheik (Gouverneur) bewohnt wird, zeichnen sich vor den Häusern nur durch ihren größeren Umfang aus. Manche Straßen sind so enge, daß gerade nur zwei Personen neben einander gehen können. Der Bazar besteht, nach türkischer Art, aus gedeckten Gängen, unter welchen die Kaufleute mit gekreuzten Beinen vor ihrem erbärmlichen Kram sitzen.

Die Hitze ist in dem Felskessel, in welchem Mascat liegt, sehr drückend (in der Sonne 41 Grad Reaum.), das Sonnenlicht für die Augen sehr schädlich, da es nicht durch das geringste Grün gemildert wird, — weit und breit ist kein Baum, kein Strauch, kein Grashalm zu sehen. Alles, was daher nur einigermaßen bemittelt ist, flüchtet jeden Tag nach Beendigung der Geschäfte hinaus in die an der offenen See gelegenen Landhäuser. Europäer gibt es hier nicht, das Klima soll für sie tödtend sein.

An der Rückseite der Stadt liegt ein langes Felsenthal und in diesem ein Dorf, welches mehrere Grabesplätze und — o Wunder! — ein Gärtchen mit sechs Palmen, einem Feigen- und einem Granatbaume enthält. Das Dorf ist größer und bevölkerter als die Stadt: es zählt 6000 Einwohner, während letztere nur 4000 hat. Von der Armseligkeit, von dem Schmutze und Gestanke in diesem Dorfe kann man sich keine Vorstellung machen; die Hütten stehen beinahe eine über der anderen, sind sehr klein und nur von Rohr und Palmenblättern; aller Unrath wird vor die Thüren geworfen. Es gehört sehr viel Ueberwindung dazu, durch ein solches Dorf zu gehen, und mich wundert, daß Pest oder andere Seuchen nicht ewig da herrschen. Augenkrankheiten und Erblindungen sind übrigens sehr häufig.

Von diesem Thale*) kam ich in ein zweites, welches die größte Merkwürdigkeit Mascat's enthält: einen ziemlich ausgedehnten Garten, der mit seinen Dattelpalmen, Blumen, Gemüsen und Pflanzungen wirklich das Bild einer Oase in der Wüste gewährt. Diese Vegetation wird größtentheils nur durch unermüdliche Bewässerung in's Leben gerufen. Der Garten gehört dem arabischen Für-

---

*) Ein Thal oder, besser gesagt, ein Felskessel reiht sich an den andern, ohne daß man von seinem Dasein die geringste Ahnung hat; man muß stets Felswände von 100—300 F. Höhe übersteigen, um von dem einen in den andern zu gelangen.

sten. Mein Führer schien auf dies Gartenwunder auch sehr stolz zu sein und frug mich, ob es in meinem Lande eben so schöne Gärten gäbe?! —

Die Weiber in Mascat tragen vor dem Gesichte eine Art Larve von blauem Zeuge, das über einige Spangen oder Drähte befestiget ist und vom Gesichte absteht; zwischen Stirne und Nase ist die Larve ausgeschnitten, so daß man etwas mehr als die Augen sieht. Diese Larve wird nur vorgenommen, wenn sie sich von dem Hause entfernen; in und vor ihren Hütten gehen sie unmaskirt. Alle, die ich sah, waren häßlich; auch die Männer hatten nicht die stolzen, feinen Züge, die man an den Arabern so häufig findet. — Viele Neger dienen hier als Sclaven.

Ich machte diese Spaziergänge in der größten Sonnenhitze (41 G. Reaum. in der Sonne) und noch dazu von meiner Krankheit etwas erschöpft, ohne die geringsten üblen Folgen. Wiederholt hatte man mich gewarnt und mir gesagt, daß in den heißen Ländern die Sonnenhitze den Europäern, die an sie nicht gewohnt sind, sehr gefährlich sei, und nur zu häufig Fieber, ja selbst den Sonnenstich nach sich ziehe. Hätte ich aber alle Reden beachtet, so würde ich nicht viel gesehen haben. Ich ließ mich nicht beirren, ging bei Regen und Sonnenschein aus, wie es sich gerade fügte, sah aber auch immer mehr als meine Reisegefährten.

Am 2. Mai früh Morgens gingen wir wieder unter Segel.

3. Mai traten wir in den persischen Meerbusen und kamen dem Eilande Ormus ziemlich nahe. Die Gebirge desselben zeichnen sich durch mehrfaches Farbenspiel aus,

viele Stellen schimmerten, als wären sie mit Schnee überdeckt. Die Gebirge enthalten sehr viel Salz, und jährlich kommen viele Fahrzeuge von Arabien und Persien, um diese Fracht einzunehmen. Abends erreichten wir das persische Städtchen Bendr-Abas, vor welchem wir vor Anker gingen.

4. Mai. Das Städtchen liegt an niedrigen Sand- und Felshügeln, die durch eine schmale Ebene von höheren Gebirgen getrennt sind. Auch hier ist alles kahl und öde, nur in der Ebene stehen einzelne kleine Palmengruppen.

Sehnsüchtig sah ich nach dem Land, — ich hätte gar zu gerne Persiens Boden betreten. Der Kapitän rieth mir jedoch ab, mich in meinen Kleidern dahin zu wagen, indem er mir sagte, daß die Perser nicht so gutmüthig seien wie die Hindus, und daß in diesen entlegenen Gegenden das Erscheinen einer europäischen Frau eine zu ungewöhnliche Begebenheit wäre, — man könnte mich leicht mit Steinwürfen begrüßen.

Glücklicherweise befand sich auf dem Schiffe ein junger Mann, der halb Engländer, halb Perser war (sein Vater, ein Engländer, hatte eine Armenierin aus Teheran geheirathet) und beide Sprachen gleich gut sprach. Diesen bat ich, mich mit an's Land zu nehmen, was er sehr bereitwillig that.

Er führte mich auf den Bazar und durch mehrere Gäßchen. Das Volk strömte zwar von allen Seiten herbei und begaffte mich, machte aber nicht die geringste Miene mich zu beleidigen.

Die Häuser sind klein und in orientalischem Geschmacke gebaut, haben wenige und sehr kleine Fenster und Terrassen statt der Dächer. Die Straßen sind enge, schmutzig und wie ausgestorben, nur der Bazar war belebt. Die Bäcker bucken hier das Brod auf die einfachste Weise, und zwar gleich in Gegenwart der Käufer: sie kneteten etwas Mehl mit Wasser in einer hölzernen Schüssel zu einem Teige, theilten diesen in kleine Stücke, die sie so lange mit den Händen drückten und zogen, bis große, dünne Flecken daraus wurden, die sie mit Salzwasser überstrichen und an die innere Seite einer runden Röhre klebten. Diese Röhre war von Thon, hatte bei achtzehn Zoll im Durchmesser und etwa zweiundzwanzig in der Länge, war zur Hälfte in die Erde eingegraben und unten mit einem Luftzuge versehen. Holzkohlen brannten unten, innerhalb der Röhre. Die Flecken wurden auf beiden Seiten zugleich gebacken, an der Rückseite durch die glühende Röhre, an der Vorderseite durch das Kohlenfeuer. Ich ließ mir ein halb Dutzend solcher Flecken backen, die, warm genossen, ganz gut schmeckten.

Die Perser kann man von den Arabern, deren es hier noch viele gibt, leicht unterscheiden; sie sind größer und stärker gebaut, haben eine weißere Haut, grobe und etwas kräftige Züge und ein sehr wildes, räuberisches Aussehen. Ihre Kleidung gleicht jener der Mohamedaner. Viele tragen Turbane, andere ein bis anderthalb Fuß hohe konische Mützen von schwarzem Astrachan.

Von dem jungen Manne, Herrn William Heborth, der mich nach Bandr-Abas begleitete, erzählte man mir einen so schönen Zug von Dankbarkeit, daß ich nicht umhin kann, ihn meinen Leserinnen mitzutheilen. Als sechzehnjähriger Jüngling von Persien nach Bombay kommend fand er in dem Hause eines Freundes seines Vaters die beste Aufnahme, wurde von ihm auf alle Art unterstützt und bekam sogar durch seine Verwendung eine Anstellung. Eines Tages hatte sein Beschützer, der verheirathet und Vater von vier Kindern war, das Unglück, einen Sturz vom Pferde zu machen, in Folge dessen er das Leben verlor. Herr Heborth faßte den wahrhaft großen Entschluß, die Wittwe, die viel älter war als er und ihm statt eines Vermögens vier Kinder zur Aussteuer brachte, zu heirathen, um auf diese Art die Schuld seiner Dankbarkeit gegen den verstorbenen Wohlthäter abzutragen.

In Bandr-Abas nahmen wir einen Lootsen ein, um durch die Straße Kishm zu fahren. Um Mittag gingen wir unter Segel.

Die Fahrt durch die Straße Kishm ist für Dampfschiffe ohne Gefahr, wird aber von Segelschiffen vermieden, da der Raum zwischen dem Festlande und der Insel Kishm oft sehr enge ist und die Schiffe von widrigen Winden leicht an die Küste geworfen werden könnten.

Die Insel bildet eine ausgedehnte Fläche und ist allenthalben mit dünnem Krüppelholz besetzt. Viele Leute kommen vom nahen Festlande, um Holz zu holen.

Der Kapitän hatte mir viel von der ausgezeichneten Schönheit dieser Fahrt erzählt, von der Ueppigkeit der Insel, von den Stellen, die so enge wären, daß sich die Spitzen der auf der Insel und dem Festlande stehenden Palmen berührten u. s. w. Seit der letzten Fahrt des guten Kapitäns aber muß sich ein gar seltsames Naturwunder ereignet haben — — die hohen schlanken Palmen waren in erbärmliches Laubgehölze verwandelt, und an der engsten Stelle standen Festland und Insel wenigstens eine halbe Seemeile von einander. — Sonderbar war es, daß späterhin Herr Roß dasselbe erzählte; er traute dem Munde des Kapitäns mehr als seinen eigenen Augen.

An einer der bedeutendsten Verengungen steht das schöne Fort Lusth. In dieser Gegend war noch vor fünfzehn Jahren der Hauptsitz der persischen Piraten. Bei Lusth hatte zwischen ihnen und den Engländern ein Haupttreffen statt, in welchem über 800 getödtet, viele gefangen und die ganze Brut zerstört wurde. Seit dieser Schlacht ist volle Sicherheit hergestellt.

Am 5. Mai traten wir aus der Straße und drei Tage darauf ankerten wir in Buschir.

In dem persischen Meerbusen gab es ziemlich viel Tangen und Mollusken, letztere hatten viele Fasern, eine milchweiße Farbe und die Form eines Waldschwammes; andere schimmerten rosenfarbig und hatten kleine, gelbliche Flecke. Auch an Seeschlangen von zwei bis fünf Fuß Länge fehlte es nicht.

8. Mai. Die Stadt Buschir liegt in einer Ebene, sechs Meilen vom Gebirge, dessen höchster Gipfel von den Persern Hormutsch, von den Engländern Halala genannt, über 5000 Fuß hoch ist.

Die Stadt zählt 15,000 Einwohner und hat den besten Hafen von Persien, sieht aber sehr schmutzig und häßlich aus.

Die Häuser stehen ganz nahe an einander, so daß man sehr leicht über die Terassen von einem auf das andere gelangen kann und „über die Dächer zu entfliehen" kein Kunststück ist, da die Terrassen überdieß nur Einfassungen von ein bis zwei Fuß hohen Mauern haben. Auf manchen Häusern sind viereckige, fünfzehn bis zwanzig Fuß hohe Kamine (Windfänger genannt) angebracht, die oben und auf den Seiten geöffnet werden können und dazu dienen, den Wind aufzufangen und zur Kühlung in die Gemächer zu leiten.

Die Weiber verhüllen sich hier das Gesicht so außerordentlich, daß ich nicht begreife, wie sie den Weg finden können. Die kleinsten Mädchen ahmen diese alberne Sitte schon nach. An Nasenringen, Arm= und Fußbändern gibt es ebenfalls keinen Mangel; doch tragen sie dergleichen bei weitem nicht so viel wie die Hindostanerinnen. Die Männer sind alle bewaffnet, selbst im Hause tragen sie Dolch oder Messer, auf der Straße außerdem noch Pistolen.

Wir blieben zwei Tage in Buschir, wo ich bei dem Herrn Residenten, Oberst Hennelt, sehr gut aufgehoben war.

Ich hätte gerne das Schiff hier verlassen, um die Ruinen von Persepolis zu besuchen und von dort die Reise zu Lande nach Schiras, Ispahan, Teheran u. s. w. fortzusetzen; allein bedeutende Unruhen waren in diesen Distrikten ausgebrochen und zahlreiche Räuberhorden trieben ihr Unwesen. Ich war gezwungen meinen Plan zu ändern und vor der Hand nach Bagdad zu gehen.

10. Mai. Nachmittags verließen wir Buschir.

11. Mai. Heute sollte mir das Glück zu Theil werden, einen der berühmtesten Weltströme zu sehen und zu befahren, den Schatel=Arab, „Fluß der Araber", der aus der Vereinigung des Euphrat, Tigris und Kaurun ent=

steht, und dessen Mündung einem Meeres=Arme gleicht. Der Schatel=Arab behält seinen Namen bis an das Delta des Tigris und Euphrat.

12. Mai. Mit dem Austritte aus dem Meere verließen uns auch die Gebirge; unübersehbare Ebenen, mit Dattelwaldungen bedeckt, breiteten sich an beiden Ufern aus.

Zwanzig Meilen unterhalb Bassora lenkten wir in den Kaurun ein, um an dem Städtchen Mahambrah, das gleich an dem Eingange des Flusses liegt, einige Reisende abzusetzen. Wir kehrten gleich wieder zurück, und der Kapitän ließ das Schiff in dem schmalen Raume eine äußerst kunstvolle Wendung machen. Dieses Verfahren flößte uns Unkundigen einige Angst ein: wir dachten jeden Augenblick das Schiff vorne oder rückwärts auffahren zu sehen; allein es gelang über alle Maßen gut. Die ganze Bevölkerung des Städtchens war an dem Ufer versammelt; sie hatte noch nie einen Dampfer gesehen und nahm zugleich den lebhaftesten Antheil an dem kühnen Wagestücke.

Die Stadt Mahambrah erlitt vor sechs Jahren ein fürchterliches Schicksal: sie stand damals unter türkischer Oberherrschaft, wurde von den Persern überfallen und geplündert; beinahe alle Einwohner, fünftausend an der Zahl, fanden den Tod. Seit dieser Zeit gehört sie den Persern.

Gegen Mittag langten wir vor Basora an *).

---

*) Die verschiedenen Entfernungen betragen: von Bombay nach Mascat 848, von Mascat nach Buschir 567, von Buschir bis an die Mündung des Schatel=Arab 130, und von diesem nach Bassora 90 Seemeilen.

Vom Flusse aus sieht man nur einige Festungswerke und große Dattelwaldungen, die Stadt liegt hinter diesen, anderthalb Meilen tief im Lande.

Die Reise von Bombay bis hieher hatte, des uns ungünstigen Monsum's halber, achtzehn Tage gewährt und war von den Seereisen, die ich bisher gemacht, eine der beschwerlichsten gewesen. Stets auf dem Decke, mit einer gedrängten Menschenmasse, bei einer Hitze, die zur Mittagszeit selbst unter dem Schatten des Zeltes auf dreißig Grad stieg, konnte ich nur einmal, in Buschir, Wäsche und Kleider wechseln, — ein Zustand, der um so quälender ist, da man sich der Erbschaft der Kleiderl... nicht erwehren kann. Ich sehnte mich nach einem labenden, reinigenden Bade.

Bassora, eine der größten Städte Mesopotamien's, besitzt unter seinen Einwohnern einen einzigen Europäer. Ich hatte einen Brief an den englischen Agenten, einem Armenier, Herrn Barseige, dessen Gefälligkeit ich in Anspruch zu nehmen gezwungen war, da es keinen Gasthof gab. Kapitän Lichtfield überreichte ihm meinen Brief und eröffnete ihm meine Bitte, mich auf einige Tage in sein Haus aufzunehmen, was aber der höfliche Mann kurzweg abschlug. Der gute Kapitän stellte mir hierauf sein Schiff zu Gebote, und so war ich wenigstens für die ersten Augenblicke geborgen.

Eine belustigende Scene gewährte das Ausschiffen der persischen Weiber; wären sie Schönheiten vom ersten Range, Prinzessinnen aus des Sultans Harem gewesen, so hätte man nicht vorsichtiger verfahren können, um sie jedem Männerblicke zu entziehen.

Meinem Geschlechte hatte ich es zu verdanken, daß

mir mancher Blick in die Kajüte vergönnt wurde; ich sah aber unter all den achtzehn Weibern keine einzige Schönheit. Ihre Männer stellten sich in zwei Reihen von der Kajüten- bis an die Schiffstreppe, hielten große Tücher ausgespannt und bildeten auf diese Art bewegliche, undurchsichtige Wände. Die Weiber kamen nach und nach aus der Kajüte hervor; sie waren mit großen Tüchern so überdeckt, daß man sie wie Blinde leiten mußte. Sie hockten zwischen den Wänden nieder und warteten bis alle versammelt waren, dann setzte sich der ganze Zug, nämlich die bewegliche Wand und die dahinter verborgenen Schönheiten Schritt vor Schritt in Bewegung. Die Kletterei über die schmale Schiffstreppe in das wohlverhängte Boot war wirklich erbarmungswürdig — bald stolperte die eine und bald die andere. Ihre Ausschiffung währte über eine Stunde.

13. Mai. Der Kapitän brachte mir die Nachricht, daß zufällig ein deutscher Missionär in Bassora anwesend sei, der eine Wohnung von mehreren Zimmern habe und mich vielleicht beherbergen könne. Ich ging sogleich zu demselben, und er war so gefällig, mir ein Zimmer zu überlassen, in welchem ich zu gleicher Zeit eine Feuerstelle fand. Von dem guten Kapitän nahm ich mit wahrer Rührung Abschied, — ich werde nie seiner Freundlichkeit und Gefälligkeit vergessen. Er war wirklich ein herzensguter Mann, und doch wurden auf seinem Schiffe die armen Schiffsleute, meist Hindus und Neger, schlechter als irgendwo behandelt. Dies ging von den beiden Steuerleuten aus, die beinahe jedes Wort mit Stößen und Faustschlägen begleiteten. In Mascat entflohen drei der Unglücklichen.

Der christliche Europäer übertrifft den heidnischen Hindu und Muselmann an Kenntnissen und Wissenschaften; möchte er ihm an Güte und Wohlwollen doch wenigstens nur gleichen!

Man erwartete in Bassora schon in einigen Tagen ein kleines, englisches Kriegsdampfboot, welches durch neun Monate im Jahre *) von Bagdad hieher kömmt, Briefe und Papiere bringt und abholt, und dessen Kapitän so gefällig ist, europäische Reisende (deren sich wenige hierher verlieren) mitzunehmen.

Die wenigen Tage meines Aufenthaltes benützte ich, in der Stadt zu besehen, was von den alten Zeiten ihrer Berühmtheit noch übrig ist.

Bassora, auch Bassra genannt, wurde im Jahre 656 unter dem Kalifen Omar gegründet. Bald unter türkischer, bald unter persischer Herrschaft stehend verblieb es endlich der ersteren.

Von Ruinen der Vorzeit, von schönen Moscheen, Karavansereien u. s. w. ist nichts mehr zu sehen. Die Festungsmauern sind schlecht und halb verfallen, die Häuser der Stadt klein und unansehnlich, die Straßen krumm, enge und schmutzig. Der Bazar besteht aus gedeckten Gängen mit erbärmlichen Kramladen und hat kein einziges schönes Lager aufzuweisen, obwohl Bassora der Haupthandelsort und der Stapelplatz der indischen Waaren ist, die nach der Türkei gehen. Auf dem Bazar gibt es viele Kaffeebuden und einige mittelmäßige Karavansereien. Ein

---

*) In den drei heißesten Monaten Juni, Juli und August geht das Schiff nicht.

großer freier Platz, der sich durch Reinlichkeit eben nicht sehr auszeichnet, dient bei Tag als Getreidemarkt, und des Abends findet man vor einer großen Kaffeebude täglich mehrere hundert Gäste sitzen, die Kaffee trinken und Nargghyleh rauchen.

Reich ist Bassora an Ruinen neuerer Zeit aus dem Jahre 1832, in welchem die Pest beinahe die Hälfte der Bewohner hinweg raffte. Man kommt durch viele Gassen, über viele Plätze, die aus verlassenen, halb eingestürzten Häusern bestehen. Wo noch vor wenig Jahren fleißige Menschen schafften, liegt Schutt und Trümmer, und Gesträuch und Palmen sprossen zwischen den verfallenen Mauern.

Die Lage Bassora's soll überhaupt nicht gesund sein: die es umgebende Ebene ist auf einer Seite mit unzähligen Wassergräben durchzogen, die, halb mit Schlamm und Unrath gefüllt, eine schädliche Ausdünstung verbreiten, auf der andern mit Dattelwaldungen besetzt, die den Luftzug verhindern. Die Hitze ist hier so groß, daß beinahe jedes Haus mit einem Gemache versehen ist, welches einige Fuß tiefer als die Straße liegt und nur in den hohen Wölbungen kleine Fenster hat. In diesen Gemächern hält man sich während des Tages auf.

Der größte Theil der Bevölkerung besteht aus Arabern, den Rest bilden Perser, Türken und Armenier, Europäer fehlen, wie gesagt, ganz. Man rieth mir, mich bei meinen Ausflügen in ein großes Tuch zu hüllen und einen Schleier vorzunehmen, — ersteres ließ ich mir gefallen; aber den Schleier konnte ich bei der großen Hitze nicht vertragen, sondern ging mit unbedecktem Gesichte, und auch das Tuch (Isar) trug ich so ungeschickt, daß meine europäischen Kleider überall heraussahen. Dessen ungeachtet beleidigte mich niemand.

Am 16. Mai kam der Dampfer Nitocris. Er war klein (40 Pferdekraft), aber sehr nieblich und schmuck; der Kapitän, Herr Johns, erklärte sich bereit, mich mitzunehmen, und der erste Offizier, Herr Holland, überließ mir sogar seine Kajüte. Man nahm keine Vergütung, weder für Fahrt noch Kost.

Die Reise von Bassora nach Bagdad wäre, wenn ich nicht diese Gelegenheit gefunden hätte, die mühsamste und beschwerlichste gewesen. Mit einem Boote währt sie 40 bis 50 Tage, da die Entfernung 500 englische Meilen beträgt und das Boot größtentheils von Menschen gezogen werden muß. Zu Lande beträgt die Entfernung nur 390 Meilen; allein der Weg führt durch Wüsten, welche von Räuberhorden und nomadisirenden Beduinen-Stämmen bewohnt und durchzogen werden, deren Schutz man theuer erkaufen muß.

17. Mai. Vormittags 11 Uhr lichteten wir die Anker und benützten die Fluth, die sich von der Mündung 120 Meilen stromaufwärts erstreckt.

Des Nachmittags erreichten wir die Spitze Korne, auch das Delta genannt (43 Meilen von Bassora). Hier vereinigen sich der Euphrat und der Tigris, — beide Ströme sind gleich groß, gleich mächtig, und da man wahrscheinlich nicht wußte, welchem man den Namen lassen sollte, so entzog man ihn beiden und taufte sie Schatel-Arab.

Noch merkwürdiger wird dieser Ort durch die Behauptungen vieler Schriftgelehrten, die durch unfehlbare Beweise darlegen wollen, daß hier das Paradies gewesen sei. Wenn dies der Fall war, so machte unser guter Stammvater, nachdem er aus dem Paradiese vertrieben wurde, eine gar weite Reise, um auf den Adamspick auf Ceylon zu gelangen.

Wir lenkten in den Tigris ein; drei Meilen weit erfreuten wir uns noch des Anblickes der schönen Dattelwaldungen, die uns von der Mündung des Schatel-Arab bis hieher beinahe ununterbrochen begleitet hatten, dann hörten sie plötzlich auf; doch blühte und grünte es auf beiden Seiten sehr üppig, und schöne Fruchtfelder wechselten mit ausgedehnten Grasplätzen, die theilweise mit Gebüsch oder strauchartigen Bäumen bedeckt waren. Diese Fruchtbarkeit soll sich jedoch nur auf einige Meilen landeinwärts erstrecken, entfernter vom Strome soll alles Wüste sein.

An mehreren Stellen sahen wir große Beduinen-Stämme, die ihre Zelte in langen Reihen meist knapp am Ufer aufgeschlagen hatten. Einige dieser Horden hatten ziemlich große, ganz gedeckte Zelte, andere wieder nichts als eine Strohmatte, ein Tuch oder einige Häute über ein Paar Pfähle gespannt, das kaum die Köpfe der darunter Liegenden vor den brennenden Sonnenstrahlen schützte. Im Winter, wo die Kälte oft bis zum Frost steigt, haben sie dieselbe Wohnung und Kleidung wie im Sommer, — da soll auch große Sterblichkeit unter ihnen herrschen. Diese Menschen sehen wie Wilde aus und sind bloß in dunkelbraune Decken gekleidet. Die Männer haben davon ein Stück zwischen die Beine gezogen, ein anderes umgehangen, die Weiber sind ganz darin eingehüllt, die Kinder gehen häufig bis in das zwölfte Jahr nackt. Ihre Hautfarbe ist sehr dunkelbraun, das Gesicht ein wenig tatowirt, die Haare flechten sie, die Männer wie die Weiber, in vier Zöpfen, die an den Schläfen und am Hinterkopfe herab hängen. Die Waffen der Männer bestehen aus tüchtigen Knittelstöcken, die Weiber schmücken sich gerne mit Glasperlen, Muscheln und farbigen Lappen und tragen große Nasenringe.

Sie sind alle in Stämme getheilt und stehen unter der Oberherrschaft der Pforte, an die sie einen Tribut erlegen; Gehorsam aber leisten sie nur ihren selbstgewählten Scheik's (Richtern oder Häuptlingen), deren manche vierzig bis fünfzig tausend Zelte unter ihrer Botmäßigkeit haben. Die Ackerbau treibenden Stämme bleiben ihren Wohnsitzen getreu, die von Viehzucht lebenden nomadisiren.

Auf halbem Wege von Bassora nach Bagdad wird man der großen, hohen Gebirgskette Luristan's gewahr, bei reiner Atmosphäre soll man selbst ihre 10,000 Fuß hohen, stets mit Schnee bedeckten Kuppen sehen.

Jeder Schritt vorwärts führt an den Schauplätzen der großen Thaten Cambyses, Cyrus, Alexanders u. s. w. vorüber, jede Stelle des Bodens hegt geschichtliche Erinnerungen. Die Gegenden sind dieselben; aber was ist aus ihren Städten, aus ihren gewaltigen Reichen geworden? — Erdhügel, durch Schutt entstanden, verfallene Mauerwerke sind die Ueberreste der herrlichsten Städte, und wo einst fest geordnete, blühende Reiche bestanden, ziehen jetzt raubgierige Horden durch öde Steppen.

Die Ackerbau treibenden Araber sind selbst, besonders

zur Erntezeit, den Anfällen ihrer nomadisirenden Landsleute ausgesetzt. Um diesem Uebel so viel als möglich zu
steuern, bringen sie ihre Ernte in kleine befestigte Stellen,
deren ich zwischen Bassora und Bagdad sehr viele sah.

Wir faßten während der Reise mehrmals Holz,
bei welcher Gelegenheit man sich ohne Furcht den Bewohnern nähern konnte, denen das gut bemannte und wohl
bewaffnete Schiffsvolk Respekt einflößte. Mich lockten
einst schöne Insekten tiefer in das Gesträuch, und da war
ich augenblicklich von einem Schwarm Weiber und Kinder umringt, so daß ich es räthlicher fand, mich wieder
in die Nähe des Schiffsvolkes zu begeben, — nicht daß
jene mir etwas gethan hätten; aber sie faßten mich an,
berührten meine Kleider, wollten meinen Strohhut aufsetzen, und diese trauliche Annäherung war mir ihrer
ekelhaften Schmutzigkeit halber nicht sehr angenehm. Die
Kinder sahen schrecklich verwahrlost aus, viele waren
mit Finnen und kleinen Geschwüren bedeckt, und Groß
und Klein hatte die Hände beständig in den Haaren.

An den Orten, wo wir Halt machten, brachte man
gewöhnlich Schafe und Gi (Butter) herbei, beides über alle
Maßen billig, — ein Schaf kostete höchstens fünf Kran *).
Die Schafe waren sehr groß und fett, hatten dichte lange
Wolle und einen Fettschwanz von ungefähr 15 Zoll Länge
und acht Zoll Breite. — Unsere Mannschaft hatte eine so
treffliche Kost, wie ich noch auf keinem Schiffe gesehen
habe. Was mir noch besser gefiel, war die gleichmäßige

---

*) Ein Kran ist ungefähr 29 Kreuzer C. M.

gute Behandlung der Eingebornen, die den englischen Matrosen in nichts nachgesetzt wurden. Nirgend fand ich die Ordnung und Reinlichkeit größer als hier, — ein Beweis, daß Schläge und Püffe nicht unumgänglich nöthig sind, wie man mir so oft versicherte.

In den Gegenden, wo Gesträuch und Gras den Boden deckte, sahen wir manches Rudel Wildschweine, auch an Löwen soll es hier nicht fehlen, die besonders in der kälteren Jahreszeit von den Bergen kommen und Kühe und Schafe rauben. Menschen fallen sie höchst selten an. Ich war so glücklich, ein Löwenpaar zu sehen, dies aber leider in so großer Entfernung, daß ich nicht behaupten kann, ob sie jene in den Menagerien Europa's an Schönheit und Größe übertreffen. Unter den Vögeln waren die Pelikane so artig, uns schaarenweise ihre Aufwartung zu machen.

21. Mai. Heute sahen wir die Ruinen des Palastes Khusrew Anushirwan's zu Ktesiphon.

Ktesiphon war erst die Hauptstadt des parthischen, später des neu-persischen Reiches; sie wurde im siebenten Jahrhundert von den Arabern zerstört. Ihr beinahe gegenüber an dem rechten Ufer des Tigris lag Seleucia, eine der berühmtesten Städte Babyloniens, die in ihren blühenden Zeiten 600,000 Einwohner, meist Griechen, und eine freie, selbstständige Verfassung hatte.

Die Ruinen von Ktesiphon bekommt man zweimal zu Gesichte, von der Vorder- und später von der Rückseite, indem der Strom eine große Krümmung macht und einige Meilen zurückführt. Ich machte von Bagdad einen Ausflug dahin und behalte mir daher ihre Beschreibung vor.

Die alte Kalifenstadt zeigt sich von Ferne in wunderbarer Pracht und Größe, verliert aber leider in der Nähe. Die Minarats und Kuppeln, mit bunten Thonplatten eingelegt, schimmern im hellen Sonnenglanze, Paläste, Stadtthore und Festungswerke umfassen in endloser Reihe die Ufer des gelbgefärbten, trüben Tigris, und Gärten mit Dattel- und andern Fruchtbäumen bedecken meilenweit das ebene Land.

Kaum hatten wir die Anker ausgeworfen, als schon eine Menge Eingeborner das Schiff umringten. Sie bedienen sich ganz sonderbarer Fahrzeuge, die runden Körben gleichen, von starken Palmblättern geflochten und mit Asphalt überzogen sind. Sie werden „Guffer" genannt, haben sechs Fuß im Durchmesser, drei Fuß in der Höhe, sind sehr sicher, schlagen nie um und fahren über die seichtesten Stellen. Ihre Erfindung gehört den ältesten Zeiten an.

Ich hatte einen Brief an den englischen Residenten, Herrn Rawlinson; da mir aber Herr Holland, der erste Offizier auf dem Schiffe, sein Haus anbot, zog ich dies der Anwesenheit einer Hausfrau wegen vor, — Herr Rawlinson war nicht verheirathet. Ich fand in Madame Holland eine sehr hübsche, liebenswürdige Frau (in Bagdad geboren), die, obwohl erst dreiundzwanzig Jahre alt, bereits vier Kinder hatte, von welchen das älteste acht Jahre zählte.

Mesopotamien, Bagdad und Babylon.

Bagdad. Vorzügliche Gebäude. Klima. Fest bei dem englischen Residenten. Der Harem des Paschas von Bagdad. Ausflug nach den Ruinen von Ktesiphon. Der persische Prinz Il-Hany-Ala-Culy-Mirza. Ausflug nach den Ruinen von Babylon. Abreise von Bagdad.

Bagdad, die Hauptstadt Assyriens und Babyloniens, wurde im achten Jahrhunderte unter dem Kalifen Abu-Jafar-Almansor gegründet. Hundert Jahre später unter Haroun-al-Radschid, dem besten und aufgeklärtesten aller Kalifen, war die Stadt auf ihrem Glanzpunkte; aber wieder hundert Jahre später wurde sie von den Türken zerstört. Im sechzehnten Jahrhundert von den Persern erobert, blieb sie ein beständiger Zankapfel zwischen den Türken und den Persern, obwohl sie schon im siebenzehnten Jahrhundert dem ottomanischen Reiche einverleibt wurde. Noch im achtzehnten Jahrhundert suchte Nadir Schach sie den Türken zu entreißen.

Die jetzige Bevölkerung, ungefähr 60,000 Seelen, besteht zu drei Viertheilen aus Türken, das andere Viertheil ist aus Juden, Persern, Armeniern, Arabern u. s. w.

zusammen gesetzt. Europäer leben hier nur fünfzig bis sechzig.

Die Stadt liegt zwar an beiden Seiten des Tigris, aber doch größtentheils an der Ostseite. Sie ist von Festungsmauern aus Ziegelsteinen umgeben, die von zahlreichen Thürmen unterbrochen werden; Mauern und Thürme sind aber schwach, schon etwas schadhaft und die darauf befindlichen Kanonen nicht im besten Zustande.

Das erste, was ich mir hier anschaffen mußte, war ein großes Einschlagetuch, Isar genannt, ein kleiner Feß (Finer) nebst einem Tuche (Baschlo), das, um den Feß gewunden, einen kleinen Turban bildet; des aus Roßhaar gewobenen dichten, steifen Schildes aber, welches das Gesicht bedeckt, bediente ich mich nicht, da man darunter beinahe erstickt. Man kann sich keine unbequemere Tracht zum ausgehen für unser Geschlecht denken als die hiesige. Die Isar streift den Staub vom Boden auf, und es gehört einige Geschicklichkeit dazu, sie so zusammen zu halten, daß der ganze Körper eingeschlagen bleibt. Ich bedauerte die armen Weiber sehr, die oft noch gezwungen waren, ein Kind oder sonst etwas zu tragen, oder wohl gar die Wäsche am Flusse zu waschen. Von da kamen sie nie zurück, ohne von Wasser zu triefen. — Schon die kleinsten Mädchen kleiden sich hier so, wenn sie ausgehen.

In meinem orientalischen Anzuge, selbst ohne Bedeckung des Gesichtes, konnte ich ganz ungehindert herum gehen Ich besah zuerst die Stadt, an der jedoch nicht viel zu sehen, da von den alten Kalifen=Gebäuden nichts mehr vorhanden ist. Die Häuser sind aus ungebrannten und gebrannten Ziegeln erbaut und nur einen Stock hoch, die Rückwände gehen alle nach den Gassen, selten daß man einen Erker mit eng vergitterten Fensterchen sieht. Nur jene Häuser, deren Façaden nach dem Tigris gehen, machen eine Ausnahme hievon: sie haben ordentliche Fenster und sind mitunter recht hübsch. — Die Straßen fand ich nicht sehr breit und voll Schmutz und Staub. Die Schiffbrücke, die über den Tigris, der hier 690 Fuß breit ist, führt, ist die erbärmlichste, die ich je gesehen. Die Bazars sind sehr ausgedehnt. Der alte Bazar, ein Rest des ersten Baues von Bagdad, zeigt noch Spuren schöner Pfeiler und Arabesken, und der Chan Osman zeichnet sich durch ein schönes Portal und durch hohe Kuppelwölbungen aus. Die Hauptgänge sind so breit, daß ein Reiter und zwei Fußgänger neben einander Platz haben. Die Kaufleute und Handwerker sind hier wie überall im Orient in Gassen oder Gängen eingetheilt. Die schönen Waarenlager findet man in Privathäusern oder in den Chans auf den Bazars. Erbärmliche Kaffeebuden gibt es überall in Menge.

Der Palast des Pascha's, ein ausgedehntes, aber weder geschmackvolles noch kostbares Gebäude, ist nur von der Ferne vielversprechend. Moscheen gibt es wenige, und diese wenigen haben außer eingelegten Tonplatten nichts kostbares oder kunstvolles aufzuweisen.

Ich stieg, um Bagdad ganz überschauen zu können, mit großer Mühe auf die Außenseite einer der Wölbungen des Osman-Chans und war wahrhaft erstaunt über die Größe und hübsche Lage der Stadt. Wenn man sich in den engen, gleichförmigen Gassen einer orientalischen Stadt noch so viel herumtreibt, so kann man sich nie eine Vorstellung von ihr machen, da eine Gasse der andern, und alle miteinander den Gängen eines Kerkers gleichen. Hier oben aber überblickte ich die ganze Stadt mit ihren unzähligen Häusern, von welchen viele in niedlichen Gärten liegen, ich sah tausend und tausend Terrassen zu meinen Füßen aufgedeckt und vor allem den schönen Strom, der sich an der fünf englische Meilen langen Stadt theilweise durch dunkle Frucht- und Palmenwäldchen fortwälzt.

Alle Bauten sind, wie schon bemerkt, von gebrannten und ungebrannten Ziegeln aufgeführt, deren die meisten, wie man behauptet, auf dem Euphrat von den Ruinen des nahen Babylon hieher gebracht wurden. — An den Festungswerken sieht man bei genauer Betrachtung noch Spuren des ersten Baues, — die Ziegel daran haben bei zwei Fuß im Durchmesser und gleichen schönen Steinplatten.

Die Häuser sind im Innern hübscher als von außen, haben reinliche, gepflasterte Höfe, viele Fenster u. s. w. Die Zimmer sind groß und hoch, allein bei weitem nicht so prachtvoll ausgestattet wie in Damaskus. — Der Sommer ist hier so heiß, daß man dreimal des Tages den Wohnplatz ändert. Den frühen Morgen bringt man in den gewöhnlichen Zimmern zu, — gegen neun Uhr flüchtet man in die unterirdischen Gemächer, Sardab genannt, die gleich Kellern oft 15 bis 20 Fuß unter der Erde liegen, und verweilt hier den Tag über, — mit Sonnenuntergang zieht man auf die Terrassen, wo man Besuche empfängt, plaudert, Thee trinkt und sich bis in die Nacht hinein unterhält. Diese Zeit ist die angenehmste, da die

Abende kühl und erquickend sind, so daß man wie neu auflebt. Viele behaupten, die Mondnächte seien hier heller als bei uns, — ich fand dies nicht. — Auf den Terrassen wird geschlafen und zwar unter Moskito-Netzen, welche das ganze Bett umgeben. — Die Hitze steigt in den Zimmern unter Tages bis auf 30, in der Sonne bis auf 40—44 Grad; in den Sardabs erhebt sie sich selten über 25 Grad. Im Winter sind die Abende, Nächte und Morgen so kalt, daß man Kaminfeuer brennt.

Das hiesige Klima wird selbst von den Europäern für sehr gesund erkannt. Dessen ungeachtet kommt hier eine Krankheit vor, über die sich unsere weibliche Jugend gewaltig entsetzen würde, und die nicht nur den Eingebornen, sondern auch jeden Fremden trifft, wenn er einige Monate hier verweilt. Es ist dies ein häßliches Geschwür, das man Dattelzeichen oder Alleppo-Beule nennt.

Dieses Geschwür beginnt in der Größe eines Stecknadelkopfes, breitet sich nach und nach zum Umfange eines Thalers aus und läßt tiefe Narben zurück. Gewöhnlich setzt es sich im Gesichte an, — man sieht unter hundert Gesichtern kaum eines ohne diese häßlichen Masern. Wer nur ein solches Zeichen im Gesichte trägt, kann noch von Glück sagen; ich sah viele mit zwei und drei dergleichen Zeichen. Auch die andern Theile des Körpers sind nicht befreit davon. Die Geschwüre kommen gewöhnlich mit der Reife der Datteln und man verliert sie erst im nächsten Jahre, wenn die Dattelreife abermals eintritt. Man bekommt diese Krankheit einmal im Leben; Kinder trifft sie meist im ersten Lebensjahre. Es wird dagegen nichts gethan, da die Erfahrung gelehrt haben soll, daß keine Hülfe dafür ist; die Europäer haben das Impfen der Kinderpocken dagegen versucht, aber ohne Erfolg.

Dieses Uebel kommt in einigen Gegenden am Tigris vor; mehrere Meilen vom Flusse entfernt, ist keine Spur vorhanden. Man sollte daraus schließen, daß es von der Ausdünstung des Wassers oder des vom Wasser abgesetzten Schlammes herrührt; ersteres scheint jedoch nicht der Fall, denn das ganze Schiffspersonal des englischen Dampfers, das immer auf dem Schiffe sich befindet, bleibt verschont, während alle Europäer, die am Lande leben, davon befallen werden. Einer der letzteren bekam vierzig solcher Beulen, und er soll gelitten haben wie ein Märtyrer. Der französische Konsul, der sich mehrere Jahre hier aufhalten muß, nahm seine Frau nicht mit, um ihr Gesicht dieser unausweichbaren Zeichnung nicht auszusetzen. Ich war nur mehrere Wochen hier und bekam ebenfalls den kleinen Ansatz einer Beule an der Hand, welche zwar auch thalergroß wurde; doch drang sie nicht sehr tief ein und ließ keine bleibende Narbe zurück. Ich triumphirte sehr, so leicht durchgekommen zu sein; allein es sollte nicht so bleiben, — erst sechs Monate später, als ich mich schon in Europa befand, brach dieses Uebel der Art aus, daß ich mit dreizehn solcher Beulen bedeckt wurde und über acht Monate mit ihnen zu kämpfen hatte.

Am 24. Mai bekam ich von dem englischen Residenten, Herrn Rawlinson, eine Einladung zu einem großen Feste, welches er zu Ehren des Geburtstages seiner Königin gab. Zur Mittagstafel waren nur Europäer gezogen;

zur Abendgesellschaft aber hatten alle Honoratioren der Christenwelt, als: Armenier, Griechen u. s. w. Zutritt. Dieses Fest wurde auf den schönen Terrassen des Hauses abgehalten. Man wandelte da auf weichen Teppichen, elastische Divane luden den Ermüdeten zur Ruhe ein, und eine glänzende Beleuchtung der Terrassen, des Hofes und Gartens verbreitete wahren Tagesglanz. Erfrischungen der feinsten Art ließen den Europäer nicht gewahren, daß er so weit vom Heimatlande entfernt sei. Minder täuschend waren zwei Musikbanden, von welcher die eine europäische, die andere einheimische Stücke zum besten gab. Feuerwerke mit Leuchtkugeln und bengalischen Flammen kürzten die Zeit und ein reiches Mahl machte den Schluß.

Unter den Frauen und Mädchen gab es einige ausgezeichnete Schönheiten; alle aber hatten reizende Augen, in die kein junger Mann hätte ungestraft blicken dürfen. Die Kunst, die Augenbrauen und Augenlieder zu färben, thut hierbei wohl das meiste. Jedes Haar an den Augenbraunen, das am unrechten Orte zum Vorschein kommt, wird sorgfältig ausgezogen, und die fehlenden ersetzt man höchst künstlich durch den Pinsel. Hierdurch werden die schönsten Wölbungen hervorgebracht, und durch diese, wie durch die Färbung der Augenlieder die Schönheit und der Glanz des Auges ungemein gesteigert. — Die Sorgfalt für solche geschaffene Schönheiten erstreckt sich bis auf die gemeinste Magd.

Das schöne Geschlecht war nach türkisch-griechischer Sitte gekleidet: es trug weite seidene Beinkleider, die um den Knöchel zusammen gezogen waren, darüber lange, golddurchwirkte Oberkleider, deren Aermel sich bis an die Ellbogen fest anschlossen und von da aufgeschlitzt herab hingen. Die Blöße der Arme war durch die seidenen Hemdärmel gedeckt. Um die Mitte schmiegten sich handbreite, steife Gürtel, vorne mit faustgroßen, an den Seiten mit kleineren Knöpfen geziert, — die Knöpfe waren von Gold mit Email und getriebener Arbeit. — Gefaßte Perlen, Edelsteine und Goldmünzen zierten Arme, Hals und Brust. Den Kopf deckte ein kleiner nieblicher Turban, der mit Goldketten oder Goldspitzen umwunden war, — viele dünne Haarflechten stahlen sich darunter hervor und hingen bis an die Hüften hinab. Leider hatten manche der Schönen den schlechten Geschmack, die Haare mit Henne zu färben, wodurch sie das glänzende Schwarz verloren und sich in ein häßliches Braunroth verwandelten.

So reizend dieser Frauenkranz anzusehen war, so langweilig wurde er mit der Zeit, denn regungslose Stille herrschte unter dem sonst so geschwätzigen Geschlechte, und keines der lieblichen Gesichter drückte irgend eine Erregung oder Empfindung aus — Geist und Bildung, die Würze des Lebens, fehlten. Die eingebornen Mädchen lernen nichts; ihre Kenntnisse sind ausgebildet, wenn sie in ihrer Muttersprache (armenisch oder arabisch) lesen können, und dann bekommen sie außer einigen religiösen Büchern keine andere Lektüre in die Hand.

Lebhafter ging es bei einem Besuche her, den ich einige Tage später in des Paschas Harem machte. Da wurde so viel gelacht, geschwatzt und geschäkert, daß es mir beinah zu arg wurde. Man hatte meinen Besuch erwartet, und die Frauen, fünfzehn an der Zahl, waren kostbar gekleidet, auf dieselbe Art, die ich so eben beschrieben habe, nur mit dem Unterschiede, daß die Oberkleider (Kaftane) kürzer und von durchsichtigerem Stoffe, und die Turbane mit Straußfedern geschmückt waren.

Von ausgezeichneten Schönheiten sah ich hier nichts; alle die Damen hatten nur schöne Augen, aber weder edle noch ausdrucksvolle Gesichtszüge.

Der Sommerharem, in welchem man mich empfing, war ein niedliches Gebäude neuester Zeit, nach europäischem Geschmacke mit hohen und regelmäßigen Fenstern. Es stand in einem kleinen Blumengarten, der von einem größeren Fruchtgarten umgeben war.

Als ich wohl über eine Stunde da zugebracht hatte, wurde ein Tisch gedeckt und rund herum Stühle gesetzt. Die erste Frau lud zur Mahlzeit ein, ging voran, setzte sich an den Tisch und wartete weiter nicht bis wir saßen, sondern langte unverzüglich mit den Händen in die verschiedenen Schüsseln und knetete sich ihre Lieblingsbissen zusammen. Auch ich mußte mit der Hand zulangen, da im ganzen Hause kein Besteck vorhanden war, — erst gegen das Ende der Mahlzeit brachte man mir einen großen goldenen Theelöffel.

Die Tafel war reich besetzt mit guten Fleischgerichten, mit verschiedenen Pilavs und mit einer Menge von Süßigkeiten und Früchten. Ich fand die Speisen alle köstlich, und eine darunter, die unsern Krapfen so nahe kam, daß ich sie beinahe für solche gehalten hätte.

Nachdem wir gegessen hatten, setzten sich jene Frauen zu Tische, die nicht mit uns zugleich Platz gefunden, und zu ihnen gesellten sich einige der ersteren Dienerinnen;

nach ihnen kam die Reihe an die ganz geringen Sklavinnen, worunter einige recht häßliche Negerinnen; auch diese setzten sich an die Tafel und speisten was sie noch fanden.

Nach Beendigung der Mahlzeit wurde schwarzer Kaffee in kleinen Täßchen und Nargileh herum gereicht. Die Täßchen saßen in kleinen goldenen Bechern, die mit Perlen und Türkißen reich verziert waren.

Die Frauen des Paschas zeichneten sich von ihren Dienerinnen und Sklavinnen nur durch Schmuck und Kleidung aus; im Benehmen fand ich keinen Unterschied. Die Dienerinnen setzten sich ohne Umstände auf die Divane, mischten sich unberufen in jedes Gespräch, rauchten und tranken Kaffee gleich uns. Sklaven und Diener werden von den Eingebornen bei weitem besser und nachsichtiger behandelt als von den Europäern.

Sklaven halten hier nur die Türken.

So strenge Anstand und Sittlichkeit an allen öffentlichen Orten beobachtet wird, so sitten= und anstandslos geht es in den Harems und Bädern zu. — Ich schlich mich, während ein Theil der Frauen mit Rauchen und Kaffee trinken beschäftiget war, hinweg und ging in einige der Nebengemächer. In wenig Augenblicken hatte ich genug gesehen, um mit Abscheu und Mitleid gegen diese armen Geschöpfe erfüllt zu sein, die durch Müßiggang, durch Mangel an Kenntnissen und Moral so tief sinken, daß sie den Namen der Menschheit entweihen.

Nicht minder traurig machte mich der Besuch eines öffentlichen Frauenbades. Da waren Kinder vom zartesten Alter, Mädchen, Frauen und Matronen; die einen ließen sich Hände, Füße, Nägel, Augenbrauen, Haare

u. s. w. waschen und färben, die andern wurden mit Wasser begossen oder mit wohlriechenden Oelen und Salben eingerieben, dazwischen tollte die Jugend herum, und was das schlimmste war — ein großer Theil der Gesellschaft mußte wohl vermeinen im Paradiese zu sein, und zwar zur Zeit, wo des Apfels noch nicht gedacht wurde. Die hier geführten Gespräche sollen, was sich auch leicht denken läßt, dem Benehmen entsprechen. — Arme Jugend, wie sollst du Gefühl für Sittlichkeit bekommen, wenn du schon im zartesten Alter solchen Scenen und Unterhaltungen beiwohnst?! —

Von den Merkwürdigkeiten Bagdad's sah ich noch das Grabmonument der Königin Zobiedé, Lieblingsgemahlin des Kalifen Haroun-al-Radschid. Es ist interessant, weil es von den gewöhnlichen Monumenten der Mohamedaner sehr verschieden ist. Statt schöner Kuppeln und Minarets, erhebt sich ein sehr mittelmäßiger Thurm auf einem achteckigen kleinen Gebäude; der Thurm hat viel Aehnlichkeit mit jenen auf den Tempeln der Hindus. In dem Gemache stehen drei einfache gemauerte Grabmäler, in deren einem die Königin, in den andern Verwandte der königlichen Familie ruhen. Das Ganze ist von Ziegeln gebaut und war einst, wie noch Spuren zeigen, mit schönem Cement überkleidet, mit farbigen Thonplatten ausgelegt und mit Arabesken verziert.

Alle dergleichen Monumente sind dem Muselmanne heilig, — er kommt oft weit daher, seine Andacht vor ihnen zu verrichten. Nicht minder wünschenswerth ist es für ihn, in der Nähe eines solchen Monumentes einen

Grabesplatz zu erstehen, den er mit Stolz seinen Verwandten und Freunden zeigt. Auch hier, rund um das Gebäude, waren große Plätze mit Grabmälern bedeckt.

Bei der Rückkehr von diesem Monumente machte ich einen kleinen Umweg, um den zu Ruinen gewordenen Stadttheil zu sehen, den die letzte Pest verödete.

Herr Swoboda, ein Unger, entwarf mir bei dieser Gelegenheit ein schreckliches Bild von dem damaligen Zustande der Stadt. Er selbst hatte sich mit seiner Familie und einer Magd vollkommen abgesperrt, mit Lebensmitteln versehen und empfing von außen nichts als frisches Wasser. Die Thüren und Fenster verklebte er sorgfältig und niemand durfte auf die Terrasse oder überhaupt in die Luft.

Diesen Vorsichtsmaßregeln hatte er es aber auch zu danken, daß er, seine ganze Familie und die Magd gesund blieben, während in den benachbarten Häusern ganze Familien ausstarben. Man konnte die vielen Todten gar nicht alle begraben, sie mußten verwesen, wo sie starben. — Nachdem die Seuche vorüber war, fanden sich die Wüsten-Araber ein, um zu stehlen und zu plündern. Sie hatten leichtes Spiel, denn ohne Widerstand drangen sie in die leeren Häuser oder überwältigten ohne Mühe die schwachen, übrig gebliebenen Menschen. — Auch Herr Swoboda mußte sich mit den Arabern abfinden und ihnen einen Tribut entrichten.

Ich war froh, von diesen düstern Plätzen weg zu kommen und wandte mich den freundlichen Gärten zu, deren es in und um Bagdad unzählige gibt.

Alle diese Gärten sind jedoch keine Kunstgärten,

sondern bestehen ganz einfach aus einem dichten Walde von Fruchtbäumen aller Gattungen (Dattel-, Aepfel-, Aprikosen-, Pfirsich-, Feigen-, Maulbeer-Bäumen u. s. w.), der von einer Ziegelmauer umgeben ist. Es herrscht da weder Ordnung noch Reinlichkeit, es gibt weder Grasplätze noch Blumenbeete, nicht einmal ordentliche Wege, sondern nur viele Kanäle, da Regen und Thau durch künstliche Bewässerung ersetzt werden müssen.

Ich machte von Bagdad zwei größere Ausflüge, — einen nach den Ruinen von Ktesiphon, den andern nach den Ruinen von Babylon. Erstere sind achtzehn, letztere sechzig englische Meilen von Bagdad entfernt. Zu beiden Ausflügen gab mir Herr Rawlinson gute arabische Pferde und einen verläßlichen Diener.

Den Ritt nach Ktesiphon war ich, wenn ich nicht in der Wüste übernachten wollte, gezwungen, hin und zurück in einem Tage, und zwar von Sonnenauf- bis vor Sonnenuntergang zu machen, da in Bagdad, wie in allen türkischen Städten, nach Sonnenuntergang die Thore gesperrt und die Schlüssel dem Stadtkommandanten übergeben werden. Geöffnet werden sie mit Sonnenaufgang.

Meine sorgsame Hausfrau wollte mir eine ganze Menge Lebensmittel mitgeben; allein meine Regel auf Reisen ist, jeder Art des Ueberflusses zu entsagen. Wenn ich irgendwo Menschen zu finden weiß, nehme ich keine Eßwaaren mit, denn wovon sie leben kann auch ich leben; mundet mir ihre Kost nicht, so fehlt mir der ächte Hunger, und da heißt es denn so lange fasten, bis er so tüchtig wird, daß man jedes Gericht gut findet. Ich nahm nichts mit als meine lederne Wasserflasche, und auch diese war überflüßig, denn häufig kamen wir an Kanälen des Tigris und am Tigris selbst vorbei, obwohl der größte Theil des Weges durch die Wüste führte.

Auf halbem Wege setzten wir in einem großen Boote über den Fluß Dhyalah. Auf der andern Seite des Flusses in gemauerten Löchern hausen einige Familien, die von der Pachtung der Ueberfahrt leben. Ich war so glücklich, hier Brod und Buttermilch zu bekommen, woran ich mich labte. Man sieht nun schon die Ruinen von Ktesiphon, obschon sie noch neun Meilen entfernt sind. In drei und einer halben Stunde hatten wir die ganze Entfernung von Bagdad bis an die Ruinen zurückgelegt.

Ktesiphon hatte sich einst zu einer sehr mächtigen Stadt am Tigris erhoben, sie folgte Babylonia und Seleucia; im Sommer hielten sich Persiens Regenten zu Ecbatania, im Winter zu Ktesiphon auf. Jetzt bestehen die ganzen Ruinen nur mehr in einzelnen Bruchstücken von dem Palaste des Schach's Chosroes. Es sind dies: die kolossal gewölbte Thorhalle sammt dem Thore, ein Theil der Hauptfronte und einige Seitenwände, die aber alle so fest stehen, daß wohl noch nach Jahrhunderten sich Reisende daran werden erfreuen können. — Die Wölbung des Thores Tauk-Kosra ist die höchste aller bekannten Thorwölbungen, — sie mißt neunzig Fuß, ist also um fünfzehn Fuß höher als die Hauptpforte zu Fattipore Sikri, nahe bei Agra, die von vielen als die höchste angeführt wird. Die Mauer oberhalb der Wölbung beträgt noch sechzehn Fuß.

An der Façade des Palastes sind von oben bis unten kleine Nischen mit Bogen, Säulen, Linien u. s. w. ausgehauen; das Ganze schien mit feinen Cement überkleidet, in welchem man noch hie und da die schönsten Arabesken eingearbeitet sieht.

Diesen Ruinen gegenüber, am westlichen Ufer des Tigris, liegen wenige Mauerreste von Seleucia, der Hauptstadt Macedoniens.

An beiden Ufern sieht man ringsumher in weiten Kreisen niedrige Erdhügel, die alle in ganz geringer Tiefe Ziegel und Schutt enthalten.

Unfern der Ruinen des Palastes steht eine einfache Moschee, die das Grabmal Selamam-Pak's enthält. Dieser Selamam-Pak war ein Freund Mahomeds und wird daher als Heiliger verehrt. Man war hier nicht so tolerant, mich die Moschee betreten zu lassen, ich mußte mich begnügen durch die geöffnete Thür hinein zu sehen. Alles, was ich sah, war ein von Ziegeln aufgemauertes Grabmal, umgeben von einem hölzernen, grün angestrichenen Gitter.

Schon bei der Ankunft in den Ruinen hatte ich an dem Ufer des Tigris viele Zelte entdeckt, — meine Neugierde bewog mich, sie zu besichtigen, wobei ich alles eben so wie bei den Wüsten-Arabern fand; nur kamen mir die Menschen hier nicht so wild und roh vor, — ich hätte Tage und Nächte furchtlos unter ihnen zugebracht. Dies mochte wohl auch daher kommen, daß ich mich durch das öftere Sehen mehr an sie gewöhnt hatte.

Ein viel angenehmerer Besuch stand mir bevor. Während ich noch bei den schmutzigen Arabern verweilte, kam ein Perser heran, wies auf einige hübsche Zelte, die in geringer Entfernung von uns aufgeschlagen waren und richtete eine kurze Rede an mich. Mein Führer verdollmetschte mir, daß ein persischer Prinz in diesen Zelten wohne, und daß er mich durch diesen Abgesandten höflichst einladen ließe. Ich nahm die Einladung mit großem Vergnügen an, und wurde von dem Prinzen, der Jl=Hany= Ala=Culy=Mirza hieß, sehr freundlich empfangen.

Der Prinz, ein schöner junger Mann, und gab vor, französisch zu können; allein damit waren wir bald zu Ende, da seine Kenntniß nicht weiter reichte als: Vous parlez français? — Glücklicherweise war einer seiner Leute besser im englischen unterrichtet, und so ging unser Gespräch doch einigermaßen von statten.

Der Dollmetscher erklärte mir, daß der Prinz eigentlich in Bagdad wohne, aber der lästigen Hitze wegen hier im Freien auf einige Zeit seine Residenz aufgeschlagen habe. Er saß unter einem einfachen, offenen Zelte auf einem niederen Divan und seine Umgebung ruhte auf Teppichen. Er besaß zu meinem Erstaunen so viel Lebensart, mir einen Platz an seiner Seite auf dem Divan anzubieten. Unser Gespräch wurde bald sehr lebhaft, und seine Verwunderung, als ich ihm von meinen Reisen erzählte, stieg mit jedem Worte. — Während des Gespräches setzte man mir ein Nargileh von ganz vorzüglicher Schönheit vor: es war von himmelblauen Email in Gold, mit Perlen, Turkoisen und Edelsteinen besetzt, — ich machte aus Höflichkeit einige Züge daraus. — Man servirte auch

Kaffee und Thee, und zu Ende lud mich der Prinz zur Tafel ein. Ein weißes Tuch wurde auf den Boden gebreitet und große, flache Brode statt der Teller darauf gelegt, — nur bei mir machte man eine Ausnahme: ich bekam einen Teller und Eßbesteck. Die Speisen bestanden aus vielen Fleischgerichten, darunter ein ganzes Lamm sammt dem Kopfe, das gerade nicht sehr appetitlich aussah, ferner aus mehreren Pilav's und aus einem großen gebratenen Fische. Zwischen den Speisen standen Näpfe mit dicker und verdünnter saurer Milch und mit Scherbet. In jedem Napfe lag ein großer Löffel. Das Lamm zerlegte ein Diener mit einem Messer und mit der Hand; er vertheilte die Portionen unter die Gäste, indem er jedem sein Theil auf den Brodteller legte. Gegessen wurde mit der rechten Hand. Die meisten rissen kleine Stückchen Fleisch oder Fisch ab, fuhren damit in einen der Pilavs, verkneteten sie zu einer Kugel und schoben sie in den Mund; manche aber aßen die fetten Fleischgerichte ohne Pilav, wobei ihnen das Fett über die Finger lief, die sie nach jedem gegessenen Bissen an dem Brode abwischten. Während des Essens genossen sie häufig von den Getränken, wobei sich alle desselben Löffels bedienten. Zu Ende der Mahlzeit ließ der Prinz, trotz des strengen Verbotes, Wein zu trinken, dennoch solchen herbei bringen (ich mußte zum Vorwande deinen), goß mir ein Gläschen ein und trank sebst zwei — eines auf mein, das andere auf der Seinigen Wohl.

Als ich ihm erzählte, daß ich nach Persien gehen wolle, und zwar nach Teheran, erbot er sich, einen Brief an seine Mutter zu schreiben, die sich am Hofe befände und durch deren Protection ich daselbst eingeführt werden könne. Er schrieb auch sogleich, wobei er sich, in Ermangelung eines Tisches, der Knie bediente, drückte seinen Siegelring darauf und gab ihn mir, bat mich aber dabei mit lächelnder Miene, ja vor seiner Mutter nichts davon zu erwähnen, daß er Wein getrunken habe.

Nach der Mahlzeit frug ich den Prinzen, ob es mir erlaubt sei, seiner Gemahlin einen Besuch abzustatten, — ich hatte nämlich erfahren, daß er eine seiner Frauen bei sich habe. — Meine Bitte wurde gewährt und man führte mich sogleich in ein nahes Gebäude, das einst eine kleine Moschee gewesen war.

Hier im kühlen, gewölbten Gemache empfing mich ein überaus schönes, junges Geschöpf. Von allen Frauen, die ich bisher in Harems gesehen, war sie die schönste. Ihre Gestalt von mittlerer Größe hatte das herrlichste Ebenmaß, ihre Gesichtszüge waren edel und von wahrhaft antiker Form, und ihre großen Augen sahen mich schwermüthig an, — die Arme befand sich hier allein und hatte außer einer alten Dienerin und einer jungen Gazelle keine Gesellschaft. — Ihre Gesichtsfarbe, freilich nicht ganz Natur, war blendend weiß, ein zartes Roth überhauchte die Wangen. Nur die Augenbrauen waren durch die Kunst, meiner Meinung nach, sehr verunstaltet. Es deckte sie nämlich ein dunkelblauer zollbreiter Streif, der sich in zwei zusammenhängenden Wölbungen von einem Schlafe zum andern zog und dem Gesichte ein etwas finsteres und sehr ungewöhnliches Aussehen gab. Die Haupthaare waren nicht gefärbt; dagegen waren aber Hände und Arme ein wenig tätowirt. Sie erklärte mir, daß man diese häßliche Operation mit ihr schon als Kind vorgenommen habe, eine Sitte, die auch in Bagdad bei den Mohamedanerinnen häufig statt findet.

Die Tracht dieser Schönen war wie jene der Frauen in des Pascha's Harem; nur hatte sie statt des kleinen Turbans ein weißes Muslintuch leicht um den Kopf geschlagen, das sie zugleich als Schleier über das Gesicht ziehen konnte.

Unsere Unterhaltung war eben nicht sehr lebhaft, da mir der Dollmetscher in dies Heiligthum nicht folgen durfte. Wir mußten uns daher mit der Zeichensprache und mit dem gegenseitigen Ansehen begnügen.

Nachdem ich zum Prinzen zurückgekehrt war, äußerte ich meine Verwunderung über die seltene Schönheit seiner jungen Gattin, und frug ihn, welches Land die Wiege dieses wahrhaften Engels gewesen sei. Er nannte das nördliche Persien und versicherte mir zugleich, seine übrigen Frauen, deren er vier in Bagdad und vier in Teheran bei seiner Mutter habe, überträfen diese noch bedeutend an Schönheit.

Als ich dem Prinzen Lebewohl sagen und heimkehren wollte, schlug er mir vor, noch ein wenig zu verweilen und persische Musik anzuhören.

Bald erschienen auch zwei Minstrels, von welchen der eine eine Art Mandoline mit fünf Saiten hatte; der andere war ein Sänger. Der Spieler präludirte recht artig, spielte nebst persischen auch europäische Melodien und handhabte sein Instrument sehr fertig. Der Sänger machte Rouladen und Gänge durch Kopf und Fistel ohne Ende. Leider war die Stimme weder ausgebildet noch rein; doch gab es selten falsche Töne, und beide hielten guten Takt. Die persischen Stücke und Gesänge hatten ziemlichen Umfang in Tönen und Abwechslung in der Melodie, — ich hatte lange nichts ähnliches gehört.

Vor Sonnenuntergang war ich glücklich wieder heim gekommen, und weder der scharfe Ritt von sechsunddreißig Meilen, noch die fürchterliche Hitze, noch das Herumstreifen zu Fuß hatte mich sehr ermüdet. Schon zwei Tage darauf, am 30. Mai, Nachmittags fünf Uhr, begab ich mich auf den Weg nach den Ruinen der Stadt Babylon.

Der Distrikt, in welchem diese Ruinen liegen, heißt Jrak=Arabi und ist das ehemalige **Babylonien** und **Chaldäa**.

Ich ritt denselben Abend noch zwanzig englische Meilen bis an den Chan Assad. Die Palmen und Fruchtbäume wurden bald seltener, das bebaute Land immer geringer, und die Wüste trat in den Vordergrund, alles tödtend, was Freude und Erquickung gewährt. Nur niedriges Kräuterwerk wurzelte hie und da, kaum hinreichend für das genügsame Kameel; selbst dies hörte wenige Meilen vor Assad auf, und von da bis Hilla zeigte sich die Wüste ununterbrochen in ihrer traurigen und einförmigen Nackt=heit. —

Wir kamen an dem Platze vorüber, wo einst die Stadt Borosippa stand und wo noch ein Pfeiler von dem Palaste Nourhivan's zu sehen sein soll; ich entdeckte ihn aber nirgends, obwohl die ganze Wüste offen vor mir da lag und ein heiterer Sonnenuntergang des Lichtes genug gewährte. Ich begnügte mich daher mit dem Platze und gedachte deßhalb nicht mit minderer Begeisterung des großen

Alexander's, hier, auf dem letzten Schauplatze seiner Thaten, wo er gewarnt wurde, Babylon nicht wieder zu betreten.

Statt des Pfeilers sah ich die Ruinen eines großen und mehrerer kleinen Kanäle. Der große Kanal verbindet den Euphrat mit dem Tigris, und alle insgesammt dienten einst zur Bewässerung des Landes, sind aber jetzt im Verfalle.

31. Mai. Noch nie hatte ich so zahlreiche Heerden Kamehle gesehen als heute, — es mochten wohl mehr als 7 bis 8000 Stück gewesen sein. Da die meisten beinahe leer gingen und nur wenige Zelte, Weiber oder Kinder trugen, so war dies wahrscheinlich die Wanderung eines Stammes nach neuen fruchtbaren Stellen. Unter dieser ungeheuern Zahl sah ich nur wenige Kamehle, die an Weiße dem Schnee zu vergleichen waren. Diese werden von den Arabern sehr hoch geschätzt, ja beinahe als höhere Wesen verehrt. Am fernen Horizont erschienen die hochbeinigen Thiere wie Gruppen kleiner Bäume; ich hielt sie auch anfänglich dafür und war freudig überrascht, in dieser endlosen Wüste auf einige Vegetation zu stoßen. Allein der Wald kam gleich jenem in Shakspeare's Macbeth auf uns zu, die Stämme entwirrten sich zu Füßen, die Kronen zu Körpern.

Auch eine Vogelgattung bekam ich heute zu sehen, die mir ganz fremd war. Die Vögel glichen an Farbe und Größe den kleinen, grünen Papageien, Peroquitos genannt; nur waren ihre Schnäbel etwas weniger krumm und dick. Sie wohnten wie die Erdmäuse in kleinen Erdlöchern. Ich sah sie haufenweise an zwei Orten in der

Wüste und zwar gerade an den ödesten, wo weit und breit keine Spur eines Grashalmes zu entdecken war.

Gegen zehn Uhr Morgens hielten wir nur zwei Stunden im Chane Nasri an, da ich heute durchaus nach Hilla kommen wollte. — Die Hitze stieg bis über 45 Grad; aber noch unerträglicher als sie war ein glühender Wind, der uns unausgesetzt begleitete und ganze Wolken des heißen Sandes in das Gesicht jagte. — Auch heute kamen wir häufig an halbverschütteten Kanälen vorüber.

Die Chane auf diesem Wege gehören zu den schönsten und sichersten, die mir je vorgekommen sind. Sie gleichen von außen kleinen Festungen; ein hoher Thorweg führt in einen großen Hofraum, der rings herum mit breiten, schönen Hallen von dicken Ziegelmauern umgeben ist. In den Hallen reihen sich Nischen an Nischen, von welchen jede groß genug ist, drei auch vier Personen als Ruhestelle zu dienen. Vor den Nischen, doch ebenfalls unter den Hallen, sind die Plätze für das Vieh. Im Hofraume ist außerdem eine fünf Fuß hohe Terrasse aufgeführt, auf welcher man in den heißen Nächten schläft. Eben so gibt es im Hofe viele Ringe und Pflöcke für die Thiere, damit auch sie die Nacht im Freien zubringen können.

Diese Chane sind für ganze Karavanenzüge berechnet, fassen bis zu fünfhundert Reisende sammt Thieren und Gepäck und werden von der Regierung, häufiger aber von reichen Leuten, erbaut, die sich dadurch eine Stufe ins Himmelreich zu erkaufen wähnen. Jedem Chan sind zehn bis zwölf Soldaten zur Bewachung beigegeben. Die Pforte wird Abends geschlossen. — Der Reisende hat für den Aufenthalt an dergleichen Orten nichts zu zahlen.

Außerhalb des Chanes oder auch oft in demselben halten sich meist einige arabische Familien auf, die das Geschäft der Wirthe vertreten und die Reisenden mit Kamehlmilch, Brod, schwarzem Kaffee und manchmal sogar mit Kamehl= oder Ziegenfleisch versehen. — Ich fand die Kamehlmilch etwas schwer, das Fleisch aber so gut, daß ich es für Kuhfleisch aß und höchlich verwundert war, als mir mein Führer sagte, es sei Kamehlfleisch.

Wenn Reisende mit einem Firman (Empfehlungs= schrift) eines Pascha's versehen sind, so müssen sie auf ihr Verlangen ein oder mehrere berittene Soldaten (die Soldaten in den Chanen haben alle Pferde) an gefährlichen Orten und zu gefährlichen Zeiten von einem Chan bis zum andern unentgeltlich begleiten. Ich hatte solch einen Firman bei mir und machte auch in der Nachtzeit Gebrauch davon.

Zeitlich des Nachmittags näherten wir uns der Stadt Hilla, die jetzt einen Theil des Raumes einnimmt, der einst zu Babylon gehörte. Schöne Dattelwaldungen verkündeten von ferne die bewohnte Gegend, verbargen uns aber den Anblick der Stadt.

Vier Meilen vor Hilla bogen wir rechts vom Wege ab und befanden uns bald zwischen ungeheuren Massen, zwischen Bergen von Mauerschutt und Ziegelhaufen. Diese Ruinen nennen die Araber Mujellibé. Der größte unter den Ziegel= und Schuttbergen hat einen Umfang von 2110 Fuß und eine Höhe von 141 Fuß.

Babylon war, wie bekannt, eine der größten Städte der Welt. Ueber ihren Gründer herrschen verschiedene Meinungen. Einige nennen Ninus, andere Belus, andere Semiramis u. ſ. w. Man ſagt, daß zu dem Baue der Stadt (ungefähr 2000 Jahre vor Chriſti Geburt) zwei Millionen Menſchen und alle Architekten und Künſt= ler des damals unermeßlich großen ſyriſchen Reiches berufen wurden. Die Stadtmauern ſollen hundertfünfzig Fuß hoch und zwanzig Fuß breit geweſen ſein. Zweihundertfünfzig Thürme vertheidigten die Stadt, hundert eherne Thore ſchloſſen ſie, und ihr Umfang ſoll an ſechzig Meilen betra= gen haben. Durch den Euphrat wurde ſie in zwei Theile getheilt. Auf jeder Seite ſtand ein herrlicher Palaſt, eine kunſtvolle Brücke verband die beiden Paläſte, und unter der Königin Semiramis wurde ſogar ein Tunnel unter dem Strome gebaut. Die größten Merkwürdigkeiten aber waren der Tempel **Belus** und die **hängenden Gär= ten**. Drei koloſſale Figuren von gediegenem Golde, Göt= ter vorſtellend, zierten des Tempels Thurm. Die hängen= den Gärten (eines der ſieben Weltwunder) ſchreibt man **Nebukadnezar** zu, der ſie dem Wunſche ſeiner Ge= mahlin **Amytis** gemäß, erbauen ließ.

Sechshundertdreißig Jahre vor Chr. Geb. ſtand das babyloniſche Reich auf dem höchſten Punkte des Glanzes. In dieſer Zeit wurde es von den Chaldäern erobert. Späterhin wechſelte es die perſiſche Oberherrſchaft mit der osmaniſchen, tartariſchen und anderen, bis es ſeit dem Jahre 1637 nach Chr. Geb. unter der osmaniſchen Regierung verblieb.

Xerxes ließ den Tempel **Belus** oder **Baal** zerſtö= ren, Alexander der Große wollte ihn wieder herſtellen laſſen; allein da zehntauſend Menſchen zwei Monate (andere sagen zwei Jahre) zu arbeiten gehabt hätten, blos um den Schutt wegzuräumen, so unterließ er es.

Von den beiden Palästen soll der eine ein Kastell, der andere die Residenz der Könige gewesen sein. Leider sind die Ueberreste so zu Schutt verfallen, daß sie selbst dem Alterthumsforscher keinen Leitfaden zu beweisbaren Folgerungen geben. Man vermuthet jedoch, daß die Ruinen von Mujellibé von dem Kastelle herrühren. — Eine englische Meile davon stößt man auf einen ähnlichen großen Ruinenhaufen, El-Kasr. Hier soll nach einigen der Tempel Baal, nach anderen der königliche Palast gestanden haben. Man sieht noch massive Bruchstücke von Wänden und Pfeilern, und in einer Vertiefung einen Löwen von dunkelgrauem Granit in solcher Größe, daß ich ihn von ferne für einen Elephanten hielt. Er ist sehr beschädigt und nach dem noch bestehenden zu urtheilen scheint er gerade nicht aus der Hand eines großen Künstlers hervorgegangen zu sein..

Von merkwürdiger Härte ist der Mörtel, — eher brechen die Ziegel, als daß man sie von selbem, lösen kann. Die Ziegel alle der Ruinen sind theils gelblich, theils röthlich, einen Fuß lang, beinahe eben so breit und drei einen halben Zoll dick.

In den Ruinen von El-Kasr steht ein einzelner, verwaister Baum, der zum Geschlechte der Nadelhölzer gehört, die in dieser Gegend ganz unbekannt sind. Die Araber nennen ihn Athalé und halten ihn für heilig. Bei Buschir soll es solcher Exemplare mehrere geben, — dort heißt er Gaz oder Guz.

Manche Schriftsteller sehen in diesem Baume ganz

außerordentliches, ja sie gehen so weit, ihn von den Zeiten der hängenden Gärten herzuleiten, wollen schmerzlich melancholische Töne vernehmen, wenn der Wind sein loses Spiel in den Zweigen treibt u. s. w. Bei Gott ist zwar alles möglich; daß aber dieses halbverkrüppelte Bäumchen, das sich kaum zu einer Höhe von achtzehn Fuß erhebt, und dessen elender Stamm höchstens neun Zoll im Durchmesser hat, dreitausend volle Jahre zählen soll, scheint mir doch etwas gar zu unwahrscheinlich!! —

Die Umgebung von Babylon soll einst so blühend und fruchtbar gewesen sein, daß man sie das Paradies von Chaldäa nannte. Auch diese Fruchtbarkeit ging mit den Gebäuden zu Grabe.

Als ich alles genau besehen hatte, ritt ich noch bis Hilla, jenseits des Euphrat. Ueber den Strom, der hier vierhundertdreißig Fuß breit ist, führt eine der elendsten Schiffbrücken von sechsundvierzig Booten. Von einem Boote zum andern sind Bretter und Stämme gelegt, die sich bei jedem Schritte auf- und niederwärts bewegen, kein Geländer ist zur Seite und der Raum so bemessen, daß sich zwei Reiter kaum ausweichen können. Die Ansichten längs des Flusses sind sehr reizend, die Vegetation fand ich hier noch reich, und einige Moscheen und hübsche Gebäude bringen Leben in die blühende Landschaft.

In Hilla nahm mich ein reicher Araber auf. Da sich die Sonne schon mächtig dem Untergange nahte, wies man mir statt eines Zimmers eine herrliche Terrasse an. Man sandte mir zum Abendimbisse einen köstlichen Pilav, gebratenes Lammfleisch und gedünstetes Gemüse, zum Getränke Wasser und saure Milch.

Die Terrassen hier waren mit keiner Mauer umgeben, eine Sache, die mir sehr erwünscht kam, da sie mir Gelegenheit bot, das Leben und Treiben meiner Nachbarsleute zu beobachten.

In den Hofräumen sah ich die Weiber beschäftigt, Brod zu backen, und zwar auf dieselbe Art wie jene in Bandr-Abas. Die Männer und Kinder breiteten unterdessen Strohmatten auf den Terrassen aus und brachten Schüsseln mit Pilav, Gemüsen oder sonstigen Gerichten herbei. Als dann die Brode fertig waren, ging es zur Mahlzeit. Die Weiber setzten sich ebenfalls hinzu, und ich meinte schon, daß die hiesigen Araber in der Bildung so weit vorgeschritten wären, meinem Geschlechte den Platz am Tische zu gönnen. Da sah ich leider die armen Weiber nicht nach den Schüsseln langen, sondern Strohfächer ergreifen, um von den Häuptern ihrer Gebieter die lästigen Fliegen abzuwehren. Sie mögen ihr Mahl wohl später im Innern des Hauses gehalten haben, denn weder im Hofraume, noch auf der Terrasse sah ich sie essen. Zur Ruhe begab sich alles auf die Terrasse. Männer und Weiber hüllten sich bis über den Kopf in Decken ein, und weder die einen noch die andern legten ein Stück ihrer Kleidung ab.

1. Juni. Ich hatte für heute Morgen zwei frische Pferde und zur Bedeckung zwei Araber bestellt, um mit einiger Sicherheit nach den Ruinen des Birs-Nimrod gehen zu können. Diese Ruine liegt sechs englische Meilen von Hilla in der Wüste oder Ebene Schinar, nahe am Euphrat, auf einem von Ziegeln erbauten, 265 Fuß hohen Hügel, und besteht aus dem Bruchstücke einer

Mauer, das 28 Fuß lang, an einer Seite dreißig, an der andern fünfunddreißig Fuß hoch ist. Die meisten Ziegel davon sind mit Inschriften bedeckt. Neben dieser Mauer liegen mehrere große, schwärzliche Blöcke, die man für Lava halten könnte und nur bei näherer Beschauung als Reste von Mauerwerken erkennt. Man vermuthet, daß nur Blitze eine solche Verwandlung hervorbringen konnten.

Auch über diese Ruinen ist man nicht einig. Einige behaupten, daß sie vom babylonischen Thurmbau, andere, daß sie vom Tempel Baal herrühren.

Von der Spitze des Hügels hat man eine unbegränzte Uebersicht über die Wüste, über die Stadt Hilla mit ihren reizenden Palmengärten und über zahllose Hügel von Schutt und Ziegelwerk.

In der Nähe dieser Ruinen steht ein unbedeutendes, mohamedanisches Bethaus, wie man sagt, an derselben Stelle, wo, dem alten Testamente zu Folge, die drei Jünglinge in den Feuerofen geworfen wurden, weil sie kein Götzenbild anbeten wollten.

Nachmittags war ich wieder in Hilla. Ich besah die Stadt, die an 26,000 Einwohner haben soll, und fand sie gebaut wie alle orientalischen Städte. Vor dem Kerbela Thore ist die kleine Moschee Esshems zu sehen, welche die Reste des Propheten Josua enthält. Sie gleicht ganz dem Grabmonumente der Königin Zobiede bei Bagdad.

Gegen Abend stattete mir die Familie meines gefälligen Wirthes in Gesellschaft anderer Weiber und Kinder, einen Besuch ab. Ihr natürlicher Verstand hatte sie abgehalten, mich am Tage meiner Ankunft zu besuchen, wo sie mich vom weiten Ritte ermüdet wußten. Gerne hätte ich ihnen auch heute den Besuch geschenkt, denn die Araber, reich oder arm, haben wenig Begriffe von Reinlichkeit. Dazu wollte man mir die kleinen, ganz besudelten Kinder auf den Schooß oder auf den Arm geben, und ich wußte gar nicht, wie mich anstellen, um diesem Vergnügen zu entkommen. Viele von ihnen waren mit den Aleppo-Beulen behaftet und andern fehlte es nicht an bösen Augen- und Haut-Krankheiten. Nachdem die Weiber und Kinder mich verlassen hatten, kam mein Hauswirth. Dieser war wenigstens reinlich gekleidet und benahm sich mit mehr Lebensart.

Am 2. Juni verließ ich mit Sonnenaufgang die Stadt Hilla und ritt ohne Unterbrechung bis nach dem Chan Scandaria (sechzehn Meilen), wo ich einige Stunden anhielt, und ging denselben Tag noch nach Bir-Yanus (abermals bei sechzehn Meilen). Um ein Uhr nach Mitternacht brach ich wieder auf und nahm einen Soldaten zur Begleitung mit. Kaum waren wir vier bis fünf Meilen vom Chan entfernt, so vernahmen wir einen höchst verdächtigen Lärm. Wir hielten an und der Diener bedeutete mir, mich sehr ruhig zu verhalten, damit unsere Anwesenheit nicht verrathen werde. Der Soldat stieg vom Pferde und kroch mehr als er ging im Sande der gefährlichen Gegend zu, um zu recognosciren. Meine Ermüdung war so groß, daß ich, obwohl allein in finsterer Nacht in der schauerlichen Wüste, dennoch anfing, auf dem Pferde einzuschlummern und erst erwachte, als der Soldat mit einem Freudenrufe zurückkehrte und uns erzählte, daß er auf keine Räuber, sondern auf einen Scheik gestoßen sei, der in Begleitung seines Gefolges nach Bagdad ging.

Wir gaben unsern Pferden die Sporen, jagtem dem Zuge nach und schlossen uns demselben an. Der Häuptling begrüßte mich, indem er mit der Hand über die Stirne nach seiner Brust fuhr, und überreichte mir zum Zeichen des Wohlwollens seine Waffe, einen Kolben mit einem eisernen Knopfe, der mit vielen Spitzen versehen war und vollkommen einem sogenannten Morgenstern glich. Eine solche Waffe darf nur ein Scheik tragen.

Bis Sonnenaufgang blieb ich in des Scheik's Gesellschaft; dann aber trieb ich mein Pferd an, und um acht Uhr früh saß ich schon wieder in meinem Zimmer zu Bagdad, nachdem ich in der kurzen Zeit von drei und einem halben Tag 132 englische Meilen geritten und viel herum gegangen war. Man rechnet von Bagdad nach Hilla sechzig Meilen und von Hilla nach Birs-Nimrod sechs Meilen.

Ich hatte nun alles in und um Bagdad gesehen und wollte meine Weiterreise nach Ispahan antreten. Da sandte mir der persische Prinz Il-Hany-Ala-Culy-Mirza die Post, er habe aus seinem Vaterlande sehr böse Nachrichten erhalten, der Gouverneur von Ispahan sei ermordet worden und die ganze Provinz befinde sich in Aufstand. Von hier war daher der Eingang nach Persien nicht möglich. Ich faßte nun den Entschluß, vorläufig nach Mossul zu gehen und dort nach den Umständen die fernere Bahn meiner Reise zu bestimmen.

Bevor ich Bagdad verlasse, muß ich noch erwähnen, daß ich mich Anfangs sehr vor Skorpionen fürchtete, indem ich gehört und gelesen hatte, daß es deren hier sehr viele gäbe; allein weder in den Sardabs noch auf den Terrassen kam je einer zum Vorschein, und während meines vierwöchentlichen Aufenthaltes wurde nur einmal im Hofe ein Exemplar gefunden. — Ich bemerke vorsätzlich jede noch so kleine Begebenheit, um dadurch den übertriebenen Erzählungen und Berichten die Waage zu halten.

Mossul und Ninive.

Karavanen-Reise durch die Wüste. Ankunft in Mossul. Sehenswürdigkeiten. Ausflug nach den Ruinen Ninive's und dem Dorfe Nebijunis. Zweiter Ausflug nach den Ruinen Ninive's. Tel-Nimrod. Die arabischen Pferde. Abreise von Mossul.

Um sicher und ohne große Kosten die Reise von Bagdad nach Mossul zu machen, muß man sich einer Karavane anschließen. Ich ersuchte Herrn Swoboda, mich an einen sicheren Karavanenführer zu weisen. Man rieth mir zwar ab, mich allein unter die Araber zu begeben und meinte, ich solle wenigstens einen Diener mitnehmen; allein bei meinen beschränkten Reisemitteln wäre mir diese Ausgabe zu hoch gekommen. Ueberdies kannte ich die Leute schon so ziemlich und wußte aus Erfahrung, daß man ihnen trauen kann.

Am 14. Juni sollte eine Karavane abgehen; aber die Karavanenführer geben, wie die Schiffskapitäne, immer einige Tage zu, und so wurde aus dem 14. der 17. Juni.

Die Entfernung von Bagdad nach Mossul beträgt dreihundert englische Meilen, die man in zwölf bis vierzehn Tagen zurücklegt. Man reist zu Pferde oder auf

Maulthieren und in der heißen Jahreszeit während der Nacht.

Ich hatte für mich und mein kleines Gepäck ein Maulthier gemiethet, für welches ich den geringen Preis von fünfzehn Kran (7 fl. 30 kr.) zahlte, und dabei weder für Futter noch sonst etwas zu sorgen hatte.

Um fünf Uhr Abends mußten alle, die mit der Karavane gingen, vor dem Stadtthore in der Kavanserei versammelt sein. Herr Swoboda begleitete mich dahin, empfahl mich noch besonders dem Karavanenführer und versprach ihm in meinem Namen einen guten Bakschisch (Trinkgeld), wenn er mir während der Reise einige Sorgfalt widmen würde.

So begab ich mich denn auf eine vierzehntägige Reise durch Wüsten und Steppen, auf eine Reise voll Beschwerden und Gefahren, ohne alle Bequemlichkeit, ohne allen Schutz und Schirm. Ich reiste wie der ärmste Araber und mußte, wie er, gefaßt sein, die glühendste Sonne auszuhalten, nichts als Brod und Wasser, höchstens eine Hand voll Datteln oder einige Gurken zu genießen, und den heißen Erdboden zur Schlafstätte zu haben.

Ich hatte mir in Bagdad ein kleines Register arabischer Worte aufgeschrieben, um doch wenigstens das nöthigste verlangen zu können. Geläufiger als die Worte war mir die Zeichensprache, und durch sie und die wenigen Worte brachte ich mich überall ganz herrlich durch. Die Zeichensprache wurde mir in der Folge so zur Gewohnheit, daß ich an Orten, wo ich mich einer mir geläufigen Sprache bedienen konnte, auf meine Hände Acht haben mußte, um sie nicht mitsprechen zu lassen.

Während ich mich von Herrn Swoboda verabschiedete, hatte man schon mein Kofferchen und einen Korb mit Brod und andern Kleinigkeiten in zwei Säcke gegeben, die dem Thiere über den Rücken gehängt wurden. Mein Mantel und Polster bildete einen weichen, bequemen Sitz, und somit war alles in bester Ordnung, — nur das Hinaufklettern ging etwas schwer, da es keine Steigbügel gab.

Unsere Karavane war klein. Sie zählte nur sechsundzwanzig Thiere, von welchen die meisten Waaren trugen, und zwölf Araber, deren fünf zu Fuß gingen. Ein Pferd oder Maulthier trägt zwei bis drei und einen halben Centner, je nach Beschaffenheit des Weges.

Um sechs Uhr zogen wir fort. Einige Meilen außerhalb der Stadt schlossen sich noch mehrere Reisende an, meistens Krämer mit beladenen Thieren, so daß sich unser Zug nach und nach auf sechzig Stücke belief. Die Zahl wechselte aber jeden Abend, da stets einige zurückblieben oder andere hinzukamen. Oft hatten wir in unserer Karavane ein wahres Gesindel, vor dem ich mich mehr fürchtete als vor den Räubern. Es soll auch nicht unter die seltenen Fälle gehören, daß sich Diebe anschließen, um gelegentlich ihr Handwerk in Ausübung zu bringen.

Von dem Schutze einer solchen Karavane würde ich mir überhaupt nicht viel versprechen, da die mitziehenden Leute meist Krämer, Pilger u. s. w. sind, die wohl nie in ihrem Leben ein Schwert aus der Scheide gezogen oder ein Gewehr abgefeuert haben. Einige Dutzend gut bewaffneter Räuber könnten es sicher mit einer Karavane von hundert Köpfen aufnehmen.

Wir ritten in der ersten Nacht zehn Stunden bis Jengitsché. Die Gegend war flach und wüst, ohne bebaute Felder, ohne Hütten und Menschen. Einige Meilen außerhalb Bagdad war die Kultur wie abgeschnitten, und erst bei Jengitsché sahen wir Stoppelfelder und Palmen, welche zeigten, daß der Fleiß des Menschen der Natur überall etwas abzuringen vermag.

Die Karavanenreisen sind sehr ermüdend: man geht zwar immer im Schritte, aber unausgesetzt neun, auch bis zwölf Stunden. Dabei ist man des Schlafes bei Nacht beraubt, und den Tag über liegt man unter freiem Himmel, wo die große Hitze, mitunter die lästigen Fliegen und Mosquitos das Nachholen der versäumten Ruhe beinahe unmöglich machen.

18. Juni. Wir fanden in Jengitsché einen Chan, der aber an Schönheit und Reinlichkeit bei weitem nicht jenen auf dem Wege nach Babylon glich, — das beste war seine Lage am Tigris.

Den Chan umgab ein kleines Dörfchen, in das mich der Hunger trieb. Ich ging von Hütte zu Hütte und eroberte glücklich etwas Milch und drei Eier. Letztere legte ich gleich in die heiße Asche, packte dann alles zusammen, füllte am Tigris meine lederne Flasche und kehrte so belastet stolz zu meinem Chan zurück. Die Eier verspeiste ich gleich, die Milch sparte ich für den Abend. Ich fühlte mich bei meiner so schwer erkämpften Mahlzeit gewiß glücklicher und zufriedener als manche an der best besetzten Tafel.

Bei meinem Streifzuge durch das Dorf sah ich, daß dieses früher groß gewesen sein mochte: viele verfallene

Häuser und Hütten bewiesen es. Auch hier hatte die letzte Pest den größten Theil der Einwohner dahingerafft. Jetzt gab es nur wenige, und zwar sehr arme Familien.

Ich sah hier eine neue Art, Butter zu machen: der Rahm oder die dicke Milch wurde in einen ledernen Schlauch geschüttet und dieser auf dem Boden so lange hin und her gerüttelt, bis sich die Substanz der Milch zusammenballte. Die Butter, welche weiß wie Schnee war, und die ich, wenn sie nicht vor meinen Augen gemacht worden wäre, für Schweinefett gehalten hätte, wurde dann zur Aufbewahrung in einen anderen mit Wasser gefüllten Schlauch gegeben.

Diesen Abend setzten wir uns erst um zehn Uhr in Bewegung und ritten eilf Stunden unausgesetzt bis Uesi. Die Gegend war minder öde als jene von Bagdad nach Jengitsché. Wir sahen zwar keine Ortschaften am Wege; allein Hundegebell und kleine Palmengruppen ließen uns solche in der Nähe vermuthen. Bei Sonnenaufgang erfreute uns der Anblick einer niedrigen Gebirgskette, und kleine Hügelreihen unterbrachen zeitweise die langweilige Ebene.

19. Juni. Gestern war ich mit dem Chan zu Jengitsché nicht ganz zufrieden gewesen, heute hätte ich Gott für einen noch viel schlechteren gedankt, da wir doch einigermaßen Schutz vor den unbarmherzigen Sonnenstrahlen gehabt hätten; so aber wurde unser Lager auf Stoppelfeldern, weit entfernt von menschlichen Wohnungen, aufgeschlagen. Mein Karavanenführer legte zwar eine kleine Decke über ein Paar eingeschlagene Stöckchen und suchte mir dadurch wenigstens einigen Schatten zu bereiten; der

Platz war aber so klein und das kunstvolle Zelt so schwach, daß ich mich stets in sitzender Stellung ruhig verhalten mußte, um es nicht durch die leiseste Berührung zum Einsturze zu bringen. Wie beneidete ich die Missionäre und Naturforscher, die ihre beschwerlichen Reisen mit Packpferden, Zelten, Lebensmitteln und Dienern unternehmen, — und später erst, als die Hitze immer höher bis über vierzig Grad stieg, ich mich laben wollte und nichts hatte als lauwarmes Wasser, hartes Brod, das ich in's Wasser tauchen mußte, um es genießbar zu machen, und eine Gurke ohne Salz und Essig!! Doch Muth und Ausdauer verließen mich nicht, so daß ich es nie auch nur einen Augenblick bereute, mich diesen Beschwerden ausgesetzt zu haben.

Abends um acht Uhr wurde aufgebrochen, um vier Uhr Morgens zu Deli-Abas Halt gemacht. Die niedere Gebirgskette blieb uns zur Seite. Von Deli-Abas überschritten wir den Fluß Hassel auf einer gemauerten Brücke.

20. Juni. Hier fanden wir zwar einen Chan; er war aber so zerstört, daß wir außer demselben kampiren mußten, da bei solchen Ruinen Schlangen und Skorpionen zu fürchten sind. In der Nähe des Chans lagen einige Dutzend schmutziger Araber-Zelte. Der Wunsch nach etwas mehr als Brod und Gurken oder alten, halbverdorbenen Datteln überwand den Ekel, und ich kroch in mehrere dieser Behausungen. Die Bewohner boten mir Buttermilch und Brod an. Außerdem besaßen sie Hühner, die mit ihren Jungen in den Zelten umherspazierten und emsig nach Nahrung suchten. Gerne hätte ich eines der letzteren erhandelt; aber ich war nicht aufgelegt, es selbst zu tödten

und zu bereiten, und begnügte mich mit Buttermilch und Brod.

In diesen Gegenden wuchsen Blumen (die wildwachsende Fenchel), die mich an mein liebes Vaterland erinnerten. In meiner Heimat würdigte ich sie kaum eines Blickes, während sie mir hier eine überaus freudige Erscheinung waren. Ich schäme mich nicht zu gestehen, daß mein Auge beim Anblicke dieser Blume feucht wurde, daß ich mich über sie beugte und sie wie geliebte Freundinnen begrüßte.

Heute brachen wir schon um fünf Uhr Abends auf, da wir die gefährlichste Station der Reise vor uns hatten und sie vor Anbruch der tiefen Nacht zurücklegen wollten. Die ewig flache Sandwüste änderte einigermaßen ihren Charakter. Harter Kies klirrte unter den Hufen der Thiere, und Felsschichten und Felshügel wechselten mit Erderhöhungen. Viele der ersteren waren ausgewaschen, andere aufgeschwemmt und übereinander gesetzt. Hätte die Strecke nur fünf bis sechshundert Fuß betragen, so würde ich sie unfehlbar für ein ehemaliges Strombeet gehalten haben; so aber glich sie einer vom Meere verlassenen Gegend. An mehreren Stellen hatten sich salzige Substanzen angesetzt, deren zarte Krystalle noch hin und wieder im scheidenden Sonnenlichte aufblitzten.

Diese Strecke, deren Länge über fünf Meilen beträgt, ist gefährlich, weil die Hügel und Felsen den Räubern zum willkommenen Hinterhalte dienen. Unsere Führer trieben die armen Thiere beständig an. Sie mußten über Hügel und Gestein eiliger ziehen als sonst in der bequemsten

Ebene. Wir kamen glücklich vor Einbruch der tiefen Finsterniß hindurch und setzten dann mit mehr Ruhe unsere Reise fort.

21. Juni. Gegen ein Uhr Morgens zogen wir an dem Städtchen Karatappa vorüber, von dem wir aber nur einige Mauern sahen. Eine Meile davon entfernt schlugen wir unser Lager auf, und zwar abermals auf Stoppelfeldern. Hier nahmen die unübersehbaren Wüsten und Ebenen ein Ende, und ein mehr angebautes, häufig von Hügeln durchzogenes Land begann.

Am 22. Juni lagerten wir in der Nähe des Städtchens Küseri.

Von allen türkischen Städtchen ist nichts zu sagen, da sie sich an Erbärmlichkeit so vollkommen gleichen, daß man froh ist, keines betreten zu dürfen. Die Gassen sind schmutzig, die Häuser von Lehm oder ungebrannten Ziegeln, die Bethäuser unbedeutend, jämmerliche Buden mit gemeinen Artikeln bilden die Bazare, und das Volk, schmutzig und ekelhaft, ist von ziemlich brauner Farbe. Die Weiber erhöhen ihre natürliche Häßlichkeit noch dadurch, daß sie Haare und Nägel mit Henne rothbraun färben, Arme und Hände tätowiren. Mit fünfundzwanzig Jahren sehen sie schon ganz verblüht aus.

Am 23. Juni hielten wir unweit des Städtchens Dus unser Tageslager.

In diesem Neste fielen mir die niedern Eingänge der Häuser auf: sie hatten kaum drei Fuß Höhe, so daß die Leute mehr hinein kriechen als gehen mußten.

Am 24. Juni stationirten wir am Städtchen Daug. Hier sah ich ein Monument, das jenem der Königin

Zobeide in Bagdad glich. Ich konnte nicht erfahren, welch großer oder heiliger Mann darunter begraben liegt.

25. Juni. Heute Morgens vier Uhr kamen wir in der Heimat unseres Karavanenführers, einem Dörfchen, eine Meile von dem Städtchen Kerku entfernt, an. Sein Häuschen lag, nebst einigen andern, in einem großen, schmutzigen Hofe, der von einer Mauer umgeben war und nur einen einzigen Eingang hatte. Dieser Hof glich einem förmlichen Lager: sämmtliche Einwohner schliefen in demselben, und außerdem fehlte es nicht an Maulthieren, Pferden und Eseln. Unsere Thiere begaben sich sogleich an ihre Pfähle und trabten an den Schlafenden so nahe vorbei, daß mir für deren Sicherheit ganz bange wurde; allein die Thiere sind vorsichtig, und die Menschen wissen das und bleiben ganz ruhig liegen.

Mein Araber war drei Wochen abwesend gewesen und kehrte auch jetzt nur auf kurze Zeit heim; dennoch stand, außer einem alten Mütterchen, niemand der Seinigen auf, ihn zu begrüßen. Selbst zwischen der Alten, die ich für des Arabers Mutter hielt, und ihm wurde kein Wort des Willkommens gewechselt. Sie trippelte nur hin und her, half aber nicht und hätte so gut liegen bleiben können wie die anderen.

Das Haus des Arabers bestand aus einem einzigen großen und hohen Gemache, das durch zwei Mittelwände, die aber nicht ganz an die Vorderwand reichten, in drei Theile getheilt war. Jede dieser Abtheilungen hatte bei dreißig Fuß in der Länge, bei neun Fuß in der Breite und diente einer Familie als Wohnung. Das Licht fiel durch die gemeinschaftliche Eingangsthüre und durch zwei

Löcher, die vorne in der Höhe angebracht waren. — Mir ward in einer dieser Abtheilungen ein Plätzchen zugetheilt, wo ich während des Tages verweilen konnte.

Mein erstes Studium war auf die Verhältnisse der Familie gerichtet. Ich wollte die Grade der Verwandtschaft errathen. Anfänglich hielt dies sehr schwer, da nur für die ganz kleinen Kinder alle Neigung und Liebe sich äußerte. Diese schienen wie ein Gemeingut zu sein. Endlich brachte ich aber doch heraus, daß in dem Hause drei verwandte Familien wohnten, der Stammvater, ein verheiratheter Sohn und eine verheirathete Tochter.

Der Alte, ein schöner kräftiger Greis von sechzig Jahren, war der Vater meines Führers. Dies Verhältniß hatte ich schon unterwegs entdeckt, da der Alte mit in unserem Zuge gewesen war. Der Alte, ein entsetzlicher Zänker, stritt über jede Kleinigkeit, der Sohn widersprach selten und gelassen und that jederzeit, was der Vater wünschte. Die Karavanenthiere gehörten beiden gemeinschaftlich und wurden, außer von ihnen, noch von einem fünfzehnjährigen Enkel und von einigen Knechten geführt. In dem Hause angekommen, sah der Alte wenig nach den Thieren, sondern er pflegte der Ruhe und befahl nur. — Man sah es ihm recht an, daß er der Patriarch der Familie war.

Dem ersten Eindrucke nach scheint der Charakter des Arabers kalt und zurückhaltend: ich sah weder Mann noch Frau, weder Vater noch Tochter ein freundliches Wort wechseln, — sie sprachen nur was die höchste Noth erforderte. Mehr Gefühl bewiesen sie für die Kinder. Die durften schreien und lärmen so viel sie wollten, man that ihnen nichts zu Leide, schalt sie nicht einmal aus und ließ sich von ihnen jede Unart gefallen. Sobald aber das Kind heran gewachsen ist, kömmt an es die Reihe, der Eltern Schwächen zu ertragen, welches dann ebenfalls mit Geduld und Achtung geschieht.

Zu meinem großen Erstaunen hörte ich hier die Kinder die Mutter Máma oder Nána, den Vater Bába und die Großmutter Eté oder Eti nennen.

Die Weiber lagen den ganzen lieben Tag über auf der faulen Haut, nur Abends bequemten sie sich, das Geschäft des Brodbackens zu verrichten.

Ihre Tracht fand ich ganz besonders ungeschickt und unbequem. Die Aermel der Hemden waren so weit, daß sie eine halbe Elle vom Arme abstanden; noch weiter waren jene des Kaftans. Bei der geringsten Arbeit mußten sie sie entweder um die Arme wickeln oder hinter dem Rücken zu einem Knoten verschlingen. Natürlich lösten sie sich alle Augenblicke wieder los und verursachten Aufenthalt und Störung in der Arbeit. Zudem nahmen es die guten Leute mit der Reinlichkeit nicht zu genau und bedienten sich ihrer Aermel sowohl zum reinigen der Nase als auch zum abwischen der Löffel und des Geschirres. Nicht minder unzweckmäßig war die Bedeckung des Kopfes: derselbe wird zuerst in ein großes, doppelt zusammengelegtes Tuch geschlagen, darüber windet man zwei andere und ein viertes wird über das Ganze geworfen.

Wir hielten uns leider zwei Tage hier auf. Den ersten Tag hatte ich viel zu leiden: die Weiber der ganzen Nachbarschaft kamen herbei, mich, die Fremde, zu beschauen. Erst fingen sie an, meine Kleider zu untersuchen, dann wollten sie mir den Turban vom Kopfe nehmen, kurz, nach und nach wurden sie so lästig und zudringlich, daß ich mir nur durch einen Gewaltstreich Ruhe verschaffen konnte. Rasch faßte ich eine am Arme und drehte sie zur Thüre hinaus. Ich that dies so flink, daß sie vor der Thüre war, ehe sie wußte, was eigentlich mit ihr geschah. Den andern bedeutete ich, daß ihnen dasselbe wiederfahren würde. Vermuthlich hielten sie mich für viel kräftiger als ich war, denn sie zogen sich zurück.

Ich beschrieb darauf einen Kreis um meinen Platz und verbot ihnen, selben zu überschreiten, — auch hierin folgten sie mir.

Nun hatte ich es nur noch mit dem Weibe meines Führers zu thun. Diese belagerte mich den ganzen Tag, kam so nah als möglich zu mir und quälte mich beständig, ihr etwas von meinen Sachen zu geben. Ich schenkte ihr einige Kleinigkeiten, denn viel hatte ich nicht bei mir, und am Ende hätte sie alles gewollt. Glücklicher Weise kam ihr Mann nach Hause, ich rief ihn herbei, klagte über seine Frau und machte Miene, sein Haus zu verlassen und anderswo ein Unterkommen zu suchen, wohl wissend, daß dies der Araber für eine große Schande ansieht. Er zankte auch augenblicklich sein Weib derb aus, und ich hatte nun Ruhe. — Ueberall und jederzeit setzte ich meinen Willen durch. Ich fand, daß Energie und Furchtlosigkeit allen Leuten imponirt, sie mögen Araber, Perser, Beduinen oder wie immer heißen.

Gegen Abend sah ich zu meiner großen Freude einen Kessel mit Schaffleisch aufsetzen. Ich hatte acht Tage von nichts als Brod, Gurken und einigen Datteln gelebt und sehnte mich daher herzlich nach einer warmen, kräftigen Speise. Wie wurde aber mein Appetit geschmälert, als ich sah, wie man das Ding bereitete. Die Alte (die Mutter meines Karavanenführers) warf einige Hände voll röthlicher kleiner Körner nebst einer ungeheuren Portion Zwiebeln in einen Topf voll Wasser, um sie zu erweichen. Nach einer halben Stunde fuhr sie mit ihren schmutzigen Händen hinein, mischte und drückte alles durcheinander, nahm zeitweise eine Portion Körner in den Mund, zerkaute sie in kleine Massen und — — spukte dieselben immer wieder in den Topf. Dann nahm sie einen schmutzigen Lappen, ließ die Sauce durchlaufen und goß sie über das Fleisch im Kessel.

Ich hatte mir fest vorgenommen, von dieser Speise nichts zu essen; allein als sie fertig war, verbreitete sie einen so angenehmen Duft, meine Eßlust war so groß, daß ich meinem Vorsatze ungetreu wurde und daran dachte, wie viel ich bereits schon genossen hatte, bei dessen Bereitung es um kein Haar reinlicher zugegangen war. Das Schlechte bei der Sache war nur, daß hier alles vor meinen Augen geschah.

Die Suppe sah blauschwarz aus und schmeckte etwas stark sauer, — beides rührte von den Körnern her. Sie bekam mir aber sehr gut, und ich fühlte mich so wohl und gestärkt, als hätte ich von Bagdad bis hieher gar keine Mühen überstanden.

Den folgenden Abend hoffte ich vor der Abreise auf ein ähnliches leckeres Mahl; allein so verschwenderisch lebt der Araber nicht, — man mußte mit Brod und einigen Gurken ohne Salz, Essig und Oehl vorlieb nehmen.

26. Juni Abends neun Uhr verließen wir das Dörfchen und zogen außerhalb Kerkü vorüber. Bei Sonnenaufgang erstiegen wir einen kleinen Hügel, auf dessen Höhe uns ein herrlicher Anblick überraschte: eine hohe, majestätische Gebirgskette zog sich längs einem unübersehbaren Thale hin. Sie bildet die Scheidewand zwischen Kurdistan und Mesopotamien.

In diesem Thale gab es die schönsten Blumen und Blüthen, Glocken, Pappelrosen, herrliche Strohblumen und vorzügliche Distelgewächse. Unter letzteren zeichnete sich eine Gattung aus, die auch bei uns häufig vorkömmt, aber nicht in solcher Pracht und Fülle, — es ist das Borstenaug (Echinops). Ihre Köpfe, Kolben oder Kugeln sind von der Größe einer Männerfaust und dicht gefüllt mit zarten blauen Blüthen. Diese Distelgewächse überdecken an vielen Stellen den Boden gleich Feldern. Der Landmann schneidet sie ab und brennt sie statt des Holzes, das hier ein großer Luxusartikel ist, da es nirgends Bäume gibt.

Wir sahen auch einige Gazellen-Züge, die in muntern Sprüngen an uns vorüber jagten.

Am 27. Juni schlugen wir unser Lager in der Nähe des erbärmlichen Städtchens Altum-Kobri auf. Bevor wir dahin gelangten, überschritten wir das Flüßchen Sab (von den Eingebornen Altum-Su, goldenes Wasser, genannt) auf zwei altrömischen Brücken. Ich sah mehrere ähnliche Brücken in Syrien. Diese wie jene sind noch ganz gut erhalten und mögen noch lange Zeit als Zeugen der römischen Weltherrschaft bestehen. Ihre Bogen, unendlich hoch und weit gespannt, ruhen auf mächtigen Pfeilern, und der ganze Bau ist aus großen Quadersteinen aufgeführt; nur ist bei all dergleichen Brücken der Auf- und Niedergang so steil, daß die Thiere wie Katzen klettern müssen.

Am 28. Juni erreichten wir das Städtchen Erbil, einst Arbela*), wo wir zu meinem großen Verdruße bis zum Abende des folgenden Tages blieben. Dieses Städtchen ist befestigt und liegt auf einem einzelnen Hügel mitten im Thale. Wir lagerten glücklicher Weise an einigen Vorstadthäusern am Fuße des Hügels. Ich fand eine Hütte, in welcher außer einigen Menschen auch noch zwei Esel und viele Hühner hausten. Die Besitzerin, eine ekelhafte Araberin, überließ mir gegen eine kleine Gabe ein Fleckchen darin, und so war ich doch wenigstens vor den brennenden Sonnenstrahlen geschützt. Außerdem hatte ich aber nicht die geringste Bequemlichkeit. Da diese Hütte in Vergleich zu den andern ein wahrer Palast war, so hielt sich die ganze Nachbarschaft beständig hier auf. Vom frühen Morgen bis zum späten Abend, wo man sich auf den Terrassen oder auf die Erde vor das Häuschen bettete,

---

*) Alexander der Große zog im Jahre 331 von Egypten durch die syrische Wüste über den Euphrat und den Tigris und stieß bei dem Dorfe Gaugamela in der Nähe der Stadt Arbela, jetzt Erbil, auf das eine Million starke Heer des Darius. Er erkämpfte einen glücklichen Sieg und man kann sagen, daß das persische Reich in diesen Tagen unterging. Er eilte über Babylonien und Susa nach Persien.

war stets große Gesellschaft, — die einen kamen, um zu schwatzen, andere brachten sogar Mehl herbei, kneteten ihren Brodteig ab, um nur auch des Geschwätzes nicht zu entbehren. Im Hintergrunde wurden die Kinder gebadet und vom Ungeziefer gereiniget, dazwischen schrieen die Esel, und die Hühner beschmutzten alles. Die Leiden eines solchen Aufenthaltes übersteigen wahrlich Hunger und Durst.

Zum Lobe der Leute muß ich sagen, daß sie sich gegen mich höchst anständig benahmen, obwohl nicht nur Weiber, sondern auch viele Männer der niedrigsten, ärmsten Volks= klasse aus- und eingingen, — sogar die Weiber ließen mich hier in Ruhe.

Am Abende vor unserer Abreise wurde Schaffleisch gekocht, und zwar in einem Kessel, der voll eingewässerter, schmutziger Wäsche war. Man leerte diese aus, reinigte aber den Kessel nicht und verfuhr mit der Bereitung ganz genau so wie in dem Hause unseres Führers.

Am 30. Juni hielten wir in dem Dörfchen Sab an. Wir setzten hier über den großen Sab auf Fahrzeugen merkwürdiger Art, deren Erfindung sicherlich dem hohen Alterthume angehört. Sie heißen Rafft und bestehen aus aufgeblasenen ledernen Schläuchen, die zusammengehängt, mittelst einiger Stangen befestiget und mit Bretern, Bin= sen und Rohr überlegt werden. Unser Rafft bestand aus achtundzwanzig Schläuchen, war sieben Fuß breit, beinah eben so lang und trug drei Pferdeladungen und ein halb Dutzend Menschen. Da unsere Karavane zweiunddreißig beladene Thiere zählte, brachten wir mit dem Uebersetzen einen halben Tag zu. — Die Thiere wurden zu vier bis fünf zusammen gebunden und von einem Manne, der sich in reitender Stellung auf einen aufgeblasenen Schlauch setzte, an der Leine nach gezogen. Den schwächeren Thieren, z. B. den Eseln, band man einen halbaufgeblasenen Schlauch auf den Rücken.

Die Nacht vom 30. Juni auf den 1. Juli, die letzte unserer Reise, war eine der mühevollsten: wir machten einen Marsch von eilf Stunden. Auf halbem Wege erreichten wir den Fluß Hasar, von den Griechen Gaumil genannt und durch den Uebergang Alexanders des Großen höchst merkwürdig. Der Fluß war breit, aber nicht tief, wir ritten daher hindurch. Die Gebirgskette blieb immer seitwärts in ziemlich gleicher Entfernung, und hie und da erhoben sich kahle niedere Hügel oder Vorgebirge. Auffallend ist in diesem Theile von Mesopotamien der gänzliche Mangel an Bäumen: während der letzten fünf Tage sah ich keinen einzigen. Es ist daher leicht begreiflich, daß es hier viele Leute gibt, die deren in ihrem Leben noch nicht gesehen haben. Es gab Strecken von zwanzig bis dreißig Meilen, auf welchen nicht einmal ein Strauch wuchs. Ein Glück ist es noch, daß wenigstens Wasser nicht mangelt: man stößt täglich ein- oder zweimal auf größere oder kleinere Flüsse.

Die Stadt Mossul wird man erst in den letzten fünf Meilen gewahr. Sie liegt in einem sehr großen Thale auf einem unbedeutenden Hügel, am westlichen Ufer des Tigris, der hier schon bedeutend schmäler ist als bei Bagdad.

Um sieben Uhr Morgens erreichten wir Mossul.

Ich war frisch und munter, obwohl ich in diesen vierzehn Tagen nur zweimal eine warme Speise genossen hatte, nämlich die tintenfarbige Lammfleisch-Suppe zu Kerku und Ervil, obwohl ich Tag und Nacht in denselben Kleidern bleiben mußte, ja nicht einmal Gelegenheit fand, Wäsche zu wechseln, der fürchterlichen Hitze, des anhaltenden Reitens und anderer Strapazen gar nicht zu gedenken.

Ich stieg vorerst in der Karavanserei ab und ließ mich dann zum englischen Vice-Konsul, Herrn Rassam, führen, der von meiner Ankunft schon durch einen Brief des englischen Residenten zu Bagdad, Herrn Rawlinson, unterrichtet war und bereits ein Zimmerchen für mich bereitet hatte.

Mein erster Gang war nach der Stadt, von deren Merkwürdigkeiten man aber wenig sagen kann. Sie ist mit Festungswerken umgeben und soll an 25,000 Einwohner zählen, darunter kaum ein Dutzend Europäer. Die Bazars sind ausgedehnt, aber nicht im geringsten schön; viele Kaffeebuden und einige Chane liegen dazwischen. Die Eingänge der Häuser fand ich alle schmal, niedrig und mit starken Pforten versehen. Dies rührt aus frühern Zeiten her, wo man vor feindlichen Ueberfällen nie sicher war. Im Innern findet man wunderschöne Hofplätze, hohe und luftige Zimmer mit schönen Fensterwölbungen und Eingängen. Die Thür- und Fensterstöcke, die Treppen und die Wände der ebenerdigen Zimmer sind meist von Marmor. Der Marmor, den man dazu verwendet, ist zwar nicht sehr fein und glänzend, aber doch immer besser anzusehen als Ziegelwände. Der reichhaltige Marmorbruch befindet sich unmittelbar vor der Stadt.

Auch hier weilt man in den heißen Tagesstunden in

den Sarbabs. Die Hitze ist am fürchterlichsten im Monat Juli, wo nicht selten der glühende Samum aus der nahen Wüste über die Stadt streicht. Während meines kurzen Aufenthaltes zu Mossul starben mehrere Menschen sehr plötzlich. Man schrieb diese Todesfälle der Hitze zu. Selbst die Sarbabs schützen den Menschen nicht vor beständiger Ausdünstung, da die Hitze in ihnen bis auf neunundzwanzig Grad steigt.

Auch das arme Geflügel leidet sehr von der Hitze: Hühner und Vögel reißen die Schnäbel auf und halten die Flügel weit ausgestreckt vom Körper.

Die Menschen leiden viel an den Augen; dagegen sind die Aleppo-Beulen seltener als in Bagdad, und Fremde bleiben davon verschont.

Ich litt zwar viel von der Hitze, befand mich übrigens sehr wohl, besonders was meinen Appetit anbelangte. Ich glaube, ich hätte zu jeder Stunde des Tages essen können. Wahrscheinlich war dies eine Folge der strengen Diät, die ich wider Willen auf der Reise durch die Wüste gehalten hatte.

Das sehenswertheste von Mossul ist der Palast des Pascha, eine halbe Meile von der Stadt. Er besteht aus mehreren Gebäuden und Gärten und ist mit schönen Mauern umgeben, über die man hinein sieht, da sie tiefer liegen als die Stadt. Er nimmt sich von ferne sehr gut aus, verliert aber bei näherer Besichtigung. In den Gärten stehen schöne Baumgruppen, die um so größeren Werth haben, als sie die einzigen in der ganzen weiten Umgebung sind.

Während meines Aufenthaltes zu Mossul fand zufällig ein großer Durchmarsch türkischer Truppen statt. Der Pascha ritt ihnen eine Strecke entgegen, um sie zu empfangen, und zog dann an der Spitze der Fußtruppen in die Stadt ein. Die Reiterei blieb zurück und schlug ihr Lager längs des Tigris in Zelten auf. Ich fand diese Truppen unendlich besser gekleidet und zusammengestellt als jene, die ich im Jahre 1842 in Konstantinopel gesehen hatte. Ihr Anzug bestand aus weißen Hosen, blauen Tuchspensern mit rothen Aufschlägen und aus guten Schuhen und Feß.

Sobald ich von meinen Reise-Mühen nur einigermaßen erholt war, bat ich meinen liebenswürdigen Wirth, mir einen Diener zu geben, der mich nach den Ruinen Ninive's führen sollte. Allein statt eines Dieners begleitete mich die Schwester der Frau Rassam und ein Herr Roß. — Wir besahen an einem Morgen die nahen Reste am jenseitigen Ufer des Tigris, am Dörfchen Nebi-junus, der Stadt gegenüber, und an einem andern Tage die entfernteren, die an achtzehn Meilen stromabwärts liegen und Tel-Nimrod heißen.

Nach Strabo war Ninive noch größer als Babylon. Es soll die größte Stadt der Welt gewesen sein. Drei Tagreisen waren erforderlich, ihren Umfang zu umkreisen. Der Wall war hundert Fuß hoch, für drei Wagen breit genug und durch fünfzehn hundert Thürme vertheidigt. Der Gründer soll der assyrische König Ninus gewesen sein, 2200 Jahre vor Chr. Geb.

Jetzt ist alles mit Erde überdeckt; nur wenn der Bauer Furchen im Felde zieht, kommt hier und da das Bruchstück eines Ziegels, wohl auch eines Marmors zum

Vorschein. Ganze Reihen niedriger und höherer Erdhügel, die sich über die unermeßliche Ebene am linken Ufer des Tigris ausbreiten und in der unbegrenzten Ferne sich verlieren, decken, wie man nun mit Gewißheit angeben kann, die Ueberreste dieser Stadt.

Im Jahre 1846 sandte die Gesellschaft des britischen Museums den ausgezeichneten Gelehrten, Herrn Layard, hieher, um Nachgrabungen zu unternehmen. Es waren die ersten Versuche, die je gemacht wurden, und sie gelangen sehr gut.

Man grub hier bei Nebi-junus verschiedene Gänge in die Hügel und stieß bald auf große, herrliche Gemächer, deren Wände dicke Marmorplatten überkleideten, in welchen von oben bis unten Reliefs ausgehauen waren. Man sah da Könige mit Kronen und Schmuck, Göttergestalten mit großen Schwingen, Krieger mit Waffen und Schildern, Erstürmungen von Festungswerken, Triumph- und Jagd-Züge u. s. w. Leider fehlten daran richtige Zeichnung, edle Haltung, Augenmaß und Perspektive. Die Hügel sammt den darauf befindlichen Festungen waren kaum dreimal so hoch als die Erstürmer, — die Felder reichten bis an die Wolken, die Bäume und die Lotosblumen kannte man kaum aus einander, und die Köpfe von Menschen und Thieren waren alle aus einem Model und nur in Profil*). An vielen Wänden fand man jene keilförmigen Zeichen oder Buchstaben, welche die sogenannte

---

*) Die Gesichtszüge waren jedoch edel und richtig gehalten, und verriethen viel mehr Kunstsinn als alle übrigen Zeichnungen.

Keilschrift bilden und nur auf persischen und babylonischen Denkmälern vorkommen.

Unter allen Sälen und Gemächern, die hier an's Tageslicht kamen, waren nur in einem die Wände statt mit Marmor mit feinem Cement überlegt und bemalt. Aller angewandten Sorgfalt ungeachtet war es aber nicht möglich, diese Wände zu bewahren. Als die Luft darauf fiel, bekam der Cement Risse und Sprünge und löste sich ab. Auch der Marmor ist durch den fürchterlichen Brand, der die ganze Stadt in Schutt und Asche legte, halb in Kalk verwandelt oder sonst verdorben. Die Ziegel zerfallen, wenn man sie hervor gräbt, in Stücke.

Man schließt aus der Menge schöner Gemächer, aus der Ueberfülle von Marmor und den darauf dargestellten Bildern und Inschriften, daß diese Ueberreste hier die eines königlichen Palastes seien.

Viele Marmorplatten mit Reliefs und Keilschriften wurden von den Wänden sorgfältig gelöst und nach England gesandt. Als ich in Bassora war, lag gerade nahe am Tigris eine ganze Ladung solcher Alterthümer bereit, darunter sogar eine S p h y n x.

Auf dem Rückwege besuchten wir das Dörfchen Nebijunus, das nahe den Ruinen auf einer kleinen Anhöhe liegt. Es ist nur einer kleinen Moschee wegen merkwürdig, welche die Asche des Propheten J o n a s birgt und zu der alljährlich Tausende von Andächtigen pilgern.

Auf diesem Ausfluge kamen wir an vielen Feldern vorüber, auf denen man gerade beschäftigt war, das Getreide aus dem Stroh zu scheiden, und zwar auf eine ganz eigenthümliche Art: man bediente sich dazu einer Maschine, die aus zwei hölzernen Kufen bestand, zwischen welchen eine Walze mit acht bis zwölf langen, breiten und stumpfen Messern oder Beilen angebracht war. Das ganze glich einem kleinen Bauernschlitten und wurde von zwei Pferden oder Ochsen auf ausgelegten Getreidebündeln so lange herum gefahren, bis alles in Häckerling verwandelt war. Letzteren warf man dann mit Schaufeln in die Luft, um durch den Wind das Stroh von den Körnern zu sondern.

Zum Schlusse dieser Partie besuchten wir noch die Schwefelquellen, die sich nahe unter den Stadtmauern Mossul's befinden. Sie sind nicht warm, scheinen aber doch viel Schwefel zu enthalten, denn der Geruch verräth sie schon von ferne. Diese Quellen entspringen in Natur-Becken, die mit acht Fuß hohen Mauern umgeben sind. Jedermann kann sich da baden, und zwar ohne erst die Hand in die Tasche zu stecken, denn man ist hier mit den Naturgaben nicht so neidisch und haushälterisch wie in Europa. Gewisse Stunden gehören für die Frauen und andere für die Männer.

Den folgenden Tag machten wir einen Spazierritt nach der Moschee Elkosch, die nahe an der Stadt liegt. Sem, Noah's Sohn, erfreut sich hier einer Ruhestätte. Wir durften dies Heiligthum nicht betreten, verloren aber dadurch gewiß nur sehr wenig, denn alle diese Denkmäler gleichen einander und sind weder durch Bauart noch durch innere Ausschmückung ausgezeichnet.

Die Nachgrabungen Ninive's werden in größerem Maßstabe bei Tel-Nimrod betrieben, einer Gegend, wo die Erdhügel am häufigsten und gedrängtesten sind. Tel-

Nimrod liegt den Tigris abwärts, achtzehn englische Meilen von Mossul.

Wir setzten uns eines Abends auf einen kunstvoll gebauten Rafft und glitten im Mondschein an den reizlosen Ufern des Tigris hinab. Nach sieben Stunden, ungefähr um ein Uhr Nachts, landeten wir bei einem ärmlichen Dörfchen, das den stolzen Namen Nimrod führt. Wir weckten einige der Einwohner, die alle vor ihren Hütten lagen, ließen Feuer anmachen, Kaffee bereiten und lagerten uns dann ebenfalls bis zur Morgendämmerung auf einige mitgebrachte Teppiche.

Mit der Morgendämmerung bestiegen wir Pferde (in keinem Dorfe ist Mangel an solchen) und ritten nach dem Orte der Ausgrabungen, eine Meile vom Dorfe. — Wir sahen hier eine Menge aufgegrabener Plätze, oder besser gesagt, aufgedeckter Erdhügel, aber nicht wie in Herculanum bei Neapel, ganze Häuser, Gassen, Plätze, ja eine halbe Stadt. Hier hat man nur einzelne Säle aufgedeckt oder höchstens drei bis vier zusammenhängende Gemächer, deren Außenwände nicht einmal von der Erde losgetrennt sind, und an welchen man weder Fenster noch Thüren sieht.

Die zu Tage geförderten Gegenstände gleichen ganz jenen in der Nähe Mossul's, nur daß sie in größerer Menge vorkommen. Außerdem sah ich einige Göttergestalten und Sphynxe aus Stein gehauen. Erstere stellten Thiere mit Menschenköpfen dar, ihre Größe war riesenhaft, ungefähr wie die eines Elephanten. Man hatte vier dergleichen Statuen gefunden, von welchen aber zwei bedeutend beschädiget waren. Die andern befanden sich zwar auch nicht im besten Zustande, doch hinlänglich erhalten, um daraus zu sehen, daß bei ihrer Entstehung die Bildhauerkunst gerade nicht auf dem höchsten Glanzpunkte gestanden hatte. Die Sphynxe gehörten zu den kleinen und hatten leider von der Zerstörung noch mehr gelitten als die Stiergötter.

Ein Obelisk von unbedeutender Höhe, eine kleine unbeschädigte Sphynx nebst andern Gegenständen waren kurz vor meiner Ankunft nach England geschickt worden.

Die Nachgrabungen bei Tel-Nimrod sind schon seit einem Jahre eingestellt und Herr Layard ist nach London zurückberufen worden. In der Folge kam sogar der Befehl, die aufgegrabenen Plätze wieder zu verschütten, da die herumstreifenden Araber anfingen, vieles zu beschädigen. Als ich ankam, war schon manches verschüttet, der größte Theil stand aber noch offen.

Bei dem Dörfchen Nebi-junus wird mit den Ausgrabungen noch fortgefahren, — man bewilligt dafür jährlich hundert Pfund Sterling.

Der englische Resident zu Bagdad, Herr Rawlinson, hat sich mit dem Studium der Keilschrift ganz besonders vertraut gemacht. Er liest sie ganz vollkommen, und seinem Fleiße verdankt man viele der Uebersetzungen.

Die Rückkehr nach Mossul machten wir zu Pferde in fünf und einer halben Stunde. Es ist unglaublich, was arabische Pferde aushalten können. Man gestattete ihnen in Mossul nur eine Viertelstunde Rast, gab ihnen nichts als Wasser, und während der größten Tageshitze mußten sie die achtzehn Meilen wieder zurück machen.

Herr Roß erzählte mir, daß dies noch nicht mit den

Leistungen der Postpferde zu vergleichen sei: die Stationen lägen zwölf, ja bis zu achtzehn Stunden (jede Stunde zu vier englischen Meilen gerechnet) von einander, welche das arme Thier durchlaufen müsse. Man kann von Mossul über Tokat bis Constantinopel auf diese Art mit Post reisen. Die besten arabischen Pferde findet man um Bagdad und Mossul.

Ein Bevollmächtigter der Königin von Spanien hatte gerade zwölf prächtige Gestütpferde (acht Stuten und vier Hengste) gekauft, von welchen das theuerste an Ort und Stelle hundertfünfzig Pfund Sterling kostete. Sie standen in Herrn Rassam's Stalle. Ihre schönen, langen, schmalen Köpfe, ihre feuersprühenden Augen, ihre schlanken Körper und ihre feinen, zart gebauten Füße hätten jeden Pferdeliebhaber in Begeisterung versetzt.

Von hier aus konnte ich es endlich wagen, zwar nicht ohne große Lebensgefahr, aber doch mit der Möglichkeit eines Erfolges, die gewünschte Reise nach Persien anzutreten. Ich suchte eine Karavane nach Tebris. Leider fand ich keine, die geraden Weges dahin ging, ich mußte mich daher entschließen, diese Reise in Absätzen und mit Umwegen zu machen, eine Sache, die um so schlimmer war, da, wie man mir sagte, ich auf dem ganzen Wege keinen Europäer finden würde.

Dennoch wagte ich es. Herr Rassam unterhandelte für mich die Reise bis Ravandus und versah mich mit einem Empfehlungsbriefe an einen der dortigen Eingebornen, ich schrieb mir ein kleines Lexikon von arabischen und persischen Worten und verließ am 8. Juli vor Sonnenuntergang die freundliche Familie Rassam. — Mit etwas beängstigtem Gefühle trat ich diese Reise an und getraute mir kaum, auf einen glücklichen Ausgang zu hoffen. Deßhalb sandte ich auch von hier meine Papiere und Schriften nach Europa, daß, wenn ich ausgeraubt oder getödtet würde, doch wenigstens mein Tagebuch in die Hände meiner Söhne gelangen möchte*).

*) Die Schriften von der Reise durch Hindostan bis Mossul irrten, bis ich sie wieder erhielt, über anderthalb Jahre umher. Ich gab sie schon für verloren. Dies war die Ursache, warum die Herausgabe meiner „Reise um die Welt" so lange verzögert wurde

Persien.

Karavanen-Reise nach Ravandus, Ankunft und Aufenthalt in Ravandus. Eine kurdische Familie. Fortsetzung der Reise. Sauh-Bulak, Oromia. Die amerikanischen Missionäre. Kutschié. Drei großmüthige Räuber. Die persischen Chane und die englischen Bongolos. Ankunft in Tebris.

Am 8. Juli 1848 Abends holte mich der Karavanenführer ab. Er sah so wenig empfehlend aus, daß ich es kaum gewagt haben würde, mit ihm eine Meile weit zu gehen, wenn man mich nicht versichert hätte, daß er ein auf dem Platze wohl bekannter Mann sei. Sein Anzug bestand aus Lumpen und Fetzen, und dem Gesichte nach glich er einem Räuber. Ali, so hieß er, sagte mir, daß Leute und Waaren bereits vorausgegangen seien und im Chane bei Nebi junus lagerten, um dort die Nacht zuzubringen. Die Reise sollte vor Sonnenaufgang angetreten werden. Ich fand drei Männer nebst einigen Lastthieren; die Männer (Kurden) sahen nicht besser aus als Ali, so daß ich mir von ihrer Gesellschaft nicht viel gutes versprechen konnte. Ich schlug mein Nachtlager im schmutzigen Hofe des Chans auf, schlief aber, einer kleinen Anwandlung von Furcht wegen, sehr wenig.

Des Morgens wurden zu meiner Verwunderung gar keine Anstalten zum Aufbruche gemacht. Ich frug Ali nach der Ursache und erhielt zur Antwort, daß die Reisenden nicht alle versammelt seien; sobald sie kämen, zögen wir gleich fort. In der Erwartung, daß dies bald geschehen könne, wagte ich nicht, die elende Herberge zu verlassen, um nach Mossul zurückzukehren, von dem ich nur eine englische Meile entfernt war. Mit dem Warten verging aber der ganze Tag, — die guten Leute kamen erst des Abends. Es waren ihrer fünf, darunter ein, wie es schien, wohlhabender Mann, der zwei Diener bei sich hatte und von einer Pilgerreise kam. Um zehn Uhr Nachts ging es endlich fort. Nach einem Marsche von vier Stunden überschritten wir einige Hügelreihen, welche die Grenze Mesopotamiens und Kurdistans bilden. Wir kamen an mehreren Ortschaften vorüber und erreichten am Morgen des 10. Juli Secani. Auch Ali hielt nicht am Dorfe, das an dem hübschen Flusse Kasir lag, sondern jenseits des Flusses auf einem Hügel, an ein Paar verlassenen, halb verfallenen Hütten. — Ich eilte gleich in eine der besten, um ein gutes Plätzchen zu erobern und fand glücklicherweise eines, wo sich keine Sonne durch das siebartige Dach stahl; der gute Pilgersmann aber, der gleich nach mir herein humpelte, wollte mir es streitig machen. Ich warf meinen Mantel hin, setzte mich darauf und wich nicht von der Stelle, recht wohl wissend, daß der Muselmann keine Gewalt gegen eine Frau ausübt, selbst nicht einmal gegen eine Christin. Und so war es auch: er ließ mir meinen

Platz und ging brummend weg. Ganz anders benahm sich einer der Krämer: als dieser sah, daß meine Mahlzeit nur aus trockenem Brode bestand, während er Gurken und Zuckermelonen hatte, gab er mir eine Gurke und eine Melone und nahm durchaus kein Geld dafür. Auch der Pilger verzehrte nichts anderes, obwohl er nur einen der Diener nach dem Dorfe hätte schicken dürfen, um Geflügel, Eier u. s. w. holen zu lassen. Die Mäßigkeit dieser Leute ist wahrlich staunenswürdig! —

Abends um sechs Uhr brachen wir wieder auf und stiegen während der drei ersten Stunden beständig aufwärts. Der Grund war wüst und mit Steingerölle überdeckt, die Steine, voll seicht ausgehöhlter Löcher, glichen verjährter Lava.

Gegen eilf Uhr Nachts betraten wir ein großes, schönes Thal, in das der volle Mond sein glänzendes Licht warf. Wir wollten hier Halt machen und nicht die Nacht weiter reisen, da unsere Karavane klein war und Kurdistan sehr verrufen ist. Der Weg führte über Stoppelfelder, nahe an hoch aufgethürmten Getreidehaufen vorüber. Plötzlich sprangen aus diesen ein halbes Dutzend kräftiger Kerle hervor, mit derben Knitteln bewaffnet, fielen unsern Pferden in die Zügel, erhoben die Stöcke und schrieen ganz fürchterlich auf uns los. Ich war fest überzeugt, daß wir einer Räuberbande in die Hände gefallen seien und frohlockte über den glücklichen Einfall, meine Schätze, die ich in Babylon und Ninive gesammelt hatte, nebst meinen Papieren, in Mossul zurückgelassen zu haben, — meine übrigen Effekten wären leicht wieder zu ersetzen gewesen. Während dem aber war einer der Unsrigen vom Pferde gesprungen, hatte einen der Bursche bei der Brust gepackt, hielt ihm die geladene Pistole vor's Gesicht und drohte, ihn zu erschießen. Dies war von unvergleichlicher Wirkung, die Wegelagerer ließen augenblicklich von uns ab und der Streit ging bald in eine friedliche Unterredung über, ja am Ende wiesen sie uns selbst einen guten Lagerplatz an, wofür sie sich aber einen kleinen Baksisch (Trinkgeld) erbaten, der ihnen auch nach einer allgemeinen Sammlung verabreicht wurde. — Von mir, als zum weiblichen Geschlechte gehörend, forderte man nichts.

Wir brachten hier die Nachtstunden zu, aber nicht ohne Wache zu halten, — man traute dem Landfrieden nicht.

11. Juli. Um vier Uhr machten wir uns wieder auf den Weg und ritten sechs Stunden bis an das Dörfchen Selik. Wir kamen durch mehrere Dörfer, die aber ein ganz erbärmliches Aussehen hatten: die Hütten bestanden aus Rohr und Stroh, der leiseste Windstoß hätte sie umstoßen können. Die Tracht des Volkes neigt sich der orientalischen zu, alle waren höchst dürftig, schmutzig und zerrissen gekleidet.

Bei Selik überraschte uns der Anblick einiger Feigenbäume und eines andern größeren Baumes. Auch in diesem Lande gehören Bäume zu den Seltenheiten. Die uns umgebenden Gebirge waren nackt und kahl, und in den Thälern wucherten höchstens hin und wieder wildwachsende Artischocken oder schöne Distel- und Strohblumen.

Der edle Pilgersmann unterstand sich, mir meinen Platz unter dem großen Baume, wo sich der ganze Troß lagerte, anweisen zu wollen. Ich würdigte ihn keiner Antwort und nahm einen der Feigenbäume in Besitz. Ali, der weit besser war als er aussah, brachte mir einen Topf Buttermilch, und so gehörte der heutige Tag zu den besseren.

Mehrere Weiber vom Dorfe besuchten mich und baten mich um Geld; ich gab ihnen aber keines, weil ich aus Erfahrung wußte, wie man von allen bestürmt wird, wenn man einer etwas gibt. — Ich schenkte einst einem Kinde ein Ringelchen, — sogleich hatte ich nicht nur alle Kinder, sondern auch deren Mütter und Großmütter auf dem Halse. Es kostete mir Mühe, sie abzuhalten, daß sie nicht gewaltthätig nach meinen Taschen langten. Seitdem ward ich vorsichtiger. Eine unter den Weibern hier veränderte ihre bittende Miene bald in eine so drohende, daß ich herzlich froh war, mich mit ihr nicht allein in Gesellschaft zu befinden.

Nachmittags vier Uhr verließen wir dies Oertchen. Der Pilger trennte sich von uns, und die Karavane bestand nun nur noch aus fünf Männern. Nach anderthalb Stunden erreichten wir eine Anhöhe, die uns die Uebersicht eines ausgedehnten, gut kultivirten Hügellandes gewährte. Der Boden in Kurdistan ist ungleich besser als in Mesopotamien, das Land ist daher auch mehr bevölkert, und man zieht häufig an Dörfern vorüber.

Noch vor Einbruch der Nacht kamen wir in ein Thal, das sich durch frische Reispflanzungen, schönes Gebüsch, Schilf und grünes Rohr hervorthat, ein munteres Bächlein rauschte uns zur Seite, die Hitze machte den Abendschatten Platz, und somit blieb uns für diesen Augenblick nichts zu wünschen übrig. Die Freude währte aber nicht lange: einem der Krämer wurde plötzlich so unwohl, daß wir am Wege anhalten mußten. Er stürzte beinahe vom Maulthiere herunter und blieb gleich an derselben Stelle liegen. Man bedeckte ihn mit Teppichen, konnte aber weiter nichts für ihn thun, da man weder Arzneien noch sonst etwas hatte. Glücklicher Weise verfiel er nach wenigen Stunden in Schlaf. Wir kauerten uns auf den Boden und folgten seinem Beispiele.

12. Juli. Des Morgens befand sich unser Kranker wieder wohl, — eine doppelt erfreuliche Sache, da wir heute fürchterlich bergige und steinige Wege zu machen hatten. Wir mußten an der Seite eines Thales Berg auf- und abklettern, denn das Thal war durch den ungeregelten Lauf des Flusses Babin, der sich wie eine Schlange von einer Seite zur andern wand, völlig eingenommen. Im Thale blühten Granatäpfelbäume und Oleander, wilde Weinreben rankten sich an Gesträuchen und Bäumen empor, und Lerchengebüsch wucherte an den Abhängen der Hügel.

Nach einem beschwerlichen und auch gefährlichen Ritte von sechs Stunden kamen wir an eine Ueberfahrt des Flusses Babin. Unser Rafft fiel so klein aus, daß er nur sehr wenig Gepäck und zwei Menschen tragen konnte; wir brauchten daher vier Stunden, um den Fluß zu übersetzen. Unweit der Ueberfuhr zu Vakani blieben wir über Nacht.

13. Juli. Der schlechte Weg verließ uns auch heute nicht, — wir hatten einen gewaltigen Gebirgsstock zu ersteigen. Weit und breit sah man nur Steine und Felsen; doch bemerkte ich zu meinem Erstaunen, daß an vielen Orten das Gestein zur Seite geschafft und jedes Fleckchen

Erde benützt war. Hin und wieder gab es auch verkrüppeltes Eichengehölz. — Diese ganze Gegend hatte den Typus des Karstes bei Triest.

Obwohl keine Dörfer am Wege lagen, so mochte dennoch kein Mangel daran sein, denn auf vielen Höhen, besonders auf jenen, die von Eichbäumen beschattet waren, fand ich große Grabesplätze. Es ist nämlich in ganz Kurdistan Gebrauch, die Friedhöfe auf hoch gelegene Orte zu verlegen.

Wir machten heute nicht viel über sieben Stunden Weges und hielten in dem Thale Halisan an. Dieses kleine Thal liegt ungemein romantisch: es ist von hohen, schönen Gebirgen umschlossen, die auf einer Seite allmählig abfallen, auf der andern schroff und steil emporsteigen. Im Thale blühte und grünte es überall, zwischen den Stoppelfeldern wechselten Tabak- und Reispflanzungen mit Wiesenplätzen. Pappelbäume umgaben das Dörfchen, das freundlich am Fuße eines Hügels lehnte, und ein krystallheller Strom drängte sich stürmisch aus einer Bergschlucht, durchfloß aber ruhig und still das liebliche Thal. Gegen Abend zogen von den Bergabhängen zahlreiche Heerden von Kühen, Schafen und Ziegen heim.

Wir lagerten weit vom Dorfe weg. Ich konnte mir keinen Imbiß zum trockenen Brode verschaffen und hatte kein anderes Lager als die harte Erdscholle auf einem Stoppelfelde. Dennoch zählte ich diesen Abend zu einem der schöneren, — die mich umgebende Landschaft entschädigte mich reichlich für jeden andern Genuß.

14. Juli. Ali gönnte uns nur die halbe Nacht, um zwei Uhr schon hieß es: zu Pferde. Wir hatten von

unserem Lager kaum einige hundert Schritte zum Eingange eines großartigen Gebirgspasses. Die hohen Wände spalteten sich, um dem Strom und einem schmalen Pfade Raum zu gönnen. Der Mond leuchtete zum Glücke im vollen Glanze, sonst wäre es für die geübtesten Thiere kaum möglich gewesen, den schmalen, höchst gefährlichen Weg zwischen dem Steingerölle und den herabgestürzten Felsmassen aufzusteigen. Unsere braven Thiere kletterten an den Kanten der schroffen Gebirgswände gleich Gemsen empor und trugen uns mit sicherem Schritte an grausigen Abgründen vorüber, in welchen der Strom mit furchtbarem Tosen von Fels zu Fels stürzte. Diese Nachtscene war so schaurig und ergreifend, daß selbst meine ungebildeten Reisegefährten unwillkürlich schwiegen, — stumm und lautlos zogen wir des Weges, nur die klirrenden Tritte unserer Thiere und manch hinabrollender Stein störten die Todtenstille.

Ueber eine Stunde mochten wir so gezogen sein, da ward der Mond verhüllt, Regenwolken zogen von allen Seiten heran, und bald umgab uns so dichte Finsterniß, daß wir kaum einige Schritte weit sehen konnten. Der Vormann schlug beständig Feuer, um durch die aufsprühenden Funken den Pfad einigermaßen zu erhellen. Aber auch dies half nicht viel, die Thiere fingen an zu stolpern und auszugleiten. Wir waren gezwungen, Halt zu machen und standen einer hinter dem andern ruhig und bewegungslos, wie durch einen plötzlichen Zauberschlag in Stein verwandelt.

Mit der Morgenröthe kam auch wieder Leben, und munter spornten wir unsere Thiere vorwärts.

Wir befanden uns in einem unbeschreiblich schönen

Zirkel von Bergen: hohe Wände lagen uns zur Seite, vor- und rückwärts drängten sich Hügel und Berge übereinander, und weit im Hintergrunde schloß ein gewaltiger Riese mit schneeigen Furchen das romantische Bild. — Dieser Gebirgspaß heißt Ali-Bag. Wir stiegen drei und eine halbe Stunde unausgesetzt aufwärts.

Eine kurze Strecke vor Erreichung des Plateaus bemerkten wir an mehreren Stellen kleine Blutflecken, worauf Anfangs niemand sehr achtete, da ein Pferd oder Maulthier sich an einem Steine geritzt und diese Spur hinterlassen haben konnte. Bald aber kamen wir auf einen Platz, der ganz mit großen Blutflecken überdeckt war. Dieser Anblick erfüllte uns alle mit großem Schrecken. Wir suchten mit ängstlichem Blicke nach der Ursache dieser Blutspur und gewahrten in der Tiefe — — zwei menschliche Körper. Der eine hing kaum hundert Fuß tief am Abhange der Felswand, der andere war tiefer hinabgerollt und halb von einem Felsen verborgen. Wir eilten so schnell wir vermochten, dieser häßlichen Mordscene zu entfliehen; ich brachte sie mehrere Tage nicht aus dem Gedächtnisse.

Auf dem Plateau waren die Steine alle durchlöchert, wie wenn andere Steine darinnen gesessen hätten. Als wir wieder hinabstiegen, hörte diese Erscheinung auf.

Im Thale, auf der andern Seite des Plateaus gab es Weinreben, die sich aber wenig über die Erde erhoben, da sie nicht gestützt waren.

Unser Weg ging beständig im Gebirge fort. Wir stiegen viel in die Tiefe, doch auch wieder manche Höhe empor und kamen endlich auf eine kleine Hochebene, die an beiden Seiten in schroffen Wänden abfiel. Ein Dorf von Laubhütten lag darauf, und auf den Spitzen zwei nahe stehender Berge waren Festungswerke angebracht.

Meine Reisegefährten blieben hier zurück; Ali ging aber noch mit mir eine halbe Stunde weiter nach dem Städtchen Ravandus, das man von dieser Seite erst gewahr wird, wenn man schon beinahe darin ist.

Die Lage und Ansicht dieses Städtchens ist überraschend, zwar nicht durch seine Schönheit, denn es hat vor andern kleinen türkischen Orten nichts voraus, sondern seiner Eigenthümlichkeit wegen. Es liegt auf einem frei stehenden, schroffen Kegel, der von Bergen umgeben ist. Die Häuser sind terrassenartig über einander gebaut und haben flache Dächer, die mit festgestampfter Erde gedeckt sind, so daß sie schmalen Straßen oder Plätzen gleichen. Sie dienen auch theilweise den oberen Häuserreihen als Straßen, und oft ist es kaum zu unterscheiden, was Straße und was Dach ist. Auf vielen Terrassen sind Laubwände angebracht, hinter welchen die Leute schlafen. Unten ist der Hügel mit einer Festungsmauer umgeben.

Als ich dies Adlernest erblickte, ward mir eben nicht sehr tröstlich zu Muthe: ich fürchtete hier, auf eine schlechte Station für Reisegelegenheiten gerathen zu sein, und jeder Schritt vorwärts bestärkte mich in dieser Meinung. Ravandus war eines der erbärmlichsten Städtchen, die ich je gesehen. — Ali führte mich über einen armseligen Bazar nach einem kleinen, schmutzigen Hof, welchen ich für einen Stall hielt, der aber der Chan war, und endlich, nachdem ich hier vom Pferde gestiegen, in ein finsteres Loch, in welchem der Kaufherr, an den ich empfohlen war, auf dem Boden vor seinem Lager saß. Dieser Kaufmann war der erste seines Standes in Ravandus. Herr Mansur, so hieß er, las eine ganze Viertelstunde an dem von mir überbrachten Briefchen, das nur aus einigen Zeilen bestand, und begrüßte mich hierauf mit einem wiederholten: Salam, was so viel sagen will, als: „Du bist mir willkommen!" —

Der gute Mann muß geahnt haben, daß diesen Tag noch nichts den Weg über meine Lippen gefunden hatte, denn er war so menschenfreundlich, gleich ein Frühstück serviren zu lassen, das aus Brot, magerm Schafkäse und Melonen bestand. Man aß dies alles zusammen. Mein Heißhunger fand diese Mode trefflich, — ich aß ohne aufzuhören. Schlecht ging es dagegen mit dem Gespräche, mein Wirth war keiner europäischen, ich keiner asiatischen Sprache mächtig. Wir bedienten uns der Zeichensprache, und ich bemühte mich, ihm zu erklären, daß er mich sobald als möglich weiter spediren möchte. Er versprach sein möglichstes zu thun und bedeutete mir auch, daß er während meines Aufenthaltes für mich sorgen werde, er sei nicht verheirathet und könne mich daher nicht bei sich aufnehmen, werde mich aber in das Haus eines seiner Verwandten bringen.

Er führte mich auch wirklich nach Beendigung des Frühstückes in ein Haus, das jenem des Arabers zu Kerku glich, nur war der Hof ganz klein und mit Unrath und Pfützen überfüllt. Unter dem Thorwege saßen vier ekelhaft aussehende, halb in Lumpen gekleidete Weiber auf schmutzigen Decken und spielten mit kleinen Kindern. Ich mußte mich zu ihnen kauern und die gewöhnlichen Neugierdsuntersuchungen und Beschauungen aushalten. Eine

Zeit lang ließ ich mir dies gefallen, dann aber verließ ich die reizende Gesellschaft und sah mich nach einem Orte um, wo ich mich zurückziehen und allenfalls meine Toilette ein bischen in Ordnung bringen konnte. Sechs Tage war ich wieder nicht aus den Kleidern gekommen, bei einer Hitze, die viel bedeutender war als selbst die unter der Linie. Ich fand ein finsteres und schmutziges Gemach, das mir nebst dem Ekel auch noch Furcht vor Ungeziefer und Scorpionen einflößte. Besondere Scheu hatte ich vor letzteren. Anfangs meinte ich, sie an jedem Orte zu finden, da ich in vielen Reisebeschreibungen gelesen hatte, daß sie in diesen Ländern unzählig seien. Später verminderte sich meine Furcht, weil mir in den schmutzigsten Orten, in Ruinen, Höfen und Sarbabs keine vorkamen. Ueberhaupt sah ich auf der ganzen langen Reise nur zwei Exemplare; viel litt ich aber von anderem Ungeziefer, das nur zu vertilgen ist, wenn man Kleider und Wäsche verbrennt.

Kaum hatte ich von dem armseligen Gemache Besitz genommen, so kam ein Weib nach dem andern herein. Den Weibern folgten die Kinder und diesen mehrere Nachbarinnen, die von der Ankunft einer Inglesi *) gehört hatten. Ich war hier noch schlechter daran als unter dem Thorwege.

Endlich hatte eine der Weiber den glücklichen Einfall, mir ein Bad anzubieten, und mit großer Freude ergriff ich den Vorschlag. Man bereitete heißes Wasser und winkte mir dann zu folgen. Ich folgte und kam — —

---

*) In Gegenden, in welche selten ein Europäer kommt, nennt man jeden solchen: Inglesi, Engländer; andere Nationen sind dorten unbekannt.

in den Schafstall, der vielleicht seit Jahren oder wohl so lange als er stand nicht gereinigt worden war. Hier schob man zwei Steine zusammen, auf diese sollte ich mich stellen und mich in Gegenwart der ganzen Gesellschaft, die mir wie mein Schatten folgte, mit Wasser überschütten lassen. Ich bedeutete ihnen, hinauszugehen, ich würde mir diesen Liebesdienst schon selbst erweisen. Sie verließen mich zwar; aber, o Unglück! der Stall hatte keine Thüre, sie guckten daher alle wieder herein. Meine Freude, ein erquickendes Bad zu genießen, wurde im wahren Sinne des Wortes zu Wasser, denn ich that ihnen natürlich nicht den Gefallen, mich zu baden.

Vier Tage brachte ich unter diesen Leuten zu, die Tage im finstern Loche, die Abende und Nächte auf der Terrasse. Ich mußte, gleich meiner Wirthin, beständig auf dem Boden kauern, und hatte ich etwas zu schreiben, so mußten mir die Kniee statt eines Tisches dienen. Täglich hieß es: Morgen geht eine Karavane. Ach! man sagte es nur, um mich zu beruhigen, — man sah wohl, wie schrecklich mir der Aufenthalt war. Die Weiber lungerten den ganzen Tag umher, schliefen oder schwatzten, oder spielten und zankten mit den Kindern. Sie zogen es vor, in schmutzigen Lumpen zu gehen als zu flicken und zu waschen. Von den Kindern ließen sie sich vollkommen tyrannisiren. Jene schlugen zwar nicht nach ihren Eltern; allein wenn sie etwas haben wollten und es nicht bekamen, warfen sie sich auf den Boden, schlugen mit Händen und Füßen um sich, und schrieen und heulten so lange bis sie das gewünschte erlangten.

Bestimmte Mahlzeiten wurden unter Tages nicht gehalten, dafür aber naschten Weiber und Kinder beständig Brot, Gurken, Melonen und Buttermilch. Abends wurde viel gebadet und alles wusch sich Hände, Gesicht und Füße, welche Ceremonie oft drei- bis viermal vor dem Gebete wiederholt wurde; allein an wahrer Andacht fehlte es dennoch: mitten im Gebete schwatzten sie rechts und links. Geht es doch bei uns im allgemeinen auch nicht anders!

Ungeachtet all der großen und groben Fehler fand ich diese Menschen dennoch sehr gutmüthig: sie ließen sich gerne belehren, sahen ihre Fehler ein und gaben mir stets Recht, wenn ich ihnen etwas sagte und erklärte. So z. B. war die kleine Ascha, ein Mädchen von sieben Jahren, sehr ungezogen. Wenn man ihr etwas versagte, warf sie sich gleich zur Erde, heulte jämmerlich, wühlte in Koth und Schmutz herum und betastete mit den beschmutzten Händen Brot, Melone u. s. w. Ich versuchte dem Kinde seine Unarten begreiflich zu machen, und es gelang mir wider Erwarten. Ich gebehrdete mich nämlich gerade wie es selbst. Das Kind sah mich ganz erstaunt an, worauf ich es dann frug, ob ihm dies gefallen habe. Das Kind sah das häßliche davon ein, und selten hatte ich mehr nöthig, ihm nachzuäffen. Eben so hielt ich es zur Reinlichkeit an. Alsbald wusch es sich fleißig und kam dann fröhlich gesprungen, mir Gesichtchen und Händchen zu zeigen. Das Kind gewann mich in den wenigen Tagen so lieb, daß es mir nicht von der Seite ging und mir auf alle Arten Freude zu machen suchte.

Nicht minder glücklich war ich mit den Weibern; ich wies auf ihre zerrissenen Kleider, holte Nadel und Zwirn herbei und lehrte sie, selbe zu flicken und auszubessern.

Die Sache gefiel ihnen, und bald hatte ich um mich eine kleine Nähschule eingerichtet.

Was könnte man hier erst Gutes wirken, wenn man der Sprache mächtig wäre und den Willen dazu hätte; nur müßte man sich nicht mit den Kindern allein befassen, sondern gleichzeitig auch mit den Eltern.

Welch' schönes Feld stände den Missionären offen, wenn sie sich dazu bequemen wollten, unter diesen Menschen zu wohnen und zu leben und ihre Fehler mit Liebe und Geduld zu bekämpfen! So aber widmen sie ihnen des Tages höchstens einige Stunden und lassen ihre Zöglinge zu sich kommen, anstatt dieselben in ihrer Häuslichkeit aufzusuchen.

Die Weiber und Mädchen in den asiatischen Ländern genießen keinen Unterricht, jene in den Städten haben wenig oder gar keine Beschäftigung und sind sich den ganzen lieben Tag selbst überlassen. Die Männer gehen mit Sonnenaufgang auf den Bazar, wo sie ihre Buden oder Werkstätte haben, die größeren Knaben gehen in die Schule oder sie begleiten die Väter, und erst mit Sonnenuntergang kehrt alles heim. Da muß der Mann die Teppiche auf den Terrassen ausgebreitet, das Mahl bereitet, die Nargileh angezündet finden, da spielt er auch ein wenig mit den kleinen Kindern, die sich jedoch während der Mahlzeit mit den Müttern hinweg begeben müssen. Mehr Freiheit und Zerstreuung haben die Weiber in den Dörfern, wo sie meist an der Wirthschaft thätigen Antheil nehmen. Man sagt auch hier, wie bei uns, daß das Volk auf dem Lande moralischer ist als das in den Städten.

Die Tracht der Kurden ist bei den Reicheren die

orientalische, bei dem Volke weicht sie etwas davon ab. Die Männer tragen weite Hosen von Linnen, darüber ein Hemd bis an die Hüften, das mit einem Gurt um die Mitte zusammen gehalten ist. Oft ziehen sie über das Hemd noch eine Jacke ohne Aermel von grobem, braunem Wollzeuge, das eigens in handbreite Streifen geschnitten und mit breiten Nähten zusammengesetzt ist. Andere tragen statt der weißen Hosen solche von braunem Zeuge; diese letzteren sind aber über alle Maßen häßlich, da sie eigentlich nur aus einem weiten, unförmlichen Sacke mit zwei Löchern bestehen, durch welche die Füße gesteckt werden. Die Fußbekleidung besteht entweder aus ungeheuer großen Schuhen von weißer, grob gewobener Schafwolle mit drei Quasten verziert, oder aus kurzen, sehr weiten Stiefeln von rothem oder gelbem Leder, die nur bis über die Knöchel reichen und mit großen zollhohen Hufeisen beschlagen sind. Die Kopfbedeckung ist ein Turban.

Die Weiber tragen lange, weite Hosen, lange, blaue Hemden, die häufig eine halbe Elle über die Füße reichen und mittelst eines Gürtels in die Höhe geschürzt werden; rückwärts geht vom Nacken ein blaues großes Tuch aus, das bis an die Waden reicht. Die Stiefel und Hufeisen haben sie mit den Männern gemein. Um den Kopf winden sie entweder schwarze Tücher turbanartig, oder sie tragen rothe Feß, deren Oberfläche sehr breit und mit Silbermünzen kreisförmig überdeckt ist. Um den Feß wird ein seidenes, farbiges Tüchlein gewunden und darüber ein Kranz gesetzt, der von kurzgeschnittenen, schwarzen Seidenfransen verfertigt ist. Dieser Kranz sieht wie ein schönes, reiches Pelzwerk aus, und wird so aufgesetzt, daß er ein

Diadem bildet, und daß die Stirne frei bleibt. Die Haare fallen in vielen dünnen Flechten über die Schultern, und von dem Turbane hängt rückwärts eine schwere silberne Kette hinab, — man kann nicht leicht einen Kopfputz finden, der besser steht als dieser.

Frauen und Mädchen gehen mit unbedecktem Gesichte, und ich sah hier mehrere wunderschöne Mädchen mit wahrhaft edler Gesichtsbildung. Die Hautfarbe ist etwas gebräunt, Augenbraunen und Wimpern werden schwarz, die Haare mit Henne rothbraun gefärbt. Unter dem ganz gemeinen Volke sieht man auch hier noch hin und wieder kleine Nasenringe.

Herr Mansur ließ mich sehr gut verköstigen: des Morgens bekam ich Buttermilch, Brod und Gurken, einmal sogar Datteln in Butter geröstet, welche Speise aber gerade nicht sehr gut schmeckte, — des Abends Hammelfleisch mit Reis oder ein Quodlibet von Reis, Gerste, Mais, Gurken, Zwiebeln und gehacktem Fleische. Ich fand alles sehr gut, da ich gesund und daher bei Appetit war. Das Wasser und die Buttermilch nimmt man sehr kalt, man wirft stets ein Stück Eis hinein. Letzteren Artikel findet man hier nicht nur in Städten sehr häufig, sondern auch in jedem Dörfchen. Er kommt vom nahen Gebirge, — die Leute aßen ganze Stücke davon mit großer Lüsternheit.

Trotz der Bemühungen Herrn Mansur's und seiner Verwandten, mir meinen Aufenthalt erträglich, ja nach ihrer Meinung, vielleicht sehr angenehm zu machen, war ich freudig überrascht, als eines Morgens Ali kam und mir die Nachricht brachte, daß er eine kleine Ladung nach

Sauh-Bulak (70 engl. Meilen) gefunden habe, einem Orte, der auf meinem Wege läge. Noch denselben Abend begab ich mich in die Karavanserei, und am folgenden Morgen, den 18. Juli, vor Sonnenuntergang, ward die Reise angetreten.

Herr Mansur bewies sich bis zu Ende sehr gastfreundlich. Er gab mir nicht nur einen Brief an einen in Sauh-Bulak ansäßigen Perser, sondern versah mich auch für die Reise mit Brot, einigen Melonen und Gurken und einem Säckchen saurer Milch. Letztere bekam mir besonders wohl, und ich würde jedem Reisenden rathen, dieses Nahrungs- und Erfrischungsmittels zu gedenken.

Man gibt gute saure Milch in ein Säckchen dichter Leinwand, der wässerige Theil sickert durch, die Substanz kann man dann löffelweise herausnehmen und nach Belieben mit Wasser verdünnen. In der heißen Jahreszeit trocknet sie zwar am vierten bis fünften Tage zu Käse ein; aber auch dieser Käse schmeckt sehr gut, und während vier bis fünf Tagen kommt man doch wieder an Orte, wo der Vorrath zu erneuern ist.

Am ersten Tage zogen wir stets durch enge Thäler zwischen hohen Gebirgen. Die Wege waren äußerst schlecht, und wir mußten oft hohe Berge übersteigen, um von einem Thale in das andere zu gelangen. Die steinigen Thäler waren so viel als möglich angebaut. Wir hielten zu Tschomarichen an.

19. Juli. Weg und Gegend wie gestern, nur hatten wir noch mehr zu steigen — wir erreichten beinahe die Höhe der ersten Schneeregion.

Gegen Abend kamen wir nach Reid, einem erbärm=

lichen Neste mit einer halbverfallenen Citadelle. Kaum war unser Lager aufgeschlagen, so erschien ein halb Dutzend stark bewaffneter Soldaten unter Anführung eines Offiziers. Eine Zeitlang sprachen sie mit Ali, endlich stellte sich mir der Offizier vor, nahm Platz an meiner Seite, wies mir ein beschriebenes Papier und machte mir verschiedene Zeichen. Ich verstand bald so viel, daß ich nun auf persischem Grund und Boden sei, und daß man meinen Paß sehen wolle. Ich aber wollte ihn im Angesichte der ganzen Dorfgemeinde, die sich bereits um mich gesammelt hatte, nicht aus meinem Kofferchen herausnehmen, und erklärte daher dem Offizier ebenfalls durch Zeichen, daß ich ihn nicht verstände. Bei dieser Behauptung blieb ich, und der Mann ließ mich in Ruhe, indem er zu Ali sagte: Was soll ich mit ihr thun, sie versteht mich nicht, sie mag weiter ziehen*). — Ich möchte wissen, in welchem europäischen Staate man so gelinde mit mir verfahren wäre!

Beinahe in jedem Dorfe hatte ich alsbald einen großen Theil des Volkes um mich versammelt; man kann sich vorstellen, welcher Schwarm erst während dieser Verhandlung zusammen gelaufen kam. Dieses ewige Angaffen gehörte wahrlich zu den größeren Leiden meiner Reise. Wenn sich Weiber und Kinder völlig an mich andrängten und Kopf und Kleider zu betasten begannen, verging mir doch manchmal die Geduld. Ich nahm, obwohl ganz

---

*) Ich hatte bereits auf der Straße von Mossul bis hieher so viel Worte der Sprache aufgefaßt, um einiges zu verstehen.

allein unter ihnen, meine Reitgerte und theilte kleine Klapse aus. Dies half jederzeit, die Leute zogen sich ganz, oder wenigstens in weitere Kreise zurück. Nur hier schien ein sechzehnjähriger Junge meine Kühnheit bestrafen zu wollen: ich ging, wie ich es stets zu thun pflegte, an den Fluß, meine lederne Flasche zu füllen, Hände und Gesicht zu waschen und ein Fußbad zu nehmen. Der Junge schlich mir nach, hob einen Stein auf und drohte nach mir zu werfen. Furcht durfte ich natürlich nicht zeigen, ich stieg daher ganz gelassen in den Fluß und — der Stein kam geflogen; doch merkte ich aus dem Wurfe, daß er mich mehr schrecken als treffen sollte: er war schwach geworfen und fiel einige Klafter vor mir zu Boden. Nach einem zweiten und dritten, gleich vorsichtigen Wurfe, zog sich der Junge zurück, wahrscheinlich weil er sah, daß ich seinen nicht achtete.

20. Juli. Gleich außerhalb Raid hatten wir noch einen ziemlich bedeutenden Berg auf schlechten und gefährlichen Wegen zu ersteigen, dann ging es auf ausgedehnten Hochebenen fort. Die hohen Gebirge traten mehr zurück, die Vordergebirge waren mit kurzem Gras bedeckt, nur an Bäumen war wieder großer Mangel. Wir begegneten sehr vielen und großen Heerden von Ziegen und Schafen. Letztere waren sehr groß, hatten dichte Wolle und Fettschwänze; die Wolle soll ausgezeichnet gut und fein sein.

Meine Furcht vor dieser Reise war nicht ganz grundlos gewesen, denn selten verging ein Tag in ungestörter Ruhe. So ereignete sich auch heute ein Vorfall, der mich nicht wenig erschreckte. Unsere Karavane bestand aus sechs Mann und vierzehn Lastthieren. Wir zogen ruhig unseres Weges, als plötzlich ein Schwarm Berittener im größten Galopp auf uns angesprengt kamen: es waren sieben tüchtig bewaffnete und fünf unbewaffnete Männer. Die ersteren trugen Lanzen, Säbel, Dolche, Messer, Pistolen und kleine Schilde, und waren wie das gemeine Volk gekleidet, mit Ausnahme der Turbane, die sie mit einfachen persischen Shawls umwunden hatten. Ich dachte, sie seien Räuber. Sie hielten uns an, umstellten uns von allen Seiten und frugen dann, woher wir kämen, wohin wir zögen und was für Waaren geladen seien. Nach erhaltener Auskunft ließen sie uns ruhig weiter ziehen. Anfangs konnte ich mir das Ding gar nicht erklären; als wir aber im Laufe dieses Tages noch mehrmals auf dieselbe Art angehalten wurden, schloß ich daraus, daß es dienstthuende Soldaten sein müßten.

Wir blieben zu Coromaduda über Nacht.

21. Juli. Wege und Ansichten wie gestern. — Auch heute hielt uns ein Trupp Soldaten an, und diesmal schien die Sache sehr bedenklich zu werden. Ali mußte einige unrichtige Angaben gemacht haben. Man bemächtigte sich seiner beiden Lastthiere, warf die Ladung herunter und einer der Soldaten befahl, sie fortzuführen. Der arme Ali bat und flehte ganz jämmerlich. Er wies auf mich und sagte, daß alles mein gehöre, und daß man mit mir, als einer hilflosen Frau, doch Mitleid haben möge. Der Soldat wandte sich nun an mich und frug, ob dies wahr sei. Ich hielt es nicht für gerathen, mich als Eigenthümerin auszugeben und that wieder, als verstände ich kein Wort, stellte mich aber sehr betroffen und traurig. Ali fing gar an zu weinen. Unsere Lage wäre auch wirk=

lich verzweifelt gewesen, denn was hätten wir in diesen öden, menschenleeren Gegenden mit der Ladung ohne die Thiere angefangen. Der Anführer ließ sich endlich erweichen, schickte nach den Thieren und gab sie uns wieder zurück.

Spät des Abends kamen wir in dem Städtchen Sauh-Bulak an. Da das Städtchen nicht befestigt war, so konnten wir noch hinein; doch waren die Chans und Bazars schon alle geschlossen, und es bedurfte vieler Mühe, bis man einen Chan öffnete und uns aufnahm. Der Chan war sehr hübsch und geräumig, hatte in der Mitte ein Wasserbecken, rund herum kleine Kaufmannsbuden und einige Nischen zum Schlafen. Die Leute, lauter Männer, lagen meist schon zur Ruhe; nur einige verrichteten noch ihre Gebete. Man kann sich ihr Erstaunen denken, als sie mich, eine Frau, allein mit meinem Führer ankommen sahen. Es war zu spät, heute noch meinen Brief abzugeben, ich setzte mich daher ganz ergeben neben mein bescheidenes Gepäcke, in der Meinung, so die Nacht verbringen zu müssen; allein ein Perser kam zu mir, wies mir eine Nische zum Schlafen an, trug mein Gepäck dahin und brachte mir nach einiger Zeit sogar etwas Brot und Wasser. — Doppelt groß war die Barmherzigkeit dieses Mannes, da man weiß, wie sehr die Mahomedaner die Christen hassen. Gott lohne ihn dafür. Ich hatte wahrlich dieser Erholung und Stärkung nöthig.

22. Juli. Heute gab ich meinen Brief ab, und der persische Kaufmann nahm mich in Empfang. Er führte mich zu einer christlichen Familie und versprach, sobald als möglich für meine Weiterreise zu sorgen. Auch hier wurde das Gespräch mehr durch Zeichen als Worte geführt.

In diesem Städtchen gibt es an zwanzig christliche Familien, die unter der Obhut eines französischen Missionärs stehen und ein recht niedliches Kirchlein inne haben. Ich wähnte mich schon geborgen und freute mich darauf, mit dem Missionär wieder einmal eine mir geläufige Sprache sprechen zu können, da erfuhr ich, daß der gute Mann verreist sei. Nun war ich so schlecht daran, wie in Ravandus, denn die Leute, bei denen ich wohnte, sprachen nur persisch.

Der Mann, seines Handwerkes ein Zimmermann, hatte eine Frau, sechs Kinder und einen Lehrling. Alle wohnten in derselben Stube, in welcher sie mir mit großer Freude ein Fleckchen überließen. Die ganze Familie war ungemein gut und gefällig gegen mich, jeden Bissen, den sie genossen, theilten sie redlich mit mir, und wenn ich Früchte, Eier oder sonst etwas kaufte und ihnen davon anbot, nahmen sie es stets nur mit großer Bescheidenheit. Aber nicht nur gegen mich waren sie so gut, sondern auch gegen andere: kein Armer ging unbeschenkt von ihrer Schwelle, — — und dennoch war diese Familie fürchterlich, und machte mir meinen Aufenthalt zur Höllenqual. Die Mutter nämlich, ein sehr dummes, zänkisches Weib, schrie und schlug den ganzen Tag auf ihre sechs Kinder (von vier bis sechzehn Jahre alt). Es vergingen nicht zehn Minuten, ohne daß sie die Kinder bei den Haaren herumriß oder Fußtritte und Faustschläge austheilte. Die Kinder gaben alles reichlich zurück und balgten sich außerdem auch noch unter einander, so daß ich in meinem Winkelchen keinen Augenblick Ruhe hatte und nicht selten der Gefahr ausgesetzt war, meinen Theil abzubekommen, denn sie beliebten sich gegenseitig auch anzuspucken und sich tüchtige Stücke Holz an den Kopf zu werfen. Mehrmals würgte der älteste Sohn seine Mutter der Art, daß sie roth und blau im Gesichte wurde. Ich versuchte zwar immer Frieden zu stiften; dies gelang mir aber höchst selten, denn ich war leider der Sprache nicht mächtig genug, um ihnen das sündhafte ihres Benehmens vorzustellen.

Nur Abends mit der Ankunft des Vaters kehrte Friede und Ordnung ein, da durfte nicht gestritten, noch weniger geprügelt werden. —

Unter keinem Volke der Erde, unter der ärmsten und niedrigsten Klasse der sogenannten Heiden und Ungläubigen kam mir ein ähnliches Benehmen vor, nie sah ich unter jenen Völkern, daß Kinder die Hände gegen die Eltern erhoben. Ich hinterließ auch, als ich Sauh-Bulak verließ, ein Briefchen an den Missionär, worin ich ihn auf die Fehler dieser Familie aufmerksam machte und ihn ersuchte, denselben durch Belehrung entgegen zu arbeiten. In Beten und Fasten, in Bibellesen und Kirchenbesuchen besteht doch wahrlich die Religion nicht allein.

Mein Aufenthalt wurde mir hier bei weitem unerträglicher als zu Ravandus. Ich bestürmte den persischen Kaufmann täglich, mich weiter zu expediren, sollte die Reise auch mit einiger Gefahr verbunden sein. Er schüttelte den Kopf und erklärte mir, daß keine Karavane ginge, und daß ich, wenn ich allein reisen wollte, des Todtschießens oder Halsabschneidens gewärtig sein könne.

Fünf Tage hielt ich es aus, länger war es mir unmöglich. Ich bat den Kaufmann, ein Pferd und einen Führer zu miethen, und entschloß mich, unter allen Gefahren und Umständen wenigstens nach Oromia (fünfzig engl. Meilen) zu gehen. Dort wußte ich amerikanische Missionäre zu finden und war dann für mein Weiterkommen nicht mehr bange.

Der Kaufmann kam am folgenden Tage in Begleitung eines wild aussehenden Kerls, den er mir als meinen Führer vorstellte. Ich mußte, der Gefahr wegen, ohne Karavane zu reisen, einen viermal höhern Preis zahlen, ging aber alles ein, um nur wegzukommen. Der Kontrakt wurde geschlossen und der Führer verpflichtete sich, am nächsten Morgen abzureisen und mich in drei Tagreisen nach Oromia zu bringen. Ich bezahlte die Hälfte des Preises voraus, die andere Hälfte behielt ich bis Oromia vor, um ihn strafen zu können, wenn er den Kontrakt nicht zuhielte.

Freude und Furcht bemächtigten sich meiner, als das Geschäft abgethan war. Um letztere ein wenig zu zerstreuen, ging ich auf die Bazars und vor das Thor des Städtchens spazieren.

Das Städtchen liegt in einem kleinen baumlosen Thale, nahe an einer Hügelkette. Man ließ mich überall ungehindert herum gehen, obwohl ich nichts als den Isar umgeworfen hatte. Die Bazars sind minder armselig als jene in Ravandus, der Chan ist groß und freundlich. Abschreckend fand ich dagegen den Anblick der gemeinen Leute. Groß und stark gebaut, mit markirten Zügen, die durch den Ausdruck von Wildheit und Grausamkeit noch mehr entstellt waren, kamen sie mir alle wie Räuber und Mörder vor.

Am Abende setzte ich meine Pistolen in gehörigen Stand und machte mich gefaßt, mein Leben nicht umsonst hin zu geben.

28. Juli. Statt mit Sonnenaufgang verließ ich Sauh-Bulak erst gegen Mittag. Auf öden Wegen zwischen baumlosen Hügeln zog ich mit meinem Führer dahin, und so oft uns jemand begegnete, erschrack ich unwillkürlich. Doch, Gott Lob, es war kein Abenteuer zu bestehen. Wir hatten zwar zu kämpfen, aber nur mit ungeheuren Schwärmen großer Grashüpfer (Heuschrecken), die an manchen Stellen in Wolkenmassen aufflogen. Sie waren bei drei Zoll lang und hatten große Flügel von rother oder blauer Farbe. Alle Pflanzen und Gräser in dieser Gegend waren abgefressen. — Man sagt, daß die Eingebornen diese Grashüpfer fangen, trocknen und verspeisen. Ich habe leider kein berlei Gericht zu Gesicht bekommen.

Nach einem Ritt von sieben Stunden erreichten wir ein großes, fruchtbares und bewohntes Thal. Die heutige Tagereise schien glücklich zu enden, denn nun befanden wir uns in der Nähe von Menschen und kamen von Zeit zu Zeit an Dörfern vorüber. In den Feldern arbeiteten hie und da noch Bauern, deren Anblick mich sehr ergötzte. Sie hatten nämlich die hohen, schwarzen Persermützen auf, die zu dem übrigen lumpigen Anzuge ganz komisch saßen.

Wir blieben in diesem Thale an dem Dörfchen Mahomed-Jur über Nacht. Wäre ich nicht zu träge gewesen, so hätte ich mir heute ein treffliches Mahl von Schildkröten bereiten können. Ich sah deren viele am Wege, an kleinen Bächen, selbst auf den Feldern, und hätte sie nur aufheben dürfen. Aber dann Holz suchen, Feuer anmachen und kochen? — nein, — ich zog es vor, ein Stückchen Brot und eine Gurke in gemüthlicher Ruhe zu verzehren.

29. Juli. Heute Morgen gingen wir in drei Stunden nach dem Dörfchen Mahomed Schar. Zu meinem Erstaunen machte hier mein Führer Anstalt zu bleiben. Ich drang auf die Fortsetzung der Reise; allein er erklärte mir, daß er ohne Karavane nicht weiter gehen könne, da wir die gefährlichste Stelle der Reise vor uns hätten. Dabei wies er auf ein Paar Dutzend Pferde, die im nahen Stoppelfelde weideten und suchte mir verständlich zu machen, daß in einigen Stunden eine Karavane desselben Weges ziehen würde. Der ganze Tag verstrich und die Karavane erschien nicht. Ich hielt meinen Führer für einen Betrüger und war im höchsten Grade aufgebracht, als er mir des Abends meinen Mantel auf dem Boden zum Schlafen zurecht machte. Nun galt es, meine ganze moralische Kraft zusammen zu nehmen und dem Menschen zu zeigen, daß ich mich nicht gleich einem Kinde behandeln ließe und hier verweilen würde, so lange es ihn beliebe. Leider fehlte es mir an Worten, ihn tüchtig auszuschelten; ich raffte den Mantel auf, warf ihm selben vor die Füße und erklärte ihm, den Rest der Zahlung vorzuenthalten, wenn er mich nicht morgen, als dem dritten Tage, nach Oromia brächte. Ich wandte ihm hierauf den Rücken (eine der größten Beleidigungen), setzte mich zur Erde, stützte den Kopf in die Hände und überließ mich einer großen

Traurigkeit. Was sollte ich hier beginnen, wenn mich mein Führer verließ oder so lange zu warten gedachte, bis zufällig eine Karavane des Weges käme. —

Einige Weiber vom Dorfe waren während meines Streites mit dem Führer herbei gekommen. Sie hatten mir Milch und ein warmes Gericht gebracht, setzten sich zu mir und frugen, warum ich so aufgebracht sei. Ich suchte ihnen die ganze Sache zu erklären. Sie verstanden mich und gaben mir Recht. Sie schmollten mit meinem Führer, ihrem Landsmanne, und suchten mich, die Fremde, zu trösten. Sie wichen nicht von meiner Seite und baten mich so herzlich, ihre Nahrung nicht zu verschmähen, daß ich mich zwang und etwas aß. Das Gericht bestand aus Brot, Eier, Butter und Wasser, welches zusammen aufgekocht wurde. Es schmeckte mir, ungeachtet des Verdrusses, recht gut. Als ich den guten Leuten eine Kleinigkeit dafür geben wollte, nahmen sie nichts an. Sie schienen sehr erfreut, mich etwas beruhigter und getrösteter zu sehen.

30. Juli. Nachts um ein Uhr setzte sich mein Führer in Bewegung, packte mein Pferd und hieß mich aufsitzen. Nun kam das Verblüfftsein an mich, denn ich sah nirgends eine Spur der Karavane. — Wollte der Mann Rache an mir nehmen? Warum durchzog er eine Gegend, die er am hellen Tage gemieden hatte, bei Nacht und Nebel? — Ich konnte zu wenig persisch, um hierüber eine gehörige Auskunft zu erlangen, und wollte ich dem Kerl keine fernere Ausrede wegen Nichthaltung des Kontraktes gestatten, so mußte ich gehen, — — und ich ging auch.

Mit Angst bestieg ich das Pferd und gebot meinem Führer, der hinter mir bleiben wollte, voran zu reiten, — von rückwärts wollte ich nicht überfallen werden, auch hielt ich die Hand fest auf der Pistole. Ich lauschte auf jeden Laut, beobachtete jede Bewegung des Führers, der Schatten meines eigenen Pferdes schreckte mich manchmal auf; doch kehrte ich nicht zurück.

Nach einem scharfen Ritte von ungefähr einer halben Stunde erreichten wir richtig einen großen Karavanenzug, der noch überdies durch ein Dutzend wohlbewaffneter Bauern beschützt war. Die Stelle schien also wirklich sehr gefährlich und mein Führer vom Karavanenzuge benachrichtiget gewesen zu sein. Ich wunderte mich bei dieser Gelegenheit über nichts mehr als über den Schlendrian dieser Leute. Weil sie gewohnt sind in der heißen Jahreszeit in der Nacht zu gehen, so passiren sie auch die gefährlichsten Stellen des Nachts, während doch der Tag die Gefahr sehr vermindern würde.

Nach einigen Stunden kamen wir an den See Oromia, der uns fortan stets zur rechten Seite blieb; links lagen mehrere Meilen entlang öde Hügel, Schluchten und Berge, und dies war die gefürchtete Stelle. Der Morgen führte uns wieder in ein schönes fruchtbares Thal mit Menschen und Dörfern, deren Anblick mir Muth gab, die Karavane zu verlassen und eiliger voran zu gehen.

Der See Oromia, von welchem die Stadt Oromia ihren Namen hat, ist über sechzig Meilen lang und an manchen Stellen über dreißig Meilen breit. Er scheint von hohen Gebirgen knapp umsäumt; doch liegen in Wirklichkeit noch bedeutende Flächen dazwischen. Sein Wasser enthält so viel Salz, daß weder Fische noch Muschelthiere darin leben können. Er ist ein zweites todtes Meer; — nicht einmal der Mensch soll hier untersinken. — Große Strecken am Ufer sind mit dichten weißen Salzkrusten überdeckt, so daß die Leute da nichts anders zu thun haben als das Salz vom Boden aufzuscharren. So schön der See und seine Umgebung ist, so gewährt er ein wenig anziehendes Bild, da kein Nachen den großen Spiegel belebt.

Seit ich die Sandwüsten um Bagdad verlassen hatte, war mir kein Kamehl mehr zu Gesicht gekommen; ich dachte auch keines mehr zu sehen, denn mein Weg führte gegen Norden. Zu meinem Erstaunen begegneten uns hier mehrere Züge, und ich vernahm später, daß diese Thiere den Kurden so gut wie den Arabern zum Lasttragen dienen. Es ist dies ein Beweis, daß sie auch ein kälteres Klima vertragen können, denn im Winter soll sich der Schnee sogar in den Thälern einige Fuß hoch anhäufen. Die Kamehle in diesen Gegenden sind etwas stämmiger gebaut, ihre Füße sind dicker, die Haare etwas dichter und länger, ihr Hals ist kürzer und bei weitem nicht so schlank und die Farbe bedeutend brauner; lichtfarbige sah ich nicht.

Nebst Lastthieren benützen die Kurden in den Thälern zur Einführung der Ernte auch Wagen, die aber sehr einfach, kunstlos und schwerfällig sind. Mehrere lange, dünne, neben einander gereihte Baumstämme bilden den Wagen und die Seitenwände, kürzere Stämme die Achsen, und Scheiben aus dicken Brettern die Räder, deren jeder Wagen gewöhnlich nur zwei hat. Vier Ochsen sind davor gespannt, jedes Ochsenpaar wird von einem Führer geleitet, der aber ganz merkwürdiger Weise zwischen seinem Gespanne mit dem Rücken gegen daßelbe auf der Deichsel sitzt.

Spät des Abends, nach einem Ritte von mehr denn sechzehn Stunden, erreichte ich glücklich Oromia. Ich hatte an keinen der Missionäre Empfehlungsbriefe, und außer Herrn Wright waren auch alle abwesend. Sie wohnten mit ihren Frauen und Kindern einige Meilen von der Stadt auf dem Lande. Herr Wright nahm mich aber mit wahrer Christenliebe auf, und nach vielen herben Tagen fand ich hier wieder einmal Erheiterung und Vergnügen.

Gleich den ersten Abend mußte ich herzlich lachen, als mir Herr Wright erzählte, auf welche Weise mich der Diener angemeldet hatte. Da ich nämlich zu wenig von der persischen Sprache wußte, um dem Diener sagen zu können, daß er mich anmelden sollte, so wies ich nur mit der Hand nach der Treppe. Er verstand dies, ging hinauf zu seinem Herrn und sagte ihm, daß eine Frau unten sei, die gar keine Sprache spräche. Unterdessen verlangte ich von einem andern Diener auf englisch ein Glas Wasser. Dieser stürzte wie besessen die Treppe hinauf, aber nicht, wie ich dachte, um meinen Wunsch zu erfüllen, sondern um seinem Herrn zu sagen, daß ich englisch spräche.

Herr Wright benachrichtigte die Herren Missionäre von meiner Anwesenheit, und sie waren so gütig, alle vom Lande zu kommen, um mich zu besuchen. Sie luden mich auch ein, auf dem Lande einige Tage in ihrer Gesellschaft zu verbringen; ich nahm aber ihre freundliche Einladung nur für einen Tag an, da ich leider schon so viele Zeit unterwegs verloren hatte. Die Herren riethen mir zwar ab, allein weiter zu gehen; doch gaben sie zu, daß ich den gefährlichsten Theil der Reise schon überstanden hätte, und empfahlen mir nur, über die Gebirge bei Kutschié einige bewaffnete Bauern mitzunehmen.

Herr Wright war so gütig, für einen braven und sichern Führer zu sorgen. Ich zahlte den doppelten Preis, um statt in sechs — in vier Tagen nach Tebris zu kommen. Um dem Führer glauben zu machen, daß ich eine arme Pilgerin sei, gab ich Herrn Wright die Hälfte des bedungenen Preises und bat ihn, statt meiner zu zahlen und dem Führer zu sagen, daß er die andere Hälfte vom englischen Konsul, dem Herrn Stevens, ausbezahlt bekäme.

Den Tag, welchen ich in Oromia zubrachte, benützte ich so viel als möglich. Des Morgens besah ich die Stadt und später besuchte ich mit Frau Wright einige arme und reiche Familien, um sie wohnen und leben zu sehen.

Die Stadt zählt bei 22,000 Einwohner, ist mit Wällen umgeben, aber nicht gesperrt, denn man kann zu jeder Nachtstunde aus und ein. Gebaut ist sie wie alle türkischen Städte, nur mit der Ausnahme, daß die Gassen ziemlich breit und rein gehalten sind. Vor der Stadt liegen viele große Frucht- und Gemüse-Gärten, die mit sehr hohen Mauern umgeben sind; niedliche Wohnhäuser stehen in der Mitte der Gärten.

Die Frauen gehen hier sehr dicht verschleiert. Sie überdecken Kopf und Brust mit einem weißen Tuche, in welchem an der Stelle, wo sich die Augen befinden, ein undurchdringlich dichtes Netzwerk angebracht ist.

In den Häusern der ärmeren Klasse wohnen drei bis vier Familien unter einem Dache. Sie besitzen wenig mehr als Strohmatten, Decken, Polster und einiges Kochgeschirr, nicht zu vergessen einen großen, hölzernen Kasten, der den Mehlvorrath, ihren größten Reichthum, birgt. Hier, wie überhaupt in allen Gegenden wo Getreide gebaut wird, ist Brot die Hauptnahrung des gemeinen Mannes. Jede Familie backt täglich zweimal, Morgens und Abends.

Viele der kleinen Häuser hatten recht niedliche Höfe, die mit Blumen, Reben und Bäumchen bepflanzt waren und wie Gartenanlagen aussahen.

Die Wohnungen der Reichen sind hoch, luftig und geräumig, die Empfangssäle haben viele Fenster und sind mit Teppichen belegt; Divane sah ich nirgends — man lagert sich auf die Teppiche. Da wir die Besuche machten, ohne gemeldet worden zu sein, so fanden wir die Frauen in ganz einfachen, gefärbten Kattunkleidern, natürlich nach ihrer Art gemacht.

Nachmittags ritt ich in Gesellschaft der Herrn Missionäre nach ihrem großen Sommerhause, das sechs Meilen von der Stadt auf niedern Hügeln liegt.

Das Thal, durch welches wir ritten, ist sehr groß, überaus fruchtbar und reizend. Trotzdem daß es über 4000 Fuß über der Meeresfläche liegen soll, gedeiht hier die Baumwolle, der Ricinus, Wein, Tabak und alle Früchte, die wir in Süddeutschland haben Die Ricinusstaube wird zwar nicht höher als etwas über vier Fuß und die Wollstaube nur einen Fuß; sie tragen aber ziemlich reich. — Manche Dörfer liegen in Fruchtwäldern halb verborgen. Ich kam zur glücklichen Zeit in dies Land: es gab herrliche Pfirsiche, Aprikosen, Aepfel, Trauben u. s. w., lauter vaterländische Früchte, die ich schon lange entbehrt hatte.

Das Haus der Missionsgesellschaft hat eine überraschende Lage: es beherrscht die ganze Aussicht über das unermeßliche Thal, über die Stadt, die niedere Hügelreihe und das Gebirge. Das Haus selbst ist groß und mit allen möglichen Bequemlichkeiten versehen und eingerichtet, so daß ich nicht dachte, unter dem Dache einfacher Jünger und Nachfolger Christi zu sein, sondern in dem Landhause begüterter Privatleute. Es gab hier vier Frauen und eine ganze Schaar kleiner und größerer Kinder. Ich verlebte unter ihnen einige recht angenehme Stunden und bedauerte von Herzen, daß ich um neun Uhr Abends schon Abschied nehmen mußte.

Man stellte mir auch einige Mädchen von Eingebornen vor, die von den Frauen der Missionäre unterrichtet werden. Sie sprachen und schrieben etwas englisch und waren ganz vorzüglich in der Geographie bewandert. Ich kann bei dieser Gelegenheit nicht umhin, einiges über die Missionäre zu bemerken, deren Leben und Wirken ich im Laufe meiner Reise oft zu beobachten Gelegenheit hatte. Ich traf Missionäre in Persien, in China und Indien, und sah sie überall ganz anders leben, als ich es mir vorgestellt hatte.

Nach meiner Meinung stellte ich mir die Missionäre als halbe, wo nicht als ganze Märtyrer vor, und dachte sie mir von dem Eifer und dem Wunsche, die Heiden zu bekehren, so beseelt, daß sie gleich den Jüngern Christi, ihre Bequemlichkeiten und Bedürfnisse ganz vergäßen, daß sie nur mit dem Volke lebten, mit ihm unter einem Dache wohnten, aus einer Schüssel äßen u. s. w. Ach! das waren Bilder und Vorstellungen, die ich aus Büchern geschöpft hatte; in der Wirklichkeit verhielt sich das ganz anders. Sie führen dieselbe Lebensweise wie die Wohlhabenden, haben schöne Wohnungen, die mit allen Bequemlichkeiten und Luxus-Möbeln ausgestattet sind. Die Missionäre ruhen auf schwellenden Divans, ihre Frauen präsidiren am Theetische, und die Kinder langen wacker nach Kuchen und Backwerk, ja ihre Lage ist sorgenfreier und angenehmer als die der meisten Stände; ihre Geschäfte machen sie sich nicht zu beschwerlich, ihre Gehalte treffen richtig ein, die Staats- und politischen Angelegenheiten mögen stehen wie sie wollen.

An Orten, in welchen mehrere Missionäre wohnen, werden drei- bis viermal in der Woche Meetings abgehalten. Diese Meetings oder Zusammenkünfte sollen Geschäftssitzungen sein, sind aber nicht viel anders als Gesellschaften, bei welchen Frauen und Kinder in geschmackvollem Putze erscheinen. Bei einem der Missionäre findet das Meeting zur Frühstücks-, bei dem zweiten zur Mittags-, bei dem dritten zur Theezeit statt, — mehrere Equipagen und viele Diener stehen im Hofe.

Es wird zwar auch von Geschäften gesprochen, — die Herren sondern sich gewöhnlich auf ein halbes Stündchen ab; aber der größte Theil der Zeit wird im Gesellschaftskreise verlebt.

Ich glaube nicht, daß die Missionäre auf solche Art das Vertrauen des Volkes leicht und schnell gewinnen können. Die fremde Kleidung, die elegante Lebensweise läßt dem Armen den Abstand zu sehr fühlen und flößt ihm eher Furcht und Zurückhaltung als Liebe und Vertrauen ein. Er wagt es so leicht nicht, zum Wohlhabenden, zum Vornehmen empor zu blicken, und der Missionär hat also schon lange zu kämpfen bis er diese angeborne Furcht bewältigt. Die Missionäre sagen, daß sie mit diesem Nimbus erscheinen müssen, um Eindruck und Achtung hervorzubringen; ich denke aber, daß man Achtung durch edles Benehmen einflößen kann und den Menschen durch Tugend und nicht durch äußern Glanz an sich ziehen soll.

Viele unter den Missionären glauben, unendliches zu leisten, wenn sie in Städten und Dörfern in der Landessprache predigen und religiöse Schriften austheilen. Sie machen die hinreißendsten Berichte über die Unzahl von Menschen, die sich herbei drängten, ihre Predigten zu hören, ihre Broschüren in Empfang zu nehmen; man könnte, nach den Schilderungen, mit Recht vermuthen, daß wenigstens die Hälfte der Zuhörer sich alsogleich zum Christenthume bekehren würde. Leider ist aber das Zuhören und Bücher-Annehmen so viel als gar kein Beweis. — Würden nicht chinesische, indische, persische Priester große Schaaren eben so vieler Zuhörer haben, wenn sie in Frankreich französisch, in England englisch predigten und dabei in ihrer eigenthümlichen Landestracht erschienen? Würden sich die Menschen nicht haufenweise um sie sammeln, würden sie die unentgeltlich ausgetheilten Bücher und Broschüren nicht annehmen, selbst wenn sie selbe nicht lesen könnten?

Ich habe mich in allen Orten genau nach den Erfolgen der Missionäre erkundigt und überall gehört, daß eine Taufe zu den größten Seltenheiten gehöre. Die wenigen Christen in Indien, z. B. die hin und wieder Dörfchen von zwanzig bis dreißig Familien bilden, sind aus elternlosen verlassenen Kindern entstanden, welche von den Missionären aufgenommen und erzogen wurden, aber mit

Arbeit versorgt und stets beaufsichtigt werden müssen, damit sie nicht in ihren Irrglauben zurückfallen.

Um Religionsvorträge begreiflich, um mit der Muttermilch eingesogenen Irrglauben wankend zu machen, reichen Predigten und Broschüren nicht hin. Die Missionäre müßten wie Väter, wie Freunde mit und unter dem Volke wohnen, mit ihm arbeiten, kurz seine Mühen und Freuden theilen, es durch einen musterhaften, bescheidenen Lebenswandel an sich ziehen und nach und nach mit einem faßlichen Unterricht belehren. Auch dürfte der Missionär sich mit keiner europäischen Missionärin verheirathen, und zwar aus folgenden Gründen: das europäische Mädchen, das sich zur Missionärin bildet, wählt diesen Stand häufig nur, um so schnell als möglich versorgt zu werden. Hat die junge europäische Frau einige Kinder, wird sie schwach und kränklich, dann kann sie ihrem Beruf nicht mehr nachkommen und bedarf einer Luftveränderung, wohl gar einer Reise nach Europa. Auch die Kinder sind Schwächlinge und müssen, spätestens in ihrem siebenten Lebensjahr, ebenfalls dahin gebracht werden. Der Vater begleitet sie mitunter und benützt diesen Vorwand, um auch wieder auf einige Zeit nach Europa zu kommen. Ist die Reise nach Europa nicht sogleich ausführbar, so wird eine andere nach irgend einem Gebirge, einer kühl, gelegenen Gegend gemacht, oder er nimmt Frau und Kinder zu dem Besuche einer Mela mit*). Dabei muß man wissen, daß diese Rei-

---

*) Mela heißen die indischen Religionsfeste, bei welchen sich Tausende von Menschen versammeln. Die Missionäre reisen bei weitem nicht so einfach gemacht werden, wie z. B. die meinige; der Missionär umgibt sich mit vielen Bequemlichkeiten: er hat Palankine, von Menschen getragen, Packpferde oder Kamehle mit Zelten, Betten, Koch- und Tischgeschirr, — Diener und Mägde in hinlänglicher Zahl. — Und wer bezahlt dies alles? — Oft arme, gläubige Seelen in Europa und Nordamerika, die sich häufig den nöthigsten Lebensbedarf versagen, damit ihr Schärflein in fernen Welttheilen der Art ausgegeben werde.

Wären die Missionäre mit Eingebornen verheirathet*), so fiele der größte Theil dieser Sorgen und Kosten hinweg; es gäbe wenig kranke Frauen und die Kinder würden gesund und stark sein und hätten nicht nöthig nach Europa gebracht zu werden. — Um für ihren Unterricht zu sorgen, könnten hin und wieder Landesschulen errichtet werden; aber ja nur nicht so luxuriöse wie jene in Calcutta.

Ich hoffe, daß man meine Ansichten nicht falsch deuten wird. Ich habe große Achtung für die Missionäre, und alle, die ich kennen lernte, waren wackere Männer und gute Familienväter, auch bin ich fest überzeugt, daß es viele Gelehrte unter ihnen gibt, die für Geschichte, Länder- und Völkerkunde schätzbare Beiträge liefern. — Ob sie dadurch ihren eigentlichen Zweck erfüllen ist eine andere

---

sen oft Hunderte von Meilen weit herbei, um dem Volke zu predigen.

*) Oder sollten die Missionäre nicht so viele Seelen gewonnen und erzogen haben, um sich Gattinnen wählen zu können?!

Frage. Ein Missionär hat, glaube ich, andere Pflichten zu erfüllen als die, einen Gelehrten abzugeben.

Für meine Person habe ich den Herrn Missionären nur Dank zu zollen: sie kamen mir überall freundlich und liebevoll entgegen. Mir fiel ihre Lebensweise auch gewiß nur darum so auf, weil ich bei dem Namen „M i s s i o - n ä r" unwillkürlich stets jener Männer gedenke, die zuerst ohne Unterstützung vom Heimathlande hinaus in die Welt traten, um die Lehre Christi zu verbreiten, und außer einem Wanderstabe nichts mit sich nahmen.

Bevor ich Oromia verlasse, muß ich noch erwähnen, daß diese Gegend für den Geburtsort Zoroasters gilt, der 5500 Jahre vor Chr. Geb. gelebt haben soll, und von welchem die Gebern oder Feueranbeter herstammen.

Am 1. Aug. ritt ich zehn Stunden bis nach dem Dörfchen Kutschié, das nahe am See Oromia liegt; letzteren bekamen wir den Tag über selten zu sehen, obwohl wir stets in seiner Nähe waren. Wir zogen durch große, fruchtbare Thäler, die einen reizenden Anblick gewährt hätten, wären sie nicht zwischen öden und nackten Hügeln und Bergen gelegen.

Auf der ganzen Reise, nicht nur von Mossul, sondern von Bagdad bis hieher, hatte ich keinen so guten Tag gehabt wie heute. Mein Führer war ein unvergleichlich guter Mensch, voll Aufmerksamkeit für mich und für alles ängstlich besorgt; er führte mich im Oertchen Kutschié in ein sehr reinliches Bauernhaus zu vortrefflichen Menschen. Man legte mir da alsogleich auf einer kleinen Terrasse einen schönen Teppich zurecht, brachte mir ein Becken mit Wasser gefüllt zum Waschen und auf einer lakirten Tasse große, schwarze Maulbeeren zur Erfrischung. Später bekam ich eine kräftige Suppe mit etwas Fleisch, fette saure Milch und gutes Brot, alles in reinlichem Geschirr; was aber dem Ganzen die Krone aufsetzte, war, daß sich die Leute, sobald sie mir die Speisen vorgesetzt hatten, entfernten und mich nicht wie ein fremdes Thier begafften. Als ich die vortrefflichen Menschen bezahlen wollte, nahmen sie durchaus nichts an. Erst am folgenden Morgen ward mir Gelegenheit, ihnen zu vergelten, was sie an mir gethan hatten. Ich nahm zwei Männer aus der Familie zur Begleitung über die Berge und gab ihnen dann das doppelte von dem, was man gewöhnlich gibt. Sie dankten mir mit rührender Herzlichkeit und wünschten mir Glück und Segen zur Fortsetzung meiner Reise.

2. August. Die gefährliche Passage über die öden, verrufenen Gebirge währte bei drei Stunden. Meine zwei bewaffneten Männer hätten mir zwar wenig Schutz gegen eine Bande von Räubern gewährt; allein durch sie ward mir die Reise doch minder schauerlich, als wenn ich mit meinem alten Führer allein gewesen wäre. Wir begegneten mehreren großen Karavanen, die aber alle nach Oromia zurückgingen.

Als wir die Gebirge überstiegen hatten, verließen uns die beiden Männer. Wir kamen in ungeheure Thäler, die von der Natur ganz vergessen schienen und von den Menschen geflohen waren. Die Gefahr hatten wir, nach meiner Meinung, noch nicht im geringsten überstanden. Und richtig, als wir in einem dieser öden Thäler an drei verfallenen Hütten vorbei kamen, stürzten mehrere Kerls hervor, fielen unsern Pferden in die Zügel und befühlten sogleich mein Gepäck. Ich erwartete nur den Befehl vom Pferde zu steigen und sah schon mein bischen Hab und Gut verloren. Sie besprachen sich mit meinem Führer, der ihnen die Mähr erzählte, die ich jedem aufband, daß ich nämlich eine arme Pilgerin sei, und daß die englischen Konsuln oder Missionäre überall die Reisekosten für mich bezahlten. Mein Anzug, mein unbedeutendes Gepäck, mein Alleinsein stimmte mit dieser Aussage vollkommen überein, — sie glaubten seinen Worten, meinem stumm bittenden Blick und ließen mich ziehen, ja sie frugen mich sogar, ob ich Wasser wolle (es mangelte daran in diesen Thälern). Ich bat sie um einen Trunk und so schieden wir als gute Freunde. Dennoch war ich einige Zeit besorgt, daß ihre Großmuth sie reuen dürfte, und daß sie uns noch verfolgen würden.

Wir kamen auch heute wieder an die Ufer des See's und blieben lange an seiner Seite. Nach einem vierzehnstündigen Ritte kehrten wir bei dem Oertchen Schech-Vali in einem Chane ein.

3. August. Das lästige Gefühl der Furcht nahm nun ein Ende: wir durchzogen freundliche, bewohnte Thäler, sahen überall Menschen in den Feldern arbeiten, Getreide heimführen, Heerden weiden u. s. w.

Während der heißen Mittagsstunden blieben wir in Dise-halil, einem bedeutenden Städtchen mit sehr rein gehaltenen Straßen; die Hauptstraße durchschneidet ein silberhelles Bächlein und die Höfe der Häuser glichen Gärten. Auch hier sah ich außerhalb der Stadt viele sehr große, mit hohen Mauern umgebene Gärten.

Der Zahl der Chane nach mag dieses Städtchen von

Karavanen sehr besucht sein: nur in der kleinen Straße, durch die wir kamen, zählte ich deren mehr denn ein halb Dutzend. Wir stiegen in einem derselben ab, und ich war ganz erstaunt über die Annehmlichkeiten, die ich da fand. Die Stallungen waren gedeckt, die Schlafstellen für die Treiber nett aufgemauerte Terrassen, und die Zimmer für die Reisenden, zwar entblößt von jedem Möbel, doch sehr rein gehalten und sogar mit Kaminen versehen. Die Chane stehen jedermann offen, und man hat für ihre Benützung nichts zu bezahlen, höchstens gibt man eine Kleinigkeit dem Aufseher, der hingegen jeden Auftrag der Reisenden besorgt.

In dieser Hinsicht sind die Perser, Türken und überhaupt alle sogenannten unkultivirten Völker viel hochherziger und großmüthiger als wir Europäer. In Indien z. B., wo die Engländer Bongolos errichteten, muß man für eine Nacht, oder wohl auch für eine Stunde, per Zimmer eine Rupie (1 fl. M.) bezahlen; dabei ist aber nicht für die Treiber und nicht für die Thiere gesorgt, — die mögen unter Gottes freiem Himmel ihr Lager aufschlagen. Die Reisenden, die nicht zum Christenthume gehören, dürfen in den meisten Bongolos gar nicht, in einigen nur dann von den Zimmern Gebrauch machen, wenn kein demüthiger Christ da ist; kommt aber ein solcher mitten in der Nacht an, so muß der arme Ungläubige ohne Barmherzigkeit das Feld räumen. Diese humane Güte dehnt sich sogar auf die offenen Bongolos aus, die nur aus einem Dache und drei hölzernen Wänden bestehen. In der Ungläubigen Ländern aber hat der den Platz, der zuerst kommt, ob Christ, Türke oder Araber. Ja, ich bin feſt überzeugt, daß, wenn die Plätze von Ungläubigen ſchon beſetzt ſind, und ein Chriſt daher kommt, ſie zuſammen rücken, um ihm Dach und Fach zu gewähren.

Wir gingen des Nachmittags noch bis Ale-Schach, einem bedeutenden Orte mit einem ſchönen Chan.

Wir trafen hier drei Reiſende, die ebenfalls nach Tebris gingen; mein Führer ſchloß ſich an ſie an und verabredete mit ihnen noch in der Nacht aufzubrechen. Mir war dieſe Geſellſchaft gerade nicht ſehr lieb: die Männer waren ſtark bewaffnet und ſahen ſehr wild aus. Ich hätte es vorgezogen, ohne ſie und erſt bei Tagesanbruch fortzugehen; allein mein Führer verſicherte mich, daß es brave Leute ſeien, und mehr meinem Glücke als ſeinen Worten trauend, ſetzte ich mich um ein Uhr Nachts zu Pferde.

4. Auguſt. Bald verlor ſich meine Furcht, denn wir begegneten häufig kleinen Zügen von drei bis vier Perſonen, die ſich wohl nicht der Nacht anvertraut hätten, wenn die Straße gefährlich geweſen wäre. Auch große Karavanen von mehreren hundert Kamehlen kamen uns entgegen und ſperrten oft die Straße der Art, daß wir halbe Stunden lang warten mußten, ſie vorbei paſſiren zu laſſen.

Gegen Mittag gelangten wir in ein Thal, in welchem ich eine Stadt liegen ſah, die zwar groß, aber ſo anſpruchslos ausſah, daß ich gar nicht gleich nach dem Namen frug. Je näher wir kamen, deſto zerſtörter ſah ſie aus. Die Stadtmauern waren halb verfallen, die Gaſſen nnd Plätze voll Schutthaufen, und viele der Häuſer lagen in Ruinen, — es war als hätte der Feind oder die Pest hier gewüthet. Ich frug endlich nach dem Namen und glaubte nicht recht verstanden zu haben, als man mir sagte, dies sei Tebris.

Mein Führer führte mich in das Haus des englischen Konsuls, Herrn Stevens, der, zu meinem Schrecken, nicht in der Stadt, sondern zehn Meilen entfernt auf dem Lande wohnte. Ein Diener sagte mir jedoch, daß er sogleich zu dem Doktor Casolani gehen werde, einem Herrn, mit dem ich englisch sprechen könne. Nach sehr kurzer Zeit kam ein Herr herbei geeilt, dessen erste Fragen waren: Wie kamen Sie **allein** hieher? Hat man Sie ausgeraubt? Sind Sie von Ihrer Gesellschaft getrennt worden und nur allein davon gekommen? — Als ich ihm aber meinen Paß reichte und über alles Auskunft ertheilte, schien er meinen Worten kaum zu glauben; er meinte, es grenze an's Fabelhafte, daß es einer Frau habe gelingen können, allein, ohne Sprachkenntniß durch solche Länder und solche Völker zu bringen. Auch ich konnte Gott nicht genug danken für den augenscheinlichen Schutz, den er mir auf dieser Reise gewährt hatte, — ich fühlte mich so fröhlich und heiter: es war mir, als sei mir das Leben ein zweites Mal geschenkt worden.

Doktor Casolani wies mir in Herrn Stevens Hause einige Zimmer an und sagte mir, er werde sogleich einen Boten an den Konsul schicken und ich möge unterdessen alle meine Wünsche an ihn richten.

Als ich ihm meine Verwunderung über die erbärmliche Ansicht und den häßlichen Eintritt in diese zweite

Stadt des Landes äußerte, sagte er mir, daß sich die
Stadt von der Seite, von welcher ich gekommen war,
nicht gut übersehen lasse, und daß der Theil, den ich
durchritten habe, nicht zur Stadt gerechnet werde, sondern eine alte, größtentheils verlassene Vorstadt sei.

Aufenthalt in Tebris.

Beschreibung der Stadt. Der Bazar. Die Fastenzeit. Behmen-Mirza. Anekdoten über die persische Regierung. Vorstellung bei dem Vicekönige und dessen Gemahlin. Die Frauen Behmen-Mirza's. Besuch bei einer persischen Dame. Das Volk. Christen- und Juden-Verfolgung. Abreise.

Tebris oder Tauris ist die Hauptstadt der Provinz Aderbeidschan und Residenz des Thronfolgers von Persien, der den Titel eines Vicekönigs führt. Sie liegt in einem baumlosen Thal an den Flüssen Piatscha und Atschi und zählt 160,000 Einwohner. Die Stadt, schöner als Teheran und Ispahan, hat viele Seidenwebereien und Lederfabriken und soll einer der ersten Handelsplätze Asiens sein.

Die Straßen sind ziemlich breit und auch mitunter reinlich gehalten: in jeder Gasse gibt es unterirdische Wasserkanäle, an welchen von Stelle zu Stelle Oeffnungen angebracht sind, um das Wasser heraus schöpfen zu können.

Von den Häusern sieht man nicht mehr als in jeder orientalischen Stadt, — hohe Mauern ohne Fenster und mit niedrigen Eingängen. Die Fronte des Hauses ist stets nach dem Hofe gewendet, der mit Blumen und kleinen Bäumen bepflanzt ist, und an den sich gewöhnlich ein hübscher Garten anschließt. Die Empfangszimmer sind groß und hoch und mit ganzen Reihen Fenster versehen, die ordentliche Glaswände bilden. Minder schön ist die Ausschmückung der Säle: gewöhnlich enthalten sie außer einigen Teppichen keine weitere Einrichtung; europäische Möbeln und Luxus=Artikel findet man nur selten.

Von schönen Moscheen, Palästen, Grabesmonumenten älterer oder neuerer Zeit ist nichts vorhanden, als die schon halb verfallene Moschee des Ali=Schach, die aber mit den Moscheen in Indien in keiner Hinsicht einen Vergleich aushält.

Sehr schön ist der neue Bazar; seine hohen, breiten, gedeckten Gassen und Gänge erinnerten mich lebhaft an den Bazar in Konstantinopel, nur sah er noch freundlicher aus, da er neuer ist. Auch sind hier die Buden der Kaufleute etwas größer, und die Waaren, obwohl nicht von so großer Pracht und Herrlichkeit, wie manche Reisende erzählen, doch geschmackvoller ausgelegt und besser zu überschauen, besonders die Teppiche, Früchte und Gemüse. Auch die Garküchen sahen so einladend aus, und die Speisen schienen so schmackhaft und verbreiteten einen so guten Geruch, daß man sich mit Vergnügen hätte hinsetzen und essen mögen. Gar nichts anziehendes bot dagegen die Schuster=Abtheilung: es waren nur Fußbekleidungen der einfachsten Art ausgestellt, während man in Konstantinopel hinter Glasschränken die kostbarsten Pantoffeln und Schuhe, reich mit Gold gestickt, ja mit Edelsteinen und Perlen besetzt, sieht.

Ich war zu einer etwas ungünstigen Zeit nach Tebris gekommen, in dem Monate der Fasten. Da wird von Sonnenaufgang bis Sonnenuntergang nichts genossen, niemand verläßt das Haus, keine Gesellschaften und Besuche haben statt, — es wird nur gebetet. Diese Gebote halten die Perser so strenge, daß mancher Kranke ein Opfer derselben wird, indem er während des Tages weder Arzneien, noch Getränke oder Nahrung nehmen will; er glaubt, wenn er auch nur einen Mundvoll genießt, die durch das Fasten erkaufte Seligkeit zu verlieren. Manche der Aufgeklärten machen in Krankheitsfällen eine Ausnahme; doch muß der Arzt in diesem Falle an den Priester eine schriftliche Erklärung senden, in welcher er die Nothwendigkeit des Genusses von Arzneien, Getränken u. s. w. aus einander setzt. Druckt der Priester diesem Dokumente sein Siegel auf, so ist der Ablaß ertheilt. — Ob diese Ablaß-Ertheilung die Mahomedaner von den Christen oder diese von jenen angenommen haben, ist mir unbekannt. Die Mädchen müssen schon im zehnten, die Knaben erst im fünfzehnten Jahre diesen Fastenmonat mitmachen.

Den großen Verbindungen und der großen Gefälligkeit Doktor Casolani's hatte ich es zu danken, daß ich ungeachtet dieser strengen Zeit in mehrere der ersten persischen Familien und selbst bei Hofe eingeführt wurde.

Bis noch vor ungefähr sechs Monaten gab es in Persien keinen Vicekönig, sondern nur Statthalter; allein der jetzt regierende Schach Nesr-J-Din*) erhob die Pro-

---

*) Dieser Schach starb zwei Monate nach meiner Anwesenheit in Tebris.

vinz Aderbeidschan zu einem Vicekönigreiche und bestimmte, daß der jedesmalige älteste Sohn, der künftige Erbe des Reiches, hier als Vicekönig bis zur Thronbesteigung residiren sollte.

Der letzte Gouverneur in Tebris Behmen Mirza *), des Schach's Bruder, war ein ausgezeichnet verständiger und gerechter Mann. Er brachte die Provinz Aderbeidschan in wenig Jahren in einen blühenden Zustand, und stellte überall Ordnung und Sicherheit her. Dies erregte nur zu bald den Neid des ersten Ministers Haggi-Mirza-Agaßi; er drang in den Schach, seinen Bruder abzuberufen, indem er ihm vorstellte, daß dieser zu sehr die Liebe des Volkes gewinne, und sich am Ende selbst zum König machen könne.

Lange gab der Schach diesen Einflüsterungen kein Gehör, denn er liebte seinen Bruder aufrichtig; aber der Minister ruhete nicht eher, bis er seinen Willen durchgesetzt hatte. Behmen Mirza, der alles wußte, was am Hofe vorging, eilte nach Teheran, um sich vor dem Schach zu rechtfertigen. Dieser versicherte ihn seiner Liebe und Zufriedenheit, und sagte ihm offen, daß er auf seinem Platze bleiben könne, wenn der Minister damit einverstanden wäre; er solle sich um dessen Gunst bewerben.

Behmen Mirza erfuhr aber durch seine Freunde, daß der Minister einen unversöhnlichen Haß gegen ihn

---

*) Wenn das Wort Mirza hinter dem Namen steht, so heißt es „Prinz;" steht es aber vor demselben so heißt es „Herr;" man spricht jedermann damit an.

habe, und daß er Gefahr laufe, geblendet oder gar aus der Welt geschafft zu werden. Man rieth ihm, keine Zeit zu verlieren und eilends das Land zu fliehen. Er befolgte diesen Rath, eilte nach Tebris, raffte seine Kostbarkeiten zusammen und floh mit einem Theile seiner Familie auf das nahe russische Gebiet. Daselbst angelangt, wandte er sich schriftlich an den russischen Kaiser und bat um seinen Schutz, der ihm auf das großmüthigste zu Theil wurde. Der Kaiser schrieb eine Note an den Schach, worin er erklärte, daß der Prinz nicht mehr persischer Unterthan sei, und daß daher jede Verfolgung gegen ihn oder seine Familie aufzuhören habe, ließ ihm einen artigen Palast bei Tiflis anweisen, sandte ihm kostbare Geschenke, und soll ihm, wie man mir sagte, auch eine jährliche Pension von 20,000 Dukaten geben.

Man sieht aus dieser kleinen Geschichte, daß der Minister Haggi-Mirza-Agassi den Schach vollkommen beherrscht, ja, er wußte es so weit zu bringen, daß ihn der Schach wie einen Propheten oder Heiligen verehrt und jeden seiner Aussprüche unbedingt erfüllt. Einmal wünschte er, etwas sehr wichtiges durchzusetzen. Er erzählte dem Schach beim Morgenbesuche, daß er in der Nacht aufgewacht sei und gefühlt habe, wie sein Körper in die Höhe schwebe. Er sei immer höher und höher und endlich in den Himmel gekommen, wo er den Vater des Königs gesehen und gesprochen habe; er mußte ihm die Regierung seines Sohnes beschreiben. Der Verstorbene sei über dessen gutes Benehmen sehr erfreut gewesen und ließ ihm rathen so fortzufahren.

Der entzückte König, der seinen Vater herzlich geliebt hatte, hörte aber nicht auf, weitere Fragen zu stellen, und der gewandte Minister wußte am Ende stets vorzubringen — "nur dieses oder jenes wünsche der Vater geschehen oder unterlassen zu sehen," — und natürlich erfüllte der gute Sohn den Wunsch des Vaters, — er zweifelte keinen Augenblick an der Aussage seines Ministers.

Der König soll etwas jähzornig sein, und in solch einem Anfalle die augenblickliche Hinrichtung irgend eines Sträflings befehlen*). Der Minister dagegen besitzt wenigstens so viel Gerechtigkeitssinn, daß er die Todesurtheile bei Menschen, die er nicht fürchtet, zu verhüten sucht. Er hat daher Befehl gegeben, daß wenn sich ein solcher Fall ereignet, man augenblicklich nach ihm sende, und mit den Zubereitungen der Hinrichtung so lange zaubere bis er ankomme. Er erscheint dann wie zufällig und fragt, was da vorgehe; der zornentbrannte König erzählt ihm, daß er einen Verbrecher hinrichten lasse. Der Minister stimmt vollkommen bei und tritt an's Fenster, um Himmel, Wolken und Sonne zu berathen. Alsbald ruft er, es wäre besser die Hinrichtung auf den nächsten Tag zu verschieben, da Wolken, Sonne oder Himmel im gegenwärtigen Augenblicke der Hinrichtung nicht günstig seien und leicht daraus ein Unheil für den König entstehen könne. Des Königs Zorn ist unterdessen schon halb verflogen; er ist damit einverstanden und der Verurtheilte wird hinweg

---

*) Dergleichen Hinrichtungen haben häufig in Gegenwart des Schach's statt. Gewöhnlich wurden Erbroßlungen vorgenommen.

geführt und gewöhnlich frei gelassen, — am folgenden Morgen ist die ganze Sache vergessen.

Eine interessante Geschichte ist auch folgende: Der König hatte einst auf einen seiner Statthalter einen besondern Haß und beschied ihn nach der Hauptstadt, um ihn stranguliren zu lassen. Der Minister, dessen Freund der Statthalter war, wollte ihn retten und that es auf folgende Weise. Er sprach zum Könige: „Herr! ich sage Dir Lebewohl, ich ziehe gen Mecca." Der König, sehr erschrocken, seinen Liebling auf so lange Zeit zu entbehren (die Reise nach Mecca dauert wenigstens ein Jahr), frug bestürzt um die Ursache dieser Reise. — „Du weißt Herr, daß ich kinder-
„los bin, und den Statthalter, welchen Du, wie ich höre,
„hinrichten lassen willst, an Kindesstatt angenommen habe;
„ich verliere meinen Sohn, und will mir in Mecca einen
„neuen holen." — Der König erwiederte ihm, daß er davon nichts gewußt habe; weil aber dies der Fall sei, so wolle er ihn nicht hinrichten, sondern an seinem Platze lassen.

Der König liebt seine Mutter leidenschaftlich. Wenn sie ihn besuchte, stand er jederzeit auf und blieb in ihrer Gegenwart stehen, während sie saß. Der Minister war über diese Hochachtungsbezeugung sehr aufgebracht, und sagte: „Du bist König, die Mutter muß vor Dir stehen." Endlich setzte er auch hierin seinen Willen durch. Wenn aber die Mutter zur Zeit kömmt, wo der Minister nicht gegenwärtig ist, bezeigt ihr der Sohn dieselbe Achtung. Seinen Leuten gebietet er dann strenge, dem Minister nichts davon zu sagen.

Diese und noch mehrere Geschichten erzählte mir

eine sehr glaubwürdige Person; sie mögen dazu dienen, meinen Lesern einen kleinen Begriff von der persischen Regierungsweise zu geben.

Meine Vorstellung an des Vicekönigs Vali-Ahd Hofe fand schon einige Tage nach meiner Ankunft statt. Ich ward an einem Nachmittage mit Dr. Casolani in eines der königlichen Sommerhäuser beschieden. Das Haus lag in einem kleinen Garten und der kleine Garten wieder in einem großen; beide waren mit sehr hohen Mauern umfangen. In dem ersten Garten gab es, außer Wiesen, Fruchtbäumen und staubigen Wegen, nichts bemerkenswerthes, als viele Zelte, in welchen Militär hauste. Die Soldaten trugen die gewöhnliche persische Kleidung, mit dem einzigen Unterschiede, daß der dienstthuende Offizier ein Schwert umgeschnallt, und der wachestehende Soldat ein Gewehr auf den Schultern hatte. In Uniform erscheinen sie nur bei höchst seltenen Gelegenheiten, und da sollen sie einigermaßen dem europäischen Militär gleichen.

Am Eingange des kleinen Gartens empfingen uns mehrerer Eunuchen. Sie führten uns zu einem einstöckigen, unbedeutenden Hause, das am Ende einiger Blumenfluren lag. Ich hätte in diesem Hause nie den Sommersitz eines persischen Thronfolgers gesucht; und doch war es so. In dem engen Eingange des Häuschens gab es zwei schmale Treppen, von welcher die eine nach dem Empfangszimmer des Vicekönigs, die andere nach jenem seiner Gemahlin ging. Der Doctor wurde in ersteres geführt, mich geleiteten einige Sklavinnen zur Vicekönigin. Oben an der Treppe angelangt, zog ich die Schuhe aus und trat in ein kleines, freundliches Zimmer, dessen Seitenwände beinahe ganz aus hohen Fenstern bestanden. Die fünfzehnjährige Vicekönigin saß auf einem einfachen Lehnstuhle, unweit von ihr stand eine Matrone, die Duenna des Harems, und für mich war ein Lehnstuhl gegenüber der Prinzessin bereit.

Ich hatte das Glück, ausgezeichnet gut empfangen zu werden. Dr. Casolani hatte mich nämlich als Schriftstellerin ausgegeben und hinzu gefügt, daß ich die Erlebnisse dieser Reise veröffentlichen werde. Die Prinzessin ließ sich erkundigen, ob ich auch ihrer erwähnen würde, und als man ihr dieß bejahete, beschloß sie, sich im vollen Schmucke zu zeigen, um mir einen Begriff von der reichen und kostbaren Tracht ihres Landes zu geben.

Die jugendliche Prinzessin hatte Beinkleider von schwerem Seidenstoffe an, die so faltenreich waren, daß sie dicht und steif standen, wie die Reifröcke aus unserer guten alten Zeit. Derlei Beinkleider haben eine Weite von zwanzig bis fünfundzwanzig Ellen, und reichen bis an die Knöchel. Den Oberkörper deckte bis an die Hüften ein Leibchen, das sich aber nicht fest an den Körper anschloß, sechs Zoll lange Klappen oder Schöße saßen noch daran. Die Aermel waren lang, enge und umschließend, und hatten unten handbreite Besetze, die übergeschlagen werden konnten. Auch dieses Kleidungsstück glich den Corseten zur Zeit der Reifröcke. Das Corset war von schwerem Seidenstoffe und rund herum an den Kanten in farbiger Seide und Gold kostbar und zugleich sehr künstlich und geschmackvoll gestickt. Unter dem Corsete war ein ganz kurzes weißseidenes Hembchen zu sehen. Ueber den Kopf hatte sie ein dreieckiges weißes Crepontuch geschlagen, welches vorne um das Gesicht reichte und unter dem Kinne festgesteckt war, rückwärts fiel es bis an die Schultern hinab. Auch dieses Tuch war in Gold und farbiger Seide sehr schön gestickt. Den Schmuck bildeten Edelsteine und Perlen von seltener Reinheit und Größe; sie machten aber wenig Effekt, da sie nicht in Gold gefaßt, sondern einfach durchlöchert und durch einen Golddraht gezogen waren. Dieser Golddraht war oberhalb des Kopftuches befestigt und lief bis unter das Kinn.

Die Prinzessin hatte schwarzseidene, durchbrochen gearbeitete Handschuhe an, über welche sie mehrere Fingerringe trug, um die Handgelenke schmiegten sich kostbare Armbänder von Edelsteinen und Perlen. Die Fußbekleidung bestand in weißseidenen Strümpfen.

Die Prinzessin selbst gehörte gerade nicht zu den ersten Schönheiten, ihre Backenknochen traten etwas zu kräftig hervor; im Ganzen war sie jedoch eine recht liebliche Erscheinung, sie hatte große, schöne, geistreiche Augen, eine hübsche Gestalt und —— fünfzehn Jahre.

Ihr Gesicht war sehr zart, weiß und roth bemalt, und die Augenbrauen und Wimpern von blauen Streifen umzogen, was sie nach meiner Meinung mehr entstellte als verschönerte. Vorne am Scheitel sah man etwas weniges von ihren glänzend schwarzen Haaren.

Unser Gespräch bestand in Zeichen. Dr. Casolani, der sehr gut persisch spricht, durfte heute die geheiligte Schwelle nicht übertreten, da mich die Prinzessin in Galla, folglich unverschleiert empfangen hatte. Ich fand während dieses stummen Gespräches Muße genug, die Fernsicht aus den Fenstern und die Lage der Stadt zu betrachten. Hier sah ich erst, wie groß und ausgedehnt die Stadt ist, und welchen Reichthum sie an Gärten besitzt. Letztere sind aber auch ihr einziger Schmuck, denn an schönen Bauten hat sie nichts aufzuweisen, und das große Thal, in welchem sie liegt, ist sammt den es umgebenden Gebirgen nackt und baumlos und gewährt durchaus keinen Reiz. Ich drückte meine Verwunderung über die Größe der Stadt und die unzähligen freundlichen Gärten aus, worüber die Prinzessin sehr erfreut schien.

Gegen Ende der Audienz wurden auf großen Tellern viele Früchte und Süßigkeiten gebracht, von welchen ich aber allein genoß, — für die übrigen war Fastenzeit.

Von der Prinzessin führte man mich zum Vicekönige, ihrem Gemahle. Der siebenzehnjährige Regent empfing mich sitzend auf einem Lehnstuhle in einem Fenstererker. Dem mir so gütig beigelegten Schriftsteller-Namen hatte ich es zu danken, daß auch für mich ein Lehnstuhl bereit stand. In dem großen Gemache waren die Wände mit Holz getäfelt, mit einigen Spiegeln, Vergoldungen und mehreren in Oel gemalten Köpfen und Blumen verziert. Mitten im Saale standen zwei große leere Bettstellen.

Der Prinz war europäisch bekleidet; er trug ein Beinkleid, von weißen, feinem Tuche mit breiten Goldborten besetzt, einen dunkelblauen Rock, dessen Kragen, Umschläge und Kanten, reich und schön mit Gold gestickt waren, und weißseidene Handschuhe und Strümpfe. Den Kopf bedeckte eine beinah ellenhohe, persische Pelzmütze.

Es ist dieß jedoch nicht sein täglicher Anzug; er soll in Hinsicht der Moden öfter wechseln als seine Gemahlin, und sich bald der persischen Tracht bedienen, bald in Kaschmir-Shawls hüllen, je nach Laune.

Ich würde dem Vicekönig wenigstens zwei und zwanzig Jahre gegeben haben. Er hat eine gelbliche, blasse Gesichtsfarbe und durchaus keine anziehende, gutmüthige oder geistvolle Miene, sieht niemanden gerade und offen ins Gesicht, und sein Blick ist böse und den Menschen ausweichend. Ich bedauerte in Gedanken alles, was seiner Macht unterthan ist, — ich würde es vorziehen, eine arme Bauersfrau als seine erste Gemalin zu sein.

Der Prinz stellte viele Fragen an mich, die mir Dr. Casolani, der einige Schritte von uns entfernt stand, verdolmetschte. Die Fragen waren durchaus nicht ausgezeichnet, größtentheils Gemeinplätze über das Reisen. — Der Prinz kann in seiner Muttersprache lesen nnd schreiben, auch soll er einige Begriffe von Geographie und Geschichte haben. Er hält einige europäische Zeitungen und Zeitschriften, aus welchen der Dolmetsch Auszüge machen und vortragen muß. Bei den jetzigen großen Umwälzungen in Europa*) soll er sich geäußert haben, daß die europäischen Monarchen sehr gut, aber ganz außerordentlich dumm sein müßten, indem sie sich so leicht vom Throne jagen ließen. Er meinte, das Ding würde ganz anders gegangen sein, wenn sie tüchtig hätten stranguliren und köpfen lassen. — Was Hinrichtungen und Bestrafungen

---

*) Am 24. Februar die Republik in Frankreich; — am 15. März die Constitution in Oesterreich, u. s. w.

anbelangt, so übertrifft er hierin bei weitem seinen Vater, und leider hat er keinen sie verhindernden Minister an der Seite. Seine Regierung soll die eines Kindes sein: jetzt befiehlt er etwas, in der nächsten Stunde wiederruft er es. Was kann man auch von einem siebzehnjährigen Jünglinge erwarten, der wenig oder keine Erziehung genossen, den man mit fünfzehn Jahren verheirathet hat, der im siebzehnten Jahre unbeschränkter Beherrscher einer großen Provinz mit dem Einkommen einer Million Tomans (beiläufig vier eine halbe Million Gulden) wurde, und dem jedes Mittel zur Befriedigung der Sinne zu Gebote steht.

Der Prinz hat bis jetzt nur eine rechtmäßige Gemahlin, deren er vier haben kann; jedoch fehlt es nicht an schönen Freundinnen. In Persien herrscht die Sitte, daß, wenn der König oder Thronfolger hört, irgend einer seiner Unterthanen habe eine schöne Tochter, Schwester o. d. g. er das Mädchen begehren läßt. Die Eltern oder Verwandten sind über diese Botschaft sehr erfreut, denn ist das Mädchen wirklich schön, so wird sie auf jedem Fall gut versorgt. Gefällt sie nach einiger Zeit dem Könige oder Prinzen nicht mehr, so verheirathet er sie einem Minister oder sonst einem reichen Manne. Hat sie aber ein Kind, so wird sie gleichsam als rechtmäßige Frau betrachtet und bleibt beständig am Hofe. Sehr gedemüthigt und gekränkt dagegen findet sich eine Familie, wenn das Mädchen dem Regenten beim ersten Anblick mißfällt. Sie wird dann sogleich heimgeschickt, der Ruf ihrer Schönheit ist verloren, und sie kann so leicht keine Ansprüche mehr auf eine gute Parthie machen.

Die Vicekönigin ist bereits Mutter, aber leider nur eines Mädchens. Für jetzt ist sie noch die erste Gemahlin des Prinzen, weil ihm von keiner andern ein Knabe geboren wurde; diejenige aber, die den ersten Knaben zur Welt bringt, nimmt dann ihre Stelle ein. Sie wird als die Mutter des Thronfolgers verehrt. In Folge dieser Sitte sind leider die armen Kinder häufigen Vergiftungen und Ermordungen ausgesetzt, denn jede der Frauen, die ein Kind hat, erregt den Neid aller Kinderlosen, der noch ganz besonders gesteigert wird, wenn das Kind ein Knabe ist. Als die Prinzessin ihrem Gemahl nach Tebris folgte, ließ sie ihr Töchterchen unter der Obhut des Großvaters, des Schach's von Persien, zurück, um es vor den Nachstellungen ihrer Nebenbuhlerinnen zu bewahren.

Wenn der Vicekönig ausreitet, so eröffnen einige hundert Soldaten den Zug. Diesen folgen Diener mit großen Stöcken, die dem Volke zurufen, sich vor dem gewaltigen Herrscher zu beugen. Beamte, Militär und Dienerschaft umgeben den Prinzen, und Soldaten schließen wieder den Zug. Nur der Prinz ist zu Pferde, alle übrigen sind zu Fuße.

Auch des Prinzen Frauen dürfen zu Zeiten ausreiten; sie müssen sich aber dicht verhüllen und sind ganz von Eunuchen umgeben, deren mehrere voraus eilen und dem Volke verkündigen, daß die Frauen des Herrschers auf dem Wege seien. Alles muß dann die Straße verlassen und in die Häuser und Nebengäßchen fliehen.

Durch Dr. Casolani erfuhren die zurückgebliebenen Frauen des vertriebenen Prinzen Behmen, daß ich nach Tiflis zu gehen gedachte. Sie ließen mich ersuchen, zu ihnen zu kommen, um dem Prinzen sagen zu können, daß ich sie gesehen und gesund verlassen habe. Der Doctor durfte mich hier in das Besuchzimmer begleiten. Er war der Freund und Arzt des Prinzen gewesen, und hatte, da letzterer nicht zu den ganz fanatischen gehörte, Zutritt bei den Frauen.

Bei diesem Besuche gab es nicht viel des bemerkenswerthen. Das Haus war einfach, eben so der Garten, die Frauen hatten sich in große Tücher eingeschlagen, weil der Doctor zugegen war, manche verbargen sogar einen Theil des Gesichtes, wenn sie mit ihm sprachen. Unter den Frauen fehlte es nicht an Jugend, den Jahren nach; allein sie sahen alle weit älter aus, als sie wirklich waren. Der jüngsten, die zwei und zwanzig Jahre zählte, hätte ich wenigstens dreißig gegeben. Man stellte mir auch eine etwas plumpe, braune, sechzehnjährige Schönheit vor, die kürzlich in Constantinopel angekauft, der neueste Zuwachs im Harem war. Die Frauen schienen ihre Nebenbuhlerin mit Gutmüthigkeit zu behandeln, — sie erzählten mir in recht herzlichem Tone, daß sie sich viele Mühe gäben, sie persisch zu lehren.

Unter den Kindern gab es ein ausgezeichnet schönes Mädchen von sechs Jahren, dessen reines, zartes Engelsgesichtchen glücklicherweise noch nicht durch das Auflegen weißer und rother Schminke und durch das Bemalen der Augenbrauen entstellt war. Dieses Kind, wie auch die übrigen, war ganz nach Art der Frauen gekleidet, und ich sah an ihnen, daß der persische Anzug, wie man mir gesagt hatte, wirklich etwas unsittlich sei. Das Leibchen schlug sich bei jedesmaliger rascherer Bewegung zurück, das Seiden- oder Gazehembchen, das kaum bis über die Brust reichte, zog sich ganz in die Höhe, und so sah man so ziemlich das ganze Körperchen bis an die Lenden. Dasselbe bemerkte ich auch bei den Dienerinnen, die sich mit Theebereitung oder mit andern Arbeiten beschäftigten, bei jeder Bewegung verrückte sich die Hülle.

Weit interessanter als dieser Besuch war jener bei Haggi-Chefa-Hanoum, einer der vornehmsten und gebildetsten Frauen in Tebris. Schon der Eintritt in Hof und Haus verrieth einen gut waltenden Geist. Noch in keinem orientalischem Hause hatte ich so viel Reinlichkeit und Geschmack gefunden. Den Hof würde ich für den Garten gehalten haben, hätte ich nicht späterhin von den Fenstern des Empfangssaales den wirklichen Garten gesehen. Die Gärten hier stehen zwar den unsrigen weit nach; doch sind sie wahre Prachtstücke im Vergleiche zu jenen in Bagdad. Man sieht doch Blumen, Rebengänge und Lauben, zwischen den Fruchtbäumen freundliche Wasserbecken und üppige Grasplätze.

Der Empfangssaal war sehr groß und hoch, die Vorder- und Rückseite (wovon die eine die Aussicht in den Hof, die andere jene in den Garten beherrschte) bestand aus Fenstern, deren Scheiben in ganz kleine Sechs- und Achtecke eingetheilt und in vergoldete Holzrähmchen gefaßt waren, — auch an den Thürstöcken gab es einige Vergoldungen. Der Fußboden war mit Teppichen ausgelegt, an der Stelle, wo die Frau des Hauses saß, lag ein zweiter kostbarer Teppich über den ersten gebreitet. Man hat in Persien keine Divans, sondern nur dicke, runde Polster, an welche man sich lehnt.

Mein Besuch war angesagt gewesen. Ich fand eine große Gesellschaft von Frauen und Mädchen vereint, die wohl die Neugierde, eine Europäerin zu sehen, herbei gelockt haben mochte. Ihre Kleidung war kostbar wie jene der Prinzessin, nur fehlte der ausgesuchte Schmuck. Es gab unter ihnen mehrere Schönheiten; doch auch sie hatten etwas zu breite Stirnen und zu starke Backenknochen. Das reizendste an den Perserinnen sind die Augen, die sich sowohl durch Größe als auch durch schöne Form und Lebhaftigkeit des Ausdrucks auszeichnen. An Malereien der Haut und Augenhaare fehlte es natürlich nicht.

Dieser Frauenkreis war der angenehmste und feinste von allen, die ich bis jetzt in orientalischen Häusern gefunden hatte. Mit der Frau vom Hause konnte ich mich mit Hülfe ihres achtzehnjährigen Sohnes, der eine ausgezeichnete Erziehung in Constantinopel genossen hatte, in französischer Sprache unterhalten. Nicht nur der Sohn, sondern auch die Mutter und die andern Frauen waren belesen und unterrichtet. Dr. Casolani versicherte mir übrigens, daß die Mädchen der reichen Familien fast alle lesen und schreiben können, — sie sind hierin den Türken weit voraus.

Die Hausfrau, deren Sohn und ich saßen auf Stühlen, die übrigen kauerten auf den Teppichen um uns herum. Ein Tisch, der erste den ich in einem persischen Hause gewahrte, wurde mit einem schönen Tuche überdeckt und voll der prächtigsten Früchte, Näschereien und Scherbets gestellt. Die Näschereien und Scherbets hatte die Hausfrau selbst verfertigt; unter den Süßigkeiten gab es verzuckerte Mandeln und Früchte, die nicht nur einladend aussahen, sondern auch herrlich schmeckten.

Zur Zeit meines Aufenthaltes in Tebris hatten gerade die Zuckermelonen und Pfirsiche den Höhenpunkt ihrer Reife erlangt. Sie waren so ausgezeichnet, daß man wohl sah, Persien sei ihr eigentliches Vaterland. Die Melonen haben häufiger ein weißliches oder grünliches als gelbliches Fleisch; man kann sie bis auf die äußerste feine Schale genießen, und, wenn es möglich wäre, daß etwas die Süße des Zuckers übertrafe, so müßten es diese Melonen sein. Auch die Pfirsiche sind überaus saftig, süß und aromatisch.

Bevor ich Tebris verlasse, muß ich noch mit einigen Worten des Volkes erwähnen. Die Gesichtsfarbe des gemeinen Mannes ist wohl etwas mehr als sonnenverbrannt; unter der höhern Classe herrscht die weiße Hautfarbe bei beiden Geschlechtern vor. Alle haben schwarze Augen und Haare. Der Wuchs ist kräftig und hoch, die Gesichtszüge sind sehr markirt, besonders die Nase, der Blick ist etwas wild. Die Frauen der vornehmen und geringen Klasse gehen ungemein dicht verschleiert. Die besser gekleideten Männer tragen, wenn sie ausgehen, ein sehr langes Ueberkleid von dunklem Tuch mit geschlitzten Aermeln, die bis an die Erde reichen; die Mitte umgibt ein Gürtel oder Shawl, den Kopf deckt eine spitze, schwarze Pelzmütze, die über einen Fuß hoch und von den Fellen ungeborner Schafe verfertiget ist. Den Weibern der arbeitenden Klasse scheint es nicht sehr hart zu gehen; ich sah auf der Reise nur wenige in den Feldern beschäftigt, und bemerkte auch hier in der Stadt, daß alle schweren Arbeiten von den Männern verrichtet werden.

In Tebris, wie überhaupt in Persien, sind die Juden, die Suni-Mohamedaner und die Christen unendlich verhaßt. Vor ungefähr drei Monaten waren die Juden und Christen in Tebris der höchsten Gefahr ausgesetzt. Mehrere Haufen Volkes hatten sich zusammen gerottet, durchzogen die Stadttheile dieser Sekten, fingen an zu plündern, die Häuser zu zerstören, den Bewohnern mit dem Tode zu drohen und die Drohungen an einigen sogar in Erfüllung zu bringen. Glücklicherweise wurden diese Gräuelscenen dem Gouverneur der Stadt sogleich angezeigt, und dieser, ein tapferer, entschlossener Mann, nahm sich nicht einmal Zeit, einen Kaftan über sein Hauskleid zu werfen, sondern eilte fort, stürzte sich mitten in den aufgeregten Volkshaufen und wußte selben durch eine kräftige Rede glücklich aus einander zu bringen.

Ich hatte schon bei meiner Ankunft in Tebris den Wunsch geäußert, meine Reise von hier über Natschivan und Erivan nach Tiflis fortzusetzen. Anfangs gab man mir wenig Hoffnung dazu, da seit den letzten politischen Ereignissen in Europa, die russische Regierung gleich der chinesischen den Eintritt in ihr Reich jedem Fremdling streng verbietet; doch versprach mir Herr Stevens, sich mit aller Macht für mich bei dem russischen Consul, Herrn Anitschkow zu verwenden. Dieser gewichtigen Fürsprache, meinem Geschlechte und Alter hatte ich es zu danken, daß man mit mir eine Ausnahme machte. Ich erhielt vom russisch. Consul nicht nur die Erlaubniß, sondern auch außerdem noch mehrere gute Briefe nach Natschivan, Erivan u. Tiflis.

Man rieth mir, von Tebris bis Natschivan (155 Werste, wovon sieben einer geographischen Meile gleich) auf Postpferden zu reiten und bis dahin einen Diener mitzunehmen. Ich that dies und trat am 11. August Morgens neun Uhr meine Reise an. Mehrere Herren, deren Bekanntschaft ich in Tebris gemacht hatte, begleiteten mich ein halb Dutzend Werste außer der Stadt, und an den Ufern eines schönen Flüßchens gelagert, nahmen wir noch ein kaltes Frühstück. Dann setzte ich meine Wanderung fort, zwar allein, aber getrost und guten Muthes, — — kam ich ja nun in christliche Länder unter dem Scepter eines europäischen, Recht und Ordnung handhabenden Monarchen.

Asiatisches Rußland.

Armenien, Georgien und Mingrelien.

Sophia. Marand Die russische Gränze. Natschivan. Karavanen-Reise Eine Nacht in der Gefangenschaft. Fortsetzung der Reise. Erivan. Die russische Post. Die Tartaren. Ankunft in Tiflis. Aufenthalt daselbst. Fortsetzung der Reise. Kutais. Marand. Fahrt auf dem Ribon. Redutkale.

11. August. Die Stationen zwischen Tebris und Natschivan sind sehr ungleich; eine der größten aber ist die erste nach dem Oertchen Sophia, zu deren Zurücklegung wir sechs Stunden brauchten. Der Weg führte durch Thäler, die größtentheils unfruchtbar und unbewohnt waren.

Da es schon drei Uhr war, als wir in Sophia anlangten, wollte man mich nicht mehr weiter befördern, — man wies auf die Sonne, um mir anzudeuten, daß es zu spät sei, und machte dabei die Miene, daß ich von Räubern überfallen, geplündert nnd wohl gar erschlagen werden könnte; allein dergleichen Vorstellungen fanden nie Eingang bei mir, und nachdem ich mit vieler Mühe herausgebracht hatte, daß bis zur nächsten Station nur vier Stunden seien, so bestimmte mich dies, die Reise fortzuſetzen, und ich befahl zum Verdruſſe meines Dieners, den ich bis Natſchivan gemietet hatte, friſche Pferde zu ſatteln

Gleich hinter Sophia kamen wir in enge, öde Felsthäler, die mein Führer für ſehr gefährlich ausgab, und die ich gerade nicht zur Nachtzeit hätte paſſiren mögen. Jetzt aber leuchtete die Sonne noch in vollem Glanze, ich trieb mein Pferd zur Eile an und ergötzte mich nebenbei an der herrlichen Farbenmiſchung und Gruppirung der Felsmaſſen. Manche ſchimmerten blaßgrün, andere waren mit einer weißen, halb durchſichtigen Subſtanz überzogen, wieder andere endeten in vielen, ſonderbar geformten Zacken und ſahen von der Ferne wie ſchöne, reiche Baumgruppen aus, — es gab ſo viel zu ſehen, daß ich wahrlich nicht Zeit hatte, an Furcht zu denken.

Auf halbem Wege lag ein niedliches Dörfchen in einem der kleinen Thäler; hinter dieſem ging es einen ſteilen Berg hinan, auf deſſen Spitze mich die überraſchende Anſicht einer großartigen Gebirgswelt lange gefeſſelt hielt.

Zwar erſt gegen acht Uhr kamen wir in der Station Marand an, aber doch mit Hals und Kopf und Gepäck.

Marand liegt in einem fruchtbaren Thale, iſt das letzte perſiſche Städtchen, das ich zu ſehen bekam, und eines der freundlichſten und ſchönſten Orte. Es hat breite, reinliche Gaſſen, wohl erhaltene Häuſer- und Gartenwände und mehrere kleine Plätze mit ſchönen Quellen, die noch überdies von Bäumen eingefaßt ſind.

Minder ſchön als das Städchen war meine Nachtherberge: ich mußte den Hof mit den Poſtpferden theilen. Mein Abendmahl beſtand aus einigen geröſteten, angebrannten und ganz verſalzenen Eiern.

12. August. Heute hatten wir bis Arax, dem russischen Grenzorte, zwar nur eine Station, aber eine Station von eilf Stunden. Wir folgten dem Laufe eines kleinen Baches, der sich durch öde Schluchten und Thäler wand; nicht einmal ein Dörfchen lag im Wege, und außer einigen kleinen Mühlen und den Ruinen einer Moschee sah ich kein Gebäude mehr im persischen Reiche. — Persien ist überhaupt des Wassermangels wegen sehr wenig bevölkert, und kein Land der Welt hat mehr Berge und weniger Flüsse als Persien. Deßhalb ist die Luft auch sehr trocken und heiß.

Das Thal, in welchem Arax liegt, ist groß und durch die wunderbare Gestaltung der Berge und Felsen sehr pitoresk. Weit im Hintergrunde erheben sich hohe Gebirge, worunter der Ararat mit mehr denn 16,000 Fuß, und im Thale selbst steigen viele einzelne Felsberge wie Wände und Thürme empor. Der bedeutendste darunter, ein schöner, spitzer Felskegel von wenigstens tausend Fuß Höhe, heißt der Schlangenberg oder Ilan=nidag.

Nahe an den Vorgebirgen strömt der Fluß Aras oder Araxes. Er scheidet Armenien von Medien, hat einen schrecklichen Fall und wirft hohe Wellen. Hier bildet er die Gränze zwischen dem persischen und russischen Gebiete. Wir setzten über ihn in einem Boote. Am jenseitigen Ufer liegen einige Häuschen, an welchen man angehalten wird, und wo man sich ausweisen muß, daß man kein Räuber und Mörder, ganz besonders aber kein politisch gefährlicher Mensch sei. Nebenbei wird man auch hier auf einige Zeit in die Quarantaine gesperrt, wenn allenfalls die Pest oder die Cholera gerade ihr Unwesen in Persien treiben sollten.

Ein Brief von dem russischen Consul aus Tebris an den ersten hiesigen Beamten verschaffte mir eine sehr höfliche Aufnahme, — der Mangel an Pest und Cholera enthob mich der Quarantaine. Kaum stand ich aber auf russischem Boden, so fing auch schon die unverschämte Bettelei um Trinkgeld an. Der Beamte hatte unter seinen Leuten einen Kosaken, der vorgab deutsch zu verstehen; man sandte ihn zu mir, um nach meinen Wünschen zu fragen. Der Spitzbube wußte so viel deutsch als ich chinesisch, kaum drei bis vier Worte. Ich bedeutete ihm daher, daß ich seiner nicht bedürfe; trotz dem streckte er gleich die Hand aus und bat um Trinkgeld.

13. August. Zeitlich des Morgens verließ ich in Begleitung eines Zollaufsehers Arax und ritt fünf und dreißig Werste nach dem Städtchen Natschivan, das in einem der großen Thäler liegt, die von dem hohen Gebirge des Ararat umgeben sind. Dieses Thal gehört auch zu den fruchtbaren, ist aber, wie die ganze Umgebung arm an Bäumen.

In keinem Orte der Welt hatte ich so viel Mühe unter Dach und Fach zu kommen, als hier. Ich besaß zwei Briefe, einen an einen deutschen Arzt, den andern an den Gouverneur. Zu letzterem wollte ich nicht im Reiseanzuge gehen, (ich befand mich ja nun unter cultivirten Leuten, die den Menschen sogleich nach dem Anzuge zu schätzen pflegen) und dachte daher, da es keinen Gasthof gab, den Doctor um gütige Aufnahme zu bitten. Ich ließ die Adresse des Briefes, die in der Landessprache geschrieben war, vielen Leuten lesen und bat sie, mich dahin zu weisen; allein jeder schüttelte den Kopf und ließ mich weiter ziehen. So kam ich vor das Zollhaus, wo alsogleich mein Bischen Gepäck in Empfang genommen und ich zum Inspector geführt wurde. Dieser sprach etwas deutsch; allein auch er berücksichtigte meine Bitte nicht. Er hieß mich in die Zollstube gehen und mein Kofferchen aufschließen.

Des Inspektors Frau und Schwester begleiteten mich. Ich war sehr erstaunt über diese Artigkeit, sah aber nur zu bald, daß ein anderer Grund sie dazu bewogen hatte, — beide Damen wollten sehen, was ich mitgebracht habe. Sie ließen sich Stühle geben, nahmen vor meinem Kofferchen Platz, und kaum hatte ich es aufgeschlossen, so wühlten auch schon sechs Hände (die Hände der beiden Damen und jene eines Zollbeamten) darin. Ein Dutzend zusammengefalteter Papierchen, Münzen, getrocknete Blumen und andere Gegenstände von Babylon und Ninive enthaltend, waren in einem Augenblicke aufgerissen und herumgeworfen, jedes Band, jedes Häubchen wurde herausgenommen, ja der Frau Inspectorin sah man es deutlich an, daß es ihr einen Kampf kostete, die Bänder wieder aus den Händen zu lassen, — — ich meinte am Ende wahrhaftig, erst jetzt unter Wilde gerathen zu sein.

Nachdem der Koffer genügend untersucht war, kam die Reihe an ein Kistchen, das meinen größten Schatz enthielt, einen kleinen Kopf in Relief von Ninive[*]). Man

---

[*]) Ich erhielt diesen Kopf erst, nachdem ich meine Effekten von Mossul abgesendet hatte, ich mußte ihn daher selbst mitnehmen.

griff nach einer schweren Holzhacke, um den Deckel von dem fußlangen Kistchen wegzuschlagen. Das war mir zu arg. Ich warf mich darüber und ließ es nicht geschehen. Zu meinem Glücke kam gerade noch eine dritte Frau, eine Deutsche *) herbei. Ich sagte ihr, was in dem Kistchen sei, und daß ich mich nicht weigere, es öffnen zu lassen, nur möge man es behutsam thun, mit einem Stemmeisen und einer Zange. Aber, o Wunder! **man hatte auf dem Zollamte, wo täglich dergleichen Fälle vorkommen, nicht einmal diese Werkzeuge.** Wenigstens brachte ich es dahin, daß man den Deckel mit Vorsicht — — in drei Theile brach. — Ohngeachtet der Aufregung, in welcher ich war, mußte ich dennoch über die albernen Gesichter lächeln, welche die beiden Damen vom Hause und der Herr Zollbeamte machten, als sie die Bruchstücke von Ziegeln aus Babylon und den etwas beschädigten Kopf erblickten, — sie konnten es gar nicht fassen, daß man solche Sachen mit sich schleppe.

Die deutsche Frau, Henriette Alexandwer, lud mich zu sich auf eine Tasse Kaffee ein, und als sie meine Verlegenheit hinsichtlich eines Unterkommens hörte, wies sie mir sogleich ein Zimmer in ihrem Hause an. Am folgenden Tage machte ich meinen Besuch bei dem Gouverneur, der mich sehr höflich empfing und mich mit Gefälligkeiten überhäufte, — ich mußte sogleich in sein Haus ziehen.

---

*) Im russischen Gebiete findet man überall viele Deutsche, erstlich sind viele fremde Deutsche angestellt, zweitens besitzt der russische Kaiser auch mehrerer Provinzen in welchen die deutsche Sprache die herrschende ist.

Er besorgte meinen Paß und alle Visa's, deren ich seit dem kurzen Eintritte in das christliche Reich schon ein halb Dutzend benöthigte, und unterhandelte für mich mit einem Tartaren, dessen Karavane nach Tiflis ging. Mit der guten deutschen Frau Alexandwer besah ich das erbärm=lich, halbverfallene Städtchen und das Grabmahl Noah's.

Natschivan soll nach persischen Berichten eine der größten und schönsten Städte Armeniens gewesen sein, und armenische Schriftsteller behaupten, daß Noah der Gründer dieser Stadt war. Die gegenwärtige Stadt ist ganz im orientalischen Style gebaut, nur an wenigen der neuern Häuser gehen die Fenster und Thüren der Gasse zu, meistens ist die Fronte nach den kleinen Gärten gerichtet. Auch die Tracht des Volkes ist noch ziemlich der persischen ähnlich; nur die Beamten, Kaufleute u. s. w. gehen euro=päisch gekleidet.

Von Noah's Monument steht nur mehr ein kleines gewölbtes Gemach ohne Kuppel. Es scheint einst mit ei=ner solchen überdeckt gewesen zu sein; allein mit Gewiß=heit kann man nach den wenigen vorhandenen Ruinen nicht darauf schließen. Im Innern sieht man weder einen Sarkophag noch ein Grab, nur in der Mitte steht ein ge=mauerter Pfeiler, der die Decke stützt. Das Ganze ist mit einer niedern Mauer umgeben. Viele Pilger, nicht nur Christen, auch Mohamedaner kommen hierher. — Die Pilger beider Secten haben den merkwürdigen Glauben, daß, wenn sie ein Steinchen an die Wand drücken, dabei etwas denken und das Steinchen kleben bleibt, das Ge=bachte wahr sei oder in Erfüllung gehen werde; im ent=gegengesetzten Falle bleibt es nicht kleben. Die Sache ver=

hält sich aber ganz einfach so: der Cement oder Kalk ist stets etwas feucht, schiebt man daher ein flaches Steinchen während des Andrückens etwas aufwärts, so bleibt es kleben; drückt man es aber gerade nur auf, so fällt es ab.

Unweit Noahs Grabmahl steht ein sehr schönes Monument; leider konnte ich nicht erfahren, aus welcher Zeit und von wem es herrührt. Es besteht aus einem hohen, thurmähnlichen Bau mit zwölf Kanten, die Wände zwischen den Kanten sind von oben bis unten mit den kunstvollsten mathematischen Figuren in Drei- und Sechsecken überdeckt, einzelne Stellen auch mit blauer Thonglasur eingelegt. Eine Mauer umgibt das Monument und bildet einen kleinen Hof umher; an dem Eingangsthore stehen halbverfallene Thürmchen, Minarets ähnlich.

17. August. Ich fühlte mich heute sehr unwohl, was mir um so unangenehmer war, als Abends die Karavane abging. Ich konnte schon seit mehreren Tagen keine Nahrung genießen und war von großer Mattigkeit befallen. Dennoch verließ ich das Ruhebett und bestieg meinen Karavanen-Gaul, — ich dachte, daß Luftveränderung das beste Heilmittel sein dürfte.

Wir gingen glücklicherweise nur eine kleine Strecke bis vor das Stadtthor, und blieben da die Nacht und den folgenden Tag. Erst am Abende des

18. Aug. zogen wir weiter. Die Karavane führte nur Waaren mit, die Führer waren Tartaren. Man macht die Reise von Natschivan nach Tiflis (500 Werste) gewöhnlich in zwölf bis vierzehn Tagen; mit meiner Karavane aber mußte ich, dem Anfange nach zu urtheilen, wohl auf sechs Wochen gefaßt sein, denn wir legten in der er-

ſten Nacht kaum eine Stunde, in der zweiten wenig mehr als vier Stunden zurück, — zu Fuß wäre ich weiter gekommen.

19. Aug. Es iſt wahrlich nicht auszuhalten. Den ganzen Tag über lagen wir auf öden Stoppelfeldern, der glühendſten Sonnenhitze ausgeſetzt, erſt Abends neun Uhr beſtiegen wir die Pferde, und vier Stunden darauf, um ein Uhr, wurde ſchon wieder angehalten und gelagert. Das einzige Gute bei dieſer Karavane war die Koſt. Die Tartaren leben nicht ſo frugal wie die Araber: alle Abende wurde ein herrlicher Pilav mit wohlſchmeckendem Fette gemacht, oft gab man ſogar getrocknete Roſinen oder Pflaumen hinein. Außerdem brachte man uns beinahe täglich köſtliche Waſſer = und Zucker = Melonen zum Kaufe. Die Verkäufer, meiſt Tartaren, ſuchten ſtets ein kleines, gutes Stück aus und boten mir es an, ohne je Geld dafür zu nehmen.

Der Weg führte immer durch große, fruchtbare Thäler um den Fuß des Ararat. Heute ſah ich den majeſtätiſchen Berg in voller Reinheit und ziemlicher Nähe. Ich glaube, daß wir kaum zwei bis drei deutſche Meilen von ihm entfernt waren. Er erſcheint ſeiner Größe halber von den andern Gebirgen wie abgeſondert und allein ſtehend; iſt aber in der That durch niedere Hügelreihen mit der Gebirgskette des Taurus verbunden. Sein höchſter Gipfel iſt geſpalten, ſo daß ſich zwiſchen zwei Spitzen eine kleine Fläche bildet, und hier ſoll nach der Sündfluth die Arche Noahs ſitzen geblieben ſein. Es gibt Leute, die behaupten, daß ſie da noch zu finden wäre, wenn man nur den ſie bedeckenden Schnee hinwegräumen könnte.

In den neuern Geographien wird die Höhe des Ararat auf 16,900 Fuß angegeben, in den ältern auf 11,000. Den Berg Ararat nennen die Perser und Armenier Macis, die griechischen Schriftsteller geben den Berg für einen Theil des Taurus aus. Der Ararat ist ganz öde und oben mit Schnee bedeckt, der nie wegschmilzt; unten am Berge liegt das Kloster Arakilvank an der Stelle, wo Noah seine erste Wohnung aufgeschlagen haben soll.

20. August lagerten wir in der Nähe des Dörfchens Gadis. In die Provinz Ararat in Armenien setzen viele Ausleger der heiligen Schrift das Paradies. Auf jeden Fall ist Armenien ein Schauplatz der berühmtesten Begebenheiten. Nirgends sind so viele und blutige Schlachten vorgefallen als in diesem Lande, da alle großen Eroberer Asiens Armenien unter ihre Bothmäßigkeit gebracht hatten.

21. August. Noch immer blieben wir dem Arar. nahe. Wir kamen mitunter an russischen und deutschen Kolonien vorüber; die Häuser in den letzteren sahen ganz wie jene in deutschen Gebirgsdörfern aus. Der Weg war stets sehr holperig und steinig, und ich begreife kaum, wie er von der Post befahren werden kann.

Heute wiederfuhr mir ein sehr unangenehmes Abenteuer.

Meine Karavane lagerte in der Nähe der Station Sidin, ungefähr fünfzig Schritte seitwärts der Poststraße. Gegen acht Uhr Abends ging ich bis an die Straße spazieren, und als ich wieder umkehren wollte, hörte ich den Glockenschall der Postpferde. Ich blieb an der Straße stehen um die Reisenden zu sehen, — ein Herr und neben diesem ein Kosak mit einem Gewehre saßen auf dem offenen Karren. Als der Wagen vorüber gefahren war, wandte ich mich ruhig um, hörte aber zu meinem Erstaunen den Wagen halten und fühlte mich beinahe im selben Augenblicke kräftig am Arme gefaßt. Es war der Kosak, der mich zum Wagen hinschleppen wollte. Ich suchte mich loszureißen, wies mit der freien Hand nach der Karavane und schrie, daß ich dazu gehöre. Der Kerl verhielt mir alsogleich mit der andern Hand den Mund und warf mich auf den Wagen, wo mich der Herr festpackte. Der Kosak sprang schnell auf und der Kutscher mußte fahren, so schnell die Pferde laufen konnten. Dies alles ging so eilig, daß ich eigentlich nicht wußte was mit mir geschah. Die Männer hielten mich an den Armen fest, und der Mund wurde mir erst wieder freigelassen, als wir von der Karavane so weit entfernt waren, daß man mein Geschrei nicht mehr gehört hätte.

Furcht befiel mich zum Glück nicht — ich dachte gleich, daß mich diese beiden liebenswürdigen Russen in ihrem Eifer für eine sehr gefährliche Person gehalten und gemeint haben mögen, einen gar wichtigen Fang an mir zu machen. Als man mir den Mund frei ließ, begann das Register der klugen Fragen nach Namen, Vaterland u. s. w. Ich verstand zwar genug russisch, um ihnen darüber Auskunft zu geben; allein sie waren damit nicht zufrieden und verlangten meinen Paß zu sehen; ich sagte ihnen, sie sollten nach meinem Koffer schicken, dann werde ich mich zu ihrer vollsten Zufriedenheit legitimiren.

Wir kamen endlich nach dem Posthause, wo man mich in eine Stube brachte, — der Kosak setzte sich mit dem Gewehre unter die offene Thüre, um mich stets im Auge zu behalten, und auch der Herr, den ich der dunkelgrünen sammtnen Aufschläge halber für einen kaiserlichen Beamten hielt, blieb eine Weile im Zimmer. Nach einer halben Stunde kam der Postmeister oder was er war, um mich in Augenschein zu nehmen und die Heldenthat meiner Fänger erzählen zu hören, die sich beeilten recht ausführlich und mit lachendem Munde das Geschehene mitzutheilen.

Ich mußte die Nacht unter strenger Bewachung auf einer hölzernen Bank zubringen, hatte weder ein Tuch noch einen Mantel bei mir und fühlte Hunger und Durst. Man gab mir weder eine Decke noch ein Stück Brot, und wenn ich nur von der Bank aufstand, um im Zimmer auf und nieder zu gehen, sprang der Kosak gleich herzu, faßte mich am Arme und führte mich zur Bank zurück, mit dem Bedeuten, mich da ruhig zu verhalten.

Gegen Morgen brachte man meine Effekten, ich wies meine Papiere und man gab mich frei. Statt sich aber zu entschuldigen, mich so behandelt zu haben, lachte man mich noch aus, und als ich in den Hof hinaus kam, wiesen alle Leute mit den Fingern nach mir und stimmten in das Gelächter meiner Profosen ein. — O, ihr guten Araber, Türken, Perser, Hindus und wie ihr alle heißen möget, ähnliches ist mir unter euch nie geschehen! Wie gut bin ich nicht in all' euren Ländern fortgekommen, — wie nachsichtig behandelte man mich an der persischen Gränze, als ich nicht verstehen wollte, daß man den Paß von mir verlangte, — und hier in dem christlichen Reiche, wie viel Unbilden hatte ich auf dieser kurzen Strecke schon zu erleiden!

Am 22. August kam ich wieder zu meiner Karavane, die mich mit herzlicher Theilnahme empfing.

23. August. Die Gegend bleibt sich noch immer so ziemlich ähnlich, — man sieht von einem großen Thale in das andere. Diese Thäler sind weniger cultivirt wie die in Persien; heute jedoch sah ich eines, das ziemlich angebaut war, und in welchem die Dorfbewohner sogar Bäume vor ihre Hütten gepflanzt hatten.

24. August. Station Erivan. Ich war glücklich, diese Stadt erreicht zu haben, denn ich hoffte hier einige Landsleute zu treffen und durch deren Hülfe eine raschere Reisegelegenheit nach Tiflis zu finden. Mein Entschluß stand fest, meine Karavane zu verlassen, da sie täglich nie mehr als vier Stunden machte.

Ich hatte zwei Briefe, einen an den Stadtarzt Herrn Müller, den andern an den Gouverneur. Letzterer war auf dem Lande; Dr. Müller nahm sich aber meiner so sehr an, daß ich wahrlich nicht besser hätte aufgehoben sein können.

Erivan*), am Flusse Zengui, die Hauptstadt von Armenien oder Transkaukasien zählt bei 17,000 Einwohner,

---

*) Die Sage erzählt, die Gegend um Erivan sei unter allen Gegenden der Erde zuerst bevölkert gewesen. Noah mit seiner Familie wohnte vor und nach der Sündfluth hier, auch soll hier das Paradies gelegen haben. Erivan hieß einst Terva und war die Hauptstadt Armeniens. — Unweit von Erivan liegt das größte Heiligthum der armenischen Christen, das Kloster Ecs-miazim. Die Kirche ist einfach ausgestattet, die Säulen, 73 Fuß hoch, bestehen aus zusammengesetzten Steinmassen. In der Schatzkammer sollen einst zwei Nägel gewesen sein, mit welchen Christus ans Kreuz liegt auf niedern Hügeln in einer großen Ebene, auf allen Seiten von Bergen umschlossen und ist mit einigen Festungsmauern umgeben. Obwohl die europäische Bauart schon sehr hervorzutreten beginnt, so gehört diese Stadt doch noch keinesweges zu den schönen und reinlichen. — Die größte Unterhaltung gewährten mir die Spaziergänge auf den Bazars, nicht der Auslagen wegen — diese boten durchaus nichts schönes, — sondern weil ich da stets verschiedene, mir noch größtentheils unbekannte Völkertrachten sah. Da waren Tartaren, Kosaken, Tscherkessen, Georgier, Mingrelier, Turkomanen, Armenier u. s. w., meist kräftige, hübsche Leute mit schönen ausdrucksvollen Gesichtszügen, besonders was die Tartaren und Tscherkessen betrifft. Ihre Tracht war zum Theil der persischen ähnlich, ja die der Tartaren unterschied sich von jener der gemeinen Perser nur durch Spitzen an den Stiefeln und die viel niedrigere Mütze. Die Spitze am Stiefel ist oft bis an vier Zoll lang und an dem Ende gegen einwärts gebogen, die Mütze ist auch spitzig und von schwarzem Pelzwerke, aber wohl um die Hälfte niedriger. — Von dem weiblichen Geschlechte all' dieser Völkerstämme sieht man nur wenige auf den Gassen, und diese sind in Tücher eingehüllt; jedoch verschleiern sie wenigstens das Gesicht nicht.

---

genagelt war, ferner die Lanze, mit welcher er in die Seite gestochen wurde, und endlich, der ungenähte Rock Christi. Im Mittelpunkt der Kirche, versichert man, sei der Ort, wo Noah nach seiner Befreiung Gott einen Altar gebaut und Opfer gebracht habe. Nächst diesen ist die Kirche noch im Besitze einer Unzahl von wichtigen Reliquin.

Die Russen und die Kosaken haben kalmukenartige, dummrohe Züge, und ihr Benehmen rechtfertigt vollkommen, was ihre Züge verkünden; kein Volk fand ich so habgierig, grob und knechtisch wie dieses. Wenn ich um etwas frug, gab man mir entweder keine oder eine grobe Antwort, oder man lachte mir ins Gesicht und ließ mich stehen. Mir würde diese Rohheit vielleicht nicht so sehr aufgefallen sein, wäre ich von Europa gekommen.

Schon in Natschivan war ich Willens gewesen, mit der russischen Post zu reisen; allein man hatte mir davon abgerathen, indem man mir versicherte, daß ich als einzelne Frau mit dem artigen Postpersonale durchaus nicht auskommen würde. Hier aber war ich fest entschlossen, es dennoch zu thun, und ich bat Dr. Müller alle Anstalten dazu zu treffen.

Um in dem lieben russischen Reiche mit Postpferden fahren zu dürfen, muß man eine Padroschne (Erlaubnißschein) lösen, die man nur in einer Stadt bekommen kann, in welcher sich verschiedene Gerichtsstellen befinden, denn man hat für dieses wichtige Staatsdokument sechs Gänge nöthig, — — 1. zum Rentmeister, 2. zur Polizei (natürlich mit Paß, Aufenthaltskarte u. s. w.), 3. zum Kommandanten, 4. wieder zur Polizei, 5. wieder zum Rentmeister und 6 zum letztenmal zur Polizei. In der Padroschne muß man genau angeben, wie weit man reisen will, denn auch nur eine Werst über die angegebene Station darf der Postmeister nicht mehr fahren lassen. Zum Schluß muß man für jedes Pferd per Werst eine halbe Kopeke ($\frac{1}{2}$ Kreuzer) bezahlen. Dies scheint im ersten Augenblicke nicht viel, ist aber doch eine bedeutende Taxe, wenn man bedenkt, daß sieben Werste erst eine geographische Meile machen und daß man stets mit drei Pferden reist.

Am 26. August um vier Uhr Morgens sollte die Post vor dem Hause sein; allein es schlug sechs, und noch war nichts davon zu sehen. Hätte Dr. Müller nicht die Güte gehabt, selbst dahin zu gehen, dann wäre sie wohl erst des Abends vorgefahren. Um sieben Uhr kam ich fort, — ein herrlicher Vorgeschmack für die Weiterbeförderung.

Das Fahren ging nun freilich flink; wer aber nicht einen Körper von Eisen oder einen gut gepolsterten Federwagen hat, wird an dieser Schnelligkeit keinen großen Geschmack finden und es gewiß vorziehen, auf den holperigen schlechten Wegen langsamer zu fahren.

Der Postwagen, für den man pr. Station zehn Kopeken zahlt, ist nichts weiter als ein sehr kurzer hölzerner, ungedeckter Karren mit vier Rädern. Statt eines Sitzes wird etwas Heu hinein gelegt, und man hat gerade so viel Platz, einen kleinen Koffer zu stellen, auf welchen sich der Postillon setzt. Diese Karren stoßen natürlich ganz außerordentlich. Dabei hat man gar keinen Anhalt, so daß man sehr vorsichtig sein muß, nicht herab zu fliegen. Die Bespannung besteht aus drei Pferden neben einander; über das mittlere wölbt sich ein hölzerner Bogen, an welchem zwei bis drei Glocken hängen, die fortwährend einen höllischen Lärm machen. Dazu denke man sich das Knarren des Wagens, das Schreien des Kutschers, der stets in großer Thätigkeit ist, die armen Thiere anzutreiben, und man wird es begreiflich finden, wie sich schon öfter der Fall hat ereignen können, daß der Wagen auf der Station ohne Reisenden angekommen ist. Das Geschrei des Unglücklichen kann das Ohr des Kutschers nicht erreichen. — Die Eintheilung der Stationen ist sehr ungleich: sie wechseln von vierzehn bis dreißig Werste.

Zwischen der zweiten und dritten Station kam ich über eine ganz kurze Strecke, auf welcher ich eine Art Lava fand, die vollkommen der schönen glänzenden, glasigen Lava auf Island (schwarzer Achat, auch Obsidian genannt) glich, und von welcher man behauptet, daß nur Island der alleinige Fundort sei. Die dritte Station führte durch ein neu angelegtes russisches Dorf, das sich an dem See Liman ausbreitet.

27. August. Heute machte ich schon wieder eine Erfahrung, wie angenehm es sei, mit der russischen Post zu fahren. Ich hatte am Abende zuvor schon alles bestellt und bezahlt; dennoch mußte ich selbst am Morgen den Postbeamten wecken, selbst nach dem Kutscher sehen und immerwährend hinter den Leuten her sein, um nur fort zu kommen. Auf der dritten Station ließ man mich vier Stunden auf die Pferde warten, und auf der vierten Station gab man mir gar keine; ich mußte mich bequemen, da über Nacht zu bleiben, obwohl ich den ganzen Tag nur fünf und fünfzig Werste gemacht hatte.

Vor Delischan ändert die Gegend ihren Charakter: die Thäler verengen sich zu schmalen Schluchten, und die Berge treten nur selten so weit zurück, kleinen Dörfern und Grundstücken Platz zu gönnen. Auch die nackten Felsmassen verlieren sich, und üppige Wälder decken die Höhen.

Bei Pipis, der letzten Station die ich heute machte, erhoben sich knapp an der Fahrstraße herrliche Felswände und Felstrümmer, wovon einige beinahe die Form großartiger Säulen hatten.

28. August. Beständige Plage mit dem Postvolke. — Ich bin die größte Feindin von Zank und harter Begegnung; aber zu diesen Leuten hätte ich fürwahr am liebsten mit dem Stocke gesprochen, — man kann sich von ihrem Stumpfsinne, ihrer Rohheit und Gefühllosigkeit keine Vorstellung machen. Beamte wie Knechte findet man häufig zu jeder Tagesstunde schlafend und betrunken. In diesem Zustande thun sie was ihnen beliebt, weichen nicht von der Stelle und lachen noch den armen Reisenden ins Gesicht. Durch vieles Streiten und Lärmen bewegt man endlich einen, den Karren heraus zu schieben, einen zweiten denselben zu schmieren, ein anderer füttert die Pferde, die oft erst beschlagen werden müssen, dann ist das Riemzeug nicht in Ordnung und muß erst zusammengeknüpft und geflickt werden, — und so noch unzählige Sachen, die alle mit der größten Langsamkeit verrichtet werden. Aeußerte ich mich späterhin in den Städten mißbilligend über diese elenden Postanstalten, so gaben mir die Herren zur Antwort, daß diese Länder noch zu kurze Zeit unter russischer Herrschaft ständen, daß die Kaiserstadt zu weit entfernt sei, und daß ich als einzelne Frau ohne Diener mich noch glücklich schätzen könne, so durchgekommen zu sein.

Ich wußte darauf nichts zu erwiedern, als daß in den neuesten überseeischen Besitzungen der Engländer, die noch weiter von der Hauptstadt entfernt lägen, alles vortrefflich eingetheilt und vollkommen gut geordnet sei, und daß man dort eine Frau ohne Diener eben so schnell befördere als einen Gentleman, denn man findet ihr Geld und ihre Ansprüche nicht minder gewichtig als jene eines Herren. Ganz anders ist es aber auf einem russischen Postamte: wenn ein Beamter oder Offizier kömmt, — da hat alles Hände und Füße, da krümmt sich alles um die Wette, denn man fürchtet Prügel und Strafen. Offiziere und Beamte gehören in Rußland zur privilegirten Kaste und erlauben sich alle Eigenmächtigkeiten. Wenn sie z. B. nicht im Dienste reisen, sollen sie, der Vorschrift gemäß, nicht mehr Recht haben als jeder Privatreisende. Aber statt mit gutem Beispiele voranzugehen, um dem großen Haufen zu zeigen, daß man sich den Gesetzen und Ordnungen fügen müsse, so sind gerade sie es, die alle Gesetze mit Füßen treten. Sie schicken einen Diener voraus oder ersuchen einen ihrer reisenden Freunde, auf den Stationen zu melden, daß sie an diesem oder jenem Tage kämen und acht bis zwölf Pferde benöthigten. Tritt während dieser Zeit irgend ein Hinderniß ein, fällt eine Jagd, ein Essen vor, oder bekömmt die Gemalin Kopfweh oder Krämpfe, so verschiebt man die Reise ganz einfach um einen oder zwei Tage, — die Pferde stehen fortwährend bereit und der Postbeamte darf es nicht wagen, sie Privatreisenden zu geben*). So kann es sich treffen, daß man ein auch zwei Tage auf derselben Station sitzen bleibt und mit der so eilig fahrenden russischen Post nicht weiter kömmt als mit einer Karavane. Im Laufe meiner Reisen mit der

---

*) Es geht so weit, daß wenn die Pferde schon angespannt sind, der Reisende bereits im Wagen sitzt, und es kommt ein Offizier oder Beamter, man die Pferde wieder ausspannt, den Privaten sitzen läßt und die andern Herren expedirt.

russischen Post machte ich mehrmals eine einzige Station während eines ganzen langen Tages. Wenn ich eine Uniform gewahrte, überfiel mich jederzeit ein Fieberschauer — — ich mußte gefaßt sein, keine Pferde zu bekommen.

In jedem Posthause gibt es eine auch zwei Gaststuben und dabei einen verheiratheten Kosaken, der sammt seinem Weibe die Fremden bedient und für sie kocht. Für das Zimmer ist nichts zu zahlen, der Erstkommende hat das Recht. Das Dienstpersonale ist so gefällig wie das Stallpersonale, und man hat oft Mühe, sich mit schwerem Gelde einige Eier, Milch oder sonst etwas zu verschaffen.

Die Reise durch Persien war lebensgefährlich, die durch das asiatische Rußland aber so empörend, daß ich erstere unbedingt vorziehe.

Von Pipis an nimmt die schöne Gegend wieder sehr ab, die Thäler dehnen sich aus, die Gebirge werden niedriger, und beide sind häufig baumlos und kahl.

Ich begegnete heute mehreren Nomadenzügen von Tartaren. Die Leute saßen auf Ochsen und Pferden und hatten auch auf solche ihre Zelte und ihren Hausrath gepackt; die Kühe und Schafe, deren es stets eine große Menge gab, wurden nebenher getrieben. Die Tartarinnen waren meist sehr kostbar und zugleich sehr abgerissen gekleidet. Ihr Anzug bestand fast durchgehends aus hochrothen Seidenzeugen, die oft sogar mit Goldfäden durchwirkt waren. Sie trugen weite Hosen, einen langen Kaftan und einen kürzeren darüber, auf dem Kopfe eine Art Bienenkorb, Schaube genannt, der aus Baumrinde gemacht, roth überzogen, und mit Blechen, Korallen und kleinen Münzen behangen ist. Von der Brust bis zum Gürtel hatten sie die Kleider ebenfalls mit Blechen, Knöpfen, Schellen, Ringen u. d. gl. besetzt, über der Schulter hing eine Schnur, an welcher sich ein Amulet befand, in den Nasenläppchen trugen sie kleine Ringe. Sie hatten zwar große Tücher um sich geschlagen, ließen aber das Gesicht unbedeckt.

Ihr Hausrath bestand aus Zelten, hübschen Teppichen, eisernen Kesseln, kupfernen Kannen u. s. w. — Die Tartaren sind größtentheils mohamedanischer Religion.

Die ansäßigen Tartaren haben ganz eigenthümliche Wohnungen, die man großartige Maulwurfshaufen nennen könnte. Ihre Dörfer liegen meistens an Abhängen und Hügeln, in welche sie Löcher von der Größe geräumiger Zimmer graben. Das Licht fällt nur durch den Ein- oder Ausgang hinein. Dieser ist mehr breit als hoch und durch ein langes und breites Vordach von Bretern geschützt, das auf Baumstämmen oder Balken ruht. Nichts ist komischer zu sehen als solch' ein Dorf, das nur aus Vordächern besteht, und weder Fenster, Thüren, Mauern noch Wände hat.

Jene, die in den Ebenen wohnen, machen sich künstliche Erdhaufen, sie bauen die Hütte von Steinen oder Holz und überschütten sie mit Erde, die sie fest stampfen, so daß von der Hütte selbst nichts zu sehen ist. Noch vor sechzig Jahren sollen in der Stadt Tiflis gar viele solcher Erdwohnungen gewesen sein.

29. August. Diesen Morgen hatte ich noch eine Station von 24 Wersten nach Tiflis zu machen. Der Weg war, wie überall, voll Löcher, Gruben und Steine, ich mußte mir immer die Stirne mit einem Tuche fest zusam-

menschnüren, um die Erschütterung aushalten zu können, und dennoch war ich jeden Tag von Kopfschmerzen befallen. Heute aber lernte ich die Tücke dieses Fuhrwerkes erst recht können. Es hatte nicht nur die ganze Nacht geregnet, sondern regnete noch immerwährend fort. Da warfen denn die Räder solche Massen Koth auf den Karren, daß ich bald in einer dicken Pfütze saß, die Kruste ging mir bis an den Kopf, und selbst das Gesicht blieb nicht verschont. Durch kleine Bretchen, oberhalb der Räder angebracht, wäre diesem Uebel leicht abgeholfen; allein wer kümmert sich in diesem Lande um die Bequemlichkeit eines Reisenden?

Man sieht Tiflis erst in der letzten Hälfte der Station. Mich überraschte der Anblick dieser Stadt sehr, da sie, einige Kirchthürme abgerechnet, im europäischen Style gebaut ist, und ich seit Valparaiso keine den europäischen ähnliche Stadt gesehen hatte. Tiflis zählt 50,000 Einwohner, ist die Hauptstadt von Georgien*) und liegt ziemlich nahe am Gebirge. — Viele der Häuser sind selbst auf Hügel, auf hohe, schroffe Felsen oder an Felswände gebaut. Von einigen der Hügel hat man eine herrliche Uebersicht über die Stadt und das Thal. Letzteres sah zwar zur Zeit meiner Ankunft nicht sehr reizend aus, weil ihm die Ernte allen Farbenschmuck geraubt hatte, auch ist an Gärten,

---

*) Georgien hieß bei den Alten Iberien. Ehemals erstreckte sich dies Land von Tauris und Erzerum bis an den Tanais und wurde Albanien genannt. Es ist ein Land voller Berge. Der Fluß Kurry, auch Cyrus genannt, fließt mitten durch. Auf diesem Flusse wurde der berühmte Eroberer von Persien, Cyrus, in seiner Kindheit ausgesetzt. Tiflis gehörte einst zu den schönsten Städten Persiens.

Bosketten u. d. gl. gerade kein Ueberfluß vorhanden; dagegen durchschneidet der Fluß Kurry (meist Cyrus genannt) in schönen Krümmungen Stadt und Thal, und in weiter Ferne schimmern die schneebedeckten Kuppen des Kaukasus. Eine starke Citadelle, Naraklea, liegt auf schroffen Felswänden unmittelbar vor der Stadt.

Die Häuser sind groß und geschmackvoll, mit Façaden und Säulen geziert und mit Eisenblech oder Ziegeln gedeckt. Ausgezeichnet schön ist der Erivanski-Platz. Unter den Gebäuden treten besonders der Palast des Statthalters, das griechische und armenische Seminarium und mehrere Kasernen hervor. Das große Theater in der Mitte des Erivanski-Platzes war noch nicht vollendet. — Man sieht, daß die alte Stadt der neuen weichen muß. Ueberall werden Häuser eingerissen und neue erbaut, die engen Gassen wird man bald nur der Sage nach kennen, und als einzige Reste der orientalischen Bauart bleiben nur die griechischen und armenischen Häuser. Die Kirchen stehen an Pracht und Größe weit hinter den andern Gebäuden zurück; die Thürme sind niedrig, rund und meist mit grünen, glasirten Tonplatten gedeckt. Die älteste christliche Kirche steht auf einem hohen Fels in der Festung und ist nur für die Gefangenen im Gebrauche.

Die Bazars und Chane bieten nichts Sehenswerthes; übrigens sind hier schon, wie in den europäischen Städten, in allen Gassen Läden und Magazine. Ueber den Kurry führen mehrere breite Brücken. Die Stadt besitzt viele warme Schwefelquellen, von welchen sie auch ihren Namen herleitet: Tiflis oder Tbilissi heißt so viel als „Warmstadt." Von den vielen Bädern sind aber leider die meisten in schlechtem Zustande. Kleine Kuppeln mit Fenstern decken die Gebäude, innerhalb welcher die Quellen entspringen. Die Behälter, die Böden und Wände sind zum Theil mit großen Steinplatten ausgelegt, von Marmor ist nicht viel zu sehen. Es gibt Einzeln- und Vollbäder; in den Gebäuden, wo sich die Frauen versammeln, haben die Männer keinen Zutritt. Doch ist man hier bei weitem nicht so strenge als im Oriente. Der Herr, der so gütig war, mich in eines dieser Bäder zu begleiten, durfte ohne Anstand die Vorgemächer betreten, obwohl sie nur durch eine einfache Breterwand von dem Baderaume geschieden waren.

Unweit der Bäder liegt der botanische Garten, der mit großen Kosten auf den Abhängen eines Berges angelegt ist. Die Terrassen mußten künstlich gesprengt, mit Mauerwerk unterstützt und mit Erde aufgefüllt werden. Warum man einen so unpassenden Platz gewählt hatte, konnte ich um so weniger begreifen, als ich nur wenig seltene Pflanzen und Gewächse, und überall nur Reben sah, — ich meinte in einem Weingarten spazieren zu gehen. Das Merkwürdigste in diesem Garten sind zwei Rebenstöcke, deren Stämme jeder e i n e n Fuß im Durchmesser hat. Sie sind als Lauben und Gänge so ins Weite gezogen, daß man schöne Spaziergänge darunter machen kann. Man gewinnt von diesen beiden Rebenbäumen jährlich über tausend Flaschen Wein.

Auf einer der obersten Terrassen ist im Fels eine große hohe Grotte ausgehauen, deren ganze Vorderseite offen und frei ist und eine hochgewölbte Halle bildet. Unter dieser gibt es in den schönen Sommerabenden Musik, Tanz und sogar Theater.

An Sonn- und Festtagen ist der niedliche Garten des Statthalters dem Publikum geöffnet. Man findet da Schaukel- und Ringelbahnen und zwei Musikcorps. Die Musik, von russischem Militär aufgeführt, war nicht so gut wie jene, die ich in Rio de Janeiro von den Schwarzen hörte.

Als ich die armenische Kirche besuchte, war gerade die Leiche eines Jünglings ausgestellt. Sie lag in einem kostbaren offenen Sarge, der mit rothem Sammt überzogen und mit Goldborten reich besetzt war. Die Leiche war mit Blumen überstreut, mit einer Art Krone geschmückt, und mit feiner, weißer Gaze überdeckt. Die Priester hielten in prächtigem Ornate die Trauerceremonien, die den katholischen sehr ähnlich waren. Die arme Mutter, an deren Seite ich zufällig zu knieen kam, schluchzte laut auf, als man sich anschickte, die theuern Reste hinweg zu tragen. Auch ich konnte mich einer Thräne nicht enthalten: ich beweinte nicht den Tod des Jünglings, wohl aber den tiefen Schmerz der gebeugten Mutter.

Diesen Trauerort verlassend, besuchte ich noch einige grusinische und armenische Familien. Man empfing mich in großen, geräumigen Zimmern, deren Einrichtung jedoch höchst einfach war. Längs den Wänden standen hölzerne, bemalte Truhen, zum Theile mit Teppichen überlegt. Auf diesen Truhen sitzen, essen und schlafen diese Leute. Die Frauen trugen einfaches griechisches Costüme.

Auf den Straßen sieht man europäische und asiatische Trachten so häufig neben einander, daß weder die einen noch die andern auffallen. Am neuesten war mir jene der Tscherkessen. Sie besteht aus weiten Hosen, kurzen, faltenreichen Röcken mit schmalen Leibbinden und Brusttaschen für sechs bis zehn Patronen, aus anliegenden Halbstiefeln mit einwärts gebogenen Spitzen und aus kleinen, anschließenden Pelzmützen. Bei den Wohlhabenden waren die Röcke von feinem, dunkelblauem Tuche und die Kanten mit Silber= oder Goldborten besetzt.

Die Tscherkessen unterscheiden sich von allen kaukasischen Völkern durch ihre Schönheit. Die Männer sind hoch gewachsen, haben eine sehr regelmäßige Gesichtsbildung und viel Gewandtheit in ihren Bewegungen. Die Weiber sind von zarter Form, weißer Haut, dunklem Haar, regelmäßigen Zügen, schlankem Wuchs und vollem Busen; sie gelten in den türkischen Harems als die größten Schönheiten. Ich muß gestehen, daß ich in den persischen Harems unter den persischen Damen viel mehr des Schönen gesehen habe, als in den türkischen, selbst wenn sie mit Tscherkessinen bevölkert waren.

Die asiatischen Frauen, denen man hier auf den Straßen begegnet, hüllen sich in große, weiße Tücher ein; manche verdecken auch den Mund, wenige das Gesicht.

Von dem häuslichen Leben der russischen Beamten und Offiziere kann ich nicht viel erzählen. Ich hatte zwar Briefe an den Kanzlei=Director, Herrn v. Lille und den Gouverneur, Herrn v. Jermaloff; allein beide Herrn fanden kein großes Wohlgefallen an mir, — — ich hatte es wahrscheinlich durch meine freien Aeußerungen mit ihnen verdorben. Ich ließ mich unverholen über das schlecht geregelte Postwesen, über die jämmerlichen Straßen aus, erzählte meine Gefangennehmung mit einigen Randglossen und — was allem die Krone aufsetzte — ich sagte, den Plan gehabt zu haben, von hier über den Kaukasus nach Moskau und Petersburg zu gehen; diese kurze Reise im russischem Gebiete habe mich aber davon vollkommen abgebracht, und ich wolle nun den kürzesten Weg nehmen, um sobald als möglich über die Gränze zu kommen.

Hätte ich als Mann so gesprochen, wäre mir vielleicht ein zeitweiliger Aufenthalt in Sibirien angewiesen worden.

Herr v. Lille empfing mich doch wenigstens jedesmal mit Höflichkeit, wenn ich in Angelegenheiten meines Passes kam; der Gouverneur aber hatte nicht einmal die Rücksicht für mich, sich Zeit zu nehmen, meinen Paß zu unterschreiben; erst bestellte er mich von einem Tage zum andern, dann beliebte es dem hohen Herrn, zwei Tage auf dem Lande zuzubringen. Als er zurückkam, war gerade Sonntag an dem so große Arbeit unmöglich vorgenommen werden konnte, und so bekam ich meinen Paß erst am sechsten Tage.

So erging es mir, die ich mit Briefen an die hohen Häupter versehen war — — wie mag es erst armen Leuten ergehen! — Ich hörte auch, daß man diese oft zwei bis drei Wochen herumzöge.

Der Statthalter, Fürst Woronzow, war leider gerade nicht in Tiflis. Ich bedauerte seine Abwesenheit um so mehr, als ich ihn allgemein als einen sehr gebildeten, gerechten und äußerst menschenfreundlichen Mann schildern hörte.

Weit angenehmer als diese Gänge zum russischen Gouverneur war mir der Besuch bei dem persischen Prinzen Behmen Mirza, dem ich Briefe und Nachrichten von seiner in Tebris zurückgelassenen Familie überbrachte. — Ungeachtet er krank war, empfing er mich dennoch. Man führte mich in einen großen Saal, in ein wahres Spital, denn da lagen auf Teppichen und Polstern acht Kranke, der Prinz, vier seiner Kinder und drei Frauen. Alle hatten das Fieber. Der Prinz ist ein ausgezeichnet schöner, kräftiger Mann von fünf und dreißig Jahren, sein offenes Auge drückt Verstand und Güte aus. Er sprach mit tiefer Wehmuth von seinem Vaterlande; ein schmerzlich wohlgefälliges Lächeln umspielte seine Züge, als ich seiner schönen Kinder erwähnte*) und erzählte, wie sicher und gut ich die Reise durch jene Provinzen gemacht habe, die noch vor kurzem unter seiner Oberherrschaft standen. Welch Glück wäre es für Persien, wenn einst dieser Mann statt des jungen Vicekönigs auf den Thron käme.

Die interessanteste und zugleich nützlichste Bekanntschaft für mich war jene Herrn Salzmanns, eines Deutschen. Dieser Herr besitzt bedeutende Kenntnisse in der Oekonomie und im Baufache, vor allem aber — ein ausgezeichnet gutes Herz; er nimmt sich aller Menschen an und ganz vorzüglich seiner Landsleute. Wo ich immer seinen Namen nannte, sprach man mit wahrer Hochachtung von ihm. Er hat sogar von der russischen Regierung einen Orden erhalten, obgleich er nicht in ihren Diensten ist.

Herr Salzmann hat ein sehr schönes Haus mit allen möglichen Bequemlichkeiten gebaut, um Reisende in Woh-

---

*) Der Frauen durfte ich nicht erwähnen, da der Muselmann dies als eine Beleidigung aufnimmt.

nung zu nehmen; außerdem besitzt er einen großen Fruchtgarten, zehn Werste von der Stadt entfernt, in dessen Nähe
Naphta-Quellen sind. Als er erfuhr, daß ich selbe
zu sehen wünschte, lud er mich alsogleich zu einer Partie
dahin ein. Die Quellen liegen ganz nahe am Kurry. Man
hat dort viereckige Gruben von ungefähr fünf und zwanzig
Klafter Tiefe gegraben und schöpft die Naphta mit großen hölzernen Kübeln heraus. Diese Naphta*) ist jedoch von der gemeinsten Art, sieht dunkelbraun aus und
ist dicker als Oel. Man macht Asphalt, Wagenschmiere
u. d. gl. daraus. Die feine, weiße Naphta, die man statt
Licht und Feuer gebrauchen kann, ist am kaspischen See
heimisch.

Lohnend ist noch ein Spaziergang nach der Davids-
kapelle, die gleich vor der Stadt auf einem Hügel liegt.
Man sieht hier außer der herrlichen Umgebung ein schönes Monument, zum Andenken des russischen Gesandten
Gribojetof errichtet, der in Persien bei Gelegenheit eines
Aufstandes ermordet wurde. Ein Kreuz, an dessen Fuß
die trauernde Gattin liegt und es umschlungen hält, ist
wahrhaft kunstvoll in Metall gegossen.

Montag den 5. September um eilf Uhr bekam ich
meinen Paß; eine Stunde darauf bestellte ich die Post.
Herr Salzmann meinte, ich sollte noch einige deutsche Co-
lonieen besuchen, die zehn bis zwanzig Werste um Tiflis
herum angelegt seien, er würde mich mit Vergnügen dahin begleiten; allein ich hatte wenig Lust dazu, um so
mehr als ich im allgemeinen gehört hatte, daß die Co-

---

*) Naphta heißt das Erdöl, welches aus der Erde, zuweilen
mit Wasser vermischt, hervorquillt.

lonisten schon ziemlich ausgeartet seien, und daß Trägheit, Betrug, Unreinlichkeit, Trunkenheit u. s. w. unter ihnen nicht minder hersche als in den russischen Ansiedlungen.

Um drei Uhr Nachmittag verließ ich Tiflis. Gleich außerhalb der Stadt steht an der Straße ein in Metall gegossenes Kreuz mit dem Auge Gottes, auf einem Fußgestelle von geschliffenen Granit, das mit einem eisernen Geländer umgeben ist. Eine Inschrift verkündet, daß im Jahre 1837, am 12. October, Se. kaiserliche Majestät allhier umgeworfen habe, daß Allerhöchst dieselben jedoch unbeschädiget davon gekommen seien. — „Gesetzt von den dankerfüllten Unterthanen."

Diese Begebenheit scheint also eine der merkwürdigsten in des hohen Herrschers Leben gewesen zu sein, da man sie durch ein Monument verewigte. Ohne Genehmigung des Kaisers ist dies Monument gewiß nicht gesetzt worden. Bei dieser Gelegenheit bin ich mit mir selbst noch nicht einig, wer mehr Bewunderung verdient, das Volk das es setzte, oder der Monarch, der die Erlaubniß dazu ertheilte.

Ich machte heute nur eine Station; sie war aber so lange, daß ich bis Abends daran zu fahren hatte. An Fortsetzung der Reise war nicht mehr zu denken, da die Gegend nicht nur hier, sondern in dem größten Theile dieser Provinzen so unsicher ist, daß man des Abends oder in der Nacht nicht ohne Bedeckung von Kosaken gehen kann, deren es zu diesem Zwecke bei jeder Station eine kleine Abtheilung gibt.

Die Umgegend war ziemlich reizend; artige Hügel schlossen freundliche Thäler ein, und auf den Spitzen mancher Berge standen Ruinen von Burgen und Vesten. Auch in diesen Gegenden gab es Zeiten, wie im alten deutschen Reiche, in welche ein Edelherr den andern befehdete und kein Mensch seines Lebens und Guts sicher war. Die Herren wohnten in befestigten Schlössern auf Hügeln und Bergen, gingen gerüstet und geharnischt wie Ritter, und wenn feindliche Einfälle drohten, flüchteten sich die Unterthanen nach den festen Schlössern. — Noch jetzt soll es Leute geben, die über oder unter den Anzügen, Hemden von Eisen, gestricktem Drahte und Helme statt Mützen tragen. Ich sah jedoch nichts davon. — Der Fluß Kurry blieb stets treu zur Seite. Unweit der Station führt eine lange schöne Brücke hinüber, die aber so ungeschickt angebracht ist, daß man eine ganze Werst Umweg hat.

6. September. Die Fahrt wird immer romantischer. Gebüsch und Waldungen decken Hügel und Thal, und auf den Feldern prangt im saftigen Grün das hochstämmige türkische Korn. Auch an alten Burgen und Schlössern fehlt es nicht. Gegen Abend, nachdem ich es heute mit vieler Mühe auf vier Stationen gebracht hatte, erreichte ich das Städtchen Gory, dessen Lage überaus reizend ist. Bewaldete Gebirge schließen es in weiten Kreisen ein, während sich näher die niedlichsten Hügelpartien erheben. Beinahe mitten aus der Häusermasse steigt ein Hügel empor, dessen Spitze mit einer schönen Citadelle gekrönt ist. Das Städtchen selbst besitzt einige hübsche Kirchen, Privathäuser, Kasernen und ein nettes Spital. — Städte und Ortschaften verlieren hier schon ganz den orientalischen Charakter.

Bei heiterer Luft sieht man beständig das kaukasische

Gebirge, das in drei Ketten zwischen dem kaspischen und schwarzem Meere als Gränze von Asien und Europa aufsteigt; die höchsten Spitzen sind der Elberus und Kasbeck, einer neuen Geographie zu Folge von 16,800 und 14,400 Fuß Höhe. Die Gebirge waren bis tief herab mit Schnee bedeckt.

7. September. Heute machte ich eine ganze Station bis Suram; man konnte mich nicht weiter expediren, da für einen Offizier, der mit Gemalin, Gesellschafterin u. s. w. von einem Bade zurückkam, zwölf Pferde bestellt waren.

Suram liegt in einem fruchtbaren Thale, in dessen Mitte sich ein schöner Felsberg mit den Ruinen eines alten Schlosses erhebt.

Um mir die böse Laune zu vertreiben, machte ich einen Spaziergang nach dem alten Schlosse. Obwohl es schon ziemlich in Ruinen lag, so sah man doch noch aus den großen Wölbungen, stattlichen Wänden und den vielen Mauerwerken, daß die eblen Ritter eben nicht schlecht gewohnt haben mochten. — Auf dem Rückwege über Wiesen und Felder setzte mich nichts mehr in Erstaunen als die reiche Bespannung der Pflüge. Die Felder lagen in den schönsten Ebenen, die Erde war locker und ohne Gestein und — zwölf auch vierzehn Ochsen zogen an einem Pfluge.

8. September. Das Gebirge engt sich zusammen, die Natur wird immer üppiger, Schlingpflanzen, wilder Hopfen, wilde Weinreben u. s. w. umranken die Bäume bis zu den höchsten Spitzen, und das Untergebüsch wuchert

kräftig und dicht, so daß mich diese Vegetation einigermaßen an jene Brasiliens erinnerte.

Die dritte Station führte gr ößtentheils an der Seite des Flusses Mirabka, durch ein enges Thal. Die Straße zwischen dem Flusse und den Felswänden war so schmal, daß an vielen Stellen nur ein Wagen Raum hatte. Oft mußten wir zehn bis zwanzig Minuten anhalten, um die holzbeladenen Karren, deren wir sehr vielen begegneten, vorüber fahren zu lassen, — und das nennt man eine Poststraße!

Georgien ist bereits an fünfzig Jahre unter russischer Herrschaft, und erst seit kurzem sind hin und wieder Straßen im Baue. Wenn man vielleicht wieder nach fünfzig Jahren kömmt, wird man sie fertig oder wohl gar wieder verfallen finden. So wie an Straßen mangelt es auch an Brücken. Ueber tiefe Flüsse, wie z. B. die Mirabka, setzt man in erbärmlichen Fahrzeugen; minder tiefe muß man durchfahren. Bei Regenzeiten, bei plötzlichem Thauwetter in den Schneegebirgen schwellen die Flüsse an, der Reisende muß dann entweder Tagelang warten, oder sein Leben auf's Spiel setzen. — Welch' mächtiger Unterschied zwischen den Colonisirungen Rußlands und Englands!

Spät des Abends kam ich durchnäßt und mit Koth bedeckt in der zwei Werste vor Kutais liegenden Station an. Sonderbar ist es, daß die Posthäuser gewöhnlich ein auch zwei Werste von den Ortschaften oder Städten abliegen. Man ist auf diese Art der Unannehmlichkeit ausgesetzt eine eigene Gelegenheit aufnehmen zu müssen, wenn man in den Städten oder Ortschaften etwas zu besorgen hat.

9. September. Kutais mit 10,000 Einwohner liegt in einem wahren Naturpark; alles rund umher grünt in

üppiger Fülle. Die Häuser sind nett und zierlich, die grün lakirten Kirchenthürme und Kasernen sehen gar freundlich dazwischen heraus. Der bedeutende Fluß Ribon *) trennt die Stadt von der großen Citadelle, die einen reizenden Hügel höchst malerisch einnimmt.

Die Kleidertracht des Volkes ist eben so verschiedenartig als um Tiflis; wahrhaft komisch sieht die Kopfbedeckung der mingrelischen Bauern aus. Diese tragen nämlich runde, schwarze, tellerartige Filzplatten, die mit einer Schnur unter dem Kinne festgebunden werden. Die Weiber tragen häufig die tartarische Shauba, worüber sie einen Schleier werfen, der aber zurückgeschlagen wird, so daß man das ganze Gesicht sieht. Die Männer tragen des Morgens und bei Regenwetter große, schwarze Schafs- oder Filz-Krägen (Burki), die bis über die Kniee reichen. — Ich muß nebenbei erwähnen, daß man die berühmten georgischen Schönheiten ja nicht unter dem gemeinen Volke suchen darf. Dieses fand ich im Durchschnitt eben nicht am reizendsten.

Merkwürdig sind die Wagen, deren sich die Bauern bedienen; der Vordertheil ruht auf Kufen oder Schleifen, der Hintertheil auf zwei kleinen plumpen Holzscheiben.

Mein Aufenthalt in Kutais war durch den Mangel an Pferden veranlaßt worden; erst Nachmittags zwei Uhr konnte ich meine Reise fortsetzten. Ich hatte zwei Statio-

---

*) Der Fluß Ribon, auch Rione genannt, wird für einen der vier Flüsse des Paradieses gehalten, und war unter dem Namen Pison bekannt. Sein Wasser hielt man auch einst für heilig. Er ist, der vielen Baumstämme wegen, für große Schiffe nicht fahrbar.

nen nach dem Oertchen Marand zu machen, das am Flusse Ribon liegt, und allwo man den Postkarren mit einem Boote verwechselt um nach Redulkale am schwarzen Meere zu fahren.

Die erste Station geht größtentheils durch schöne Waldungen, die zweite bietet freie Aussichten über Feld und Wiesen; Häuser und Hütten sind ganz hinter Gebüsch und Bäumen verborgen. Es begegneten uns viele Bauern, die, wenn sie auch nur einige Hühner, Eier, Früchte u. s. w. zum Verkaufe nach der Stadt brachten, zu Pferde waren. — An Gras und Weide fehlte es nicht und folglich auch nicht an Hornvieh und Pferden.

In Marand stieg ich, in Ermanglung eines Gasthauses, bei einem Kosaken ab. Diese Leute, die zugleich als Kolonisten hier leben, haben niedliche, hölzerne Häuschen von zwei bis drei Kammern, und ein Stück Land, das sie als Feld und Garten benützen. Einige unter ihnen nehmen Reisende auf und wissen für das wenige und erbärmliche, das sie bieten, hinlänglich zu verlangen. Für ein schmutziges Kämmerchen ohne Bett zahlte ich 20 Kop. Slb., für ein Hühnchen eben so viel. Weiter bekam ich nichts, da die Leute zu faul sind, etwas zu holen. Wenn ich Brot, Milch oder sonst etwas benöthigte, was meine Hausleute nicht hatten, konnte ich es mir selbst suchen; sie machen, wie gesagt, höchstens für einen Offizier oder Beamten einen Gang.

Ich hatte Tiflis am 5. Sept. des Nachmittags um drei Uhr verlassen, und kam hier am 9. September des Abends an, fünf Tage, um 274 Werste (39 deutsche Meilen) zurück zu legen. — Das nenne ich eine ehrenhafte russische Schnellpost!

Erst am 11. September Morgens ging ein Boot nach Redutkale (80 Werste). Es war nämlich schlechtes Wetter, und der Ribon, sonst ein schöner Strom, ist wegen der vielen hervorragenden Baumstämme und Pflöcke bei starkem Winde oder bei Nacht nicht zu befahren. Die Gegend ist immerfort entzückend und üppig. Der Strom gleitet zwischen Waldpartien, zwischen Mais- und Hirsefeldern dahin, und das Auge, über die Hügel und Vorgebirge schweifend, bringt zu den fernen Riesen des Kaukasus. Man sieht ihre wunderbaren Formen, Spitzen, Stöcke, eingesunkenen Hochebenen, gespaltenen Kuppeln u. s. w., bald rechts, bald links, bald vorne, bald rückwärts, je nach den Krümmungen der ewig wechselnden Wasserstraße. — Oft machten wir Halt und stiegen an's Land, wo alles den Bäumen zueilte. Trauben lachten uns an, und Feigen gab es in Menge. Aber die Trauben waren sauer wie Essig, und die Feigen klein und hart; ich fand eine einzige reife, und diese warf ich weg, als ich sie gekostet hatte. Die Feigenbäume waren von einer Größe, wie ich sie weder in Italien noch in Sicilien gesehen. Ich glaube, der ganze Saft schießt hier in Holz und Blätter, eben so mag auch die unendliche Höhe der Reben schuld sein, daß die Trauben klein und schlecht sind. Bei einiger Cultur müßte da gewiß viel zu erzwecken sein.

12. September ging unsere Fahrt nicht weit; es erhob sich ein kleiner Wind, und da wir schon nahe der Einfahrt ins schwarze Meer waren, mußten wir vor Anker liegen bleiben.

13. September. Der Wind hatte sich gelegt, wir konnten uns furchtlos dem Meere anvertrauen, auf welchem wir uns einige Stunden schaukeln mußten, um von dem Hauptarme des Ribons in den Seitenarm zu kommen, an welchem Redutkale liegt. Es führt zwar ein Kanal vom Haupt- in den Nebenfluß, allein man kann ihn nur bei sehr hohen Wasserstand befahren, da er hoch versandet ist.

Auch in Redutkale nahm mich ein spekulirender Kosakenwirth auf, der drei Kämmerchen für Gäste hielt.

Nach russischem Kalender war heute der letzte August, am 1. September sollte das Dampfschiff ankommen, das nach zweistündigem Aufenthalte wieder absegelt. Ich eilte daher sogleich zum Kommandanten des Städtchens, um den Paß visiren zu lassen und um Aufnahme auf das Schiff zu bitten. Jeden Monat zweimal, am 1. und 15. fahren Krondampfschiffe von Redutkale über Kertsch bis Odessa, — Gelegenheiten mit Segelschiffen gehören zu den Seltenheiten. Diese Krondampfschiffe halten sich beständig der Küste nahe, sie berühren achtzehn Stationen (Festungen und Militärplätze), besorgen Militär-Transporte aller Art und nehmen jeden Reisenden unentgeldlich mit. Er hat weder für sich noch sein Gepäcke das geringste zu bezahlen, muß aber freilich mit dem Deckplatze vorlieb nehmen; der Kajüten sind nur wenige, und diese gehören für das Schiffspersonale und für vornehme Offiziere, die häufig von einer Station zur andern fahren. Plätze gegen Bezahlung gibt es nicht.

Der Kommandant fertigte Paß und Schein sogleich aus. Ich kann nicht umhin, bei dieser Gelegenheit zu bemerken, daß die Schreibseligkeit der russischen Regierung noch um vieles jene der österreichischen übertrifft, welche letztere ich bisher in dieser Beziehung für unerreichbar gehalten hatte. Statt eines einfachen Visa's bekam ich ein großes Blatt angeschrieben, und davon wurden Abschriften über Abschriften genommen; das Ding währte über eine halbe Stunde.

Das Schiff kam erst am 5. September (russischen Kalenders). Nichts ist lästiger als von einer Stunde zur andern auf eine Reisegelegenheit zu warten, besonders wenn man noch dazu augenblicklich zur Abfahrt bereit sein muß. Jeden Morgen packte ich meine Sachen zusammen, ich wagte nie ein Stückchen Fleisch oder ein Huhn zu kochen, da ich fürchtete vom vollen Topfe weg gerufen zu werden; erst gegen Abend fühlte ich mich sicher und konnte ein wenig spazieren gehen.

So viel ich von der Umgebung Redutkales und überhaupt von Mingrelien gesehen habe, so ist das Land mit Hügeln und Bergen genugsam ausgestattet, große Thäler und Ebenen liegen dazwischen, und alles ist mit Waldungen reich bedeckt. Die Luft ist daher feucht und ungesund, und es regnet sehr häufig. Die aufgehende Sonne zieht so dichte Dünste auf, daß sie wie undurchdringliche Nebel 4—5 Fuß hoch über der Erde schweben. Diese Dünste sollen auch Ursache vieler Krankheiten, besonders der Fieber und Wassersuchten sein. Zudem sind die Leute so unklug, ihre Hütten und Wohnungen, statt sie an freien, luftigen und sonnigen Plätzen zu bauen, so recht im Gebüsche und unter dicht belaubte Bäume zu bergen. Man kömmt häufig an Dörfern vorüber und gewahrt kaum hie und da ein Häuschen. Die Menschen sind von einer merkwürdigen Trägheit und Stumpfsinnigkeit, sehen blaßgelb aus, sind magerer, und selten soll ein Eingeborner das Alter von 60 Jahren erlangen. Für Fremde soll das Klima noch schädlicher sein.

Und dennoch glaube ich, daß für fleißige Kolonisten und Oekonomen in diesem Lande unendlich viel zu schaffen wäre. An Grund und Boden ist kein Mangel; es mögen gewiß über drei Viertheile des Landes unbenützt liegen. Durch Lichtung der Waldungen, durch Trocknung des Erdreiches würde das Klima von seiner Schädlichkeit verlieren. Die Fruchtbarkeit ist ohne Kultur schon groß und üppig. Wie müßte sie erst durch eine zweckmäßige und verständige Behandlung gesteigert werden. Ueberall wuchert fettes Gras, mit den besten Kräutern und wildem Klee gemengt. Das Obst wächst wild, die Weinstöcke ranken sich bis an die höchsten Spitzen der Bäume. Die Erde soll zur Regenzeit so weich sein, daß man sich nur hölzerner Pflüge und Hacken bedient. Man baut am häufigsten türkisches Korn und eine Art Hirse, Gom, genannt.

Den Wein bereiten die Einwohner auf die einfachste Weise. Sie höhlen den Stamm eines Baumes aus und treten hierinnen die Trauben aus, den Saft geben sie dann in irdene Geschirre und vergraben diese in die Erde.

Der Charakter der Mingrelier soll durchgehends schlecht sein, und allgemein gelten sie als Räuber und Diebe; auch Morde sind nicht selten. Sie entführen einander ihre Weiber und sind dem Trunke sehr ergeben. Der Vater erzieht die Kinder zum Stehlen und die Mutter zur Unzucht.

Kolchis oder Mingrellen liegt am Ende des schwarzen Meeres und gegen Norden am kaukasischen Gebirge. Die benachbarten Völker waren einst unter den Namen der Hunnen und Alanen bekannt. Zwischen dem Kaukasus und dem kaspischen Meere sollen die Amazonen gewohnt haben.

Das Städtchen Redutkale mag an 1500 Einwohner haben. Die Menschen sind so träge und arbeitsscheu, daß ich in den fünf Tagen, die ich hier zubrachte, weder durch gute Worte noch um Geld Trauben oder Feigen erhalten konnte. Ich ging täglich auf den Bazar und fand nie ein Stück zum Kaufe. Die Leute sind viel zu faul, einige aus dem nahen Gehölze zu bringen; sie arbeiten nur, wenn die höchste Noth sie dazu zwingt, und dann lassen sie sich übermäßig bezahlen. Ich kaufte Eier, Milch und Brot so theuer, wenn nicht theurer als in meiner Vaterstadt, in Wien. Hier kann man sagen, daß man im Ueberflusse sitzt und dabei beinahe darben muß.

Nicht minder mißfiel mir an diesem Volke die sinn- und gedankenlose Ausübung der Religions-Gebräuche *). Bei jeder Gelegenheit werden Kreuze gemacht, vor dem ersten Bissen einer Speise, vor dem Trinken, vor dem Gange in ein anderes Zimmer, vor dem Anziehen eines Kleidungsstückes u. s. w. Die Hand hat nichts anderes zu thun als Kreuze zu schlagen. Am allerärgsten ist aber das Ding, wenn die Leute an einer Kirche vorüber kommen, da bleiben sie stehen, machen ein halb Dutzend Bücklinge und bekreuzen sich ohne Ende. Wenn sie gefahren

---

*) Griechischer Ritus.

kommen, halten sie den Wagen an, um ihre Gesten auszuüben. Während ich in Redutkale war, ging ein Schiff unter Segel, da wurde der Priester herbeigeholt, der mußte über das ganze Schiff im allgemeinen und über jedes Winkelchen in's besondere den Segen aussprechen, kroch in jede Kajüte, in jedes Loch und segnete zum Schluß die Matrosen, die ihn hinterher dafür auslachten.

Ich fand bestätigt, daß die wahre Religion dort am wenigsten herrscht, wo man am meisten mit ihr prunkt.

Europäisches Rußland.

Kertsch und Odessa.

Abreise von Redutkale. Ein Cholera-Anfall. Anapka. Das verdächtige Schiff. Kertsch. Das Museum. Tumuli. Fortsetzung der Reise. Theodosia (Caffa). Jalta. Das Schloß des Fürsten Woronzoff. Die Festung Sewastopol. Odessa.

Am 17. September (neuen Styl's) um neun Uhr Morgens kam das Schiff an, eine Stunde später saß ich schon auf dem Decke.

Das Schiff hieß Maladetz, hatte 140 Pferdekraft und stand unter dem Kommandanten Zorin.

Die Entfernung von Redutkale nach Kertsch beträgt in gerader Richtung 360 Seemeilen; für uns aber, die wir stets längs der Küste blieben, stieg sie bis auf 500.

Der Anblick des Kaukasus, der Hügel und Vorgebirge, der reichen und üppigen Natur blieb uns heute noch getreu. In einem reizenden Thale liegt das Oertchen Gallansur, die erste Station an der wir kurze Zeit anhielten.

Gegen sechs Uhr Abends erreichten wir das befestigte Städtchen Sahun, das halb an der Küste, halb auf einem breiten Hügel liegt. Hier sah ich zum ersten Male Kosaken in Galla-Uniform; alle, die ich bisher gesehen, waren sehr schlecht gekleidet und hatten durchaus nichts militärisches, — sie stacken in sackleinenen Hosen und langen, häßlichen Röcken, die bis an die Fersen reichten; diese aber trugen anliegende Spenser mit Brusttaschen, deren jede für acht Patronen abgetheilt war, weite Hosen, die sich in Falten an den Oberkörper schlossen, und dunkelblaue, mit Pelz besetzte Tuchmützen. Sie ruderten einen Stabsoffizier aus Sahun an unser Schiff.

18. September. Den ganzen Tag in Sahun geblieben. Die Kohlenboote hatten aus unbegreiflicher Nachläßigkeit gar keine Vorkehrungen getroffen: sie luden die Kohlen, als wir schon lange vor Anker lagen, und erst gegen sechs Uhr Abends war unser Vorrath ergänzt, worauf wir in die See gingen.

19. September. Während der Nacht viel Sturm und Regen. Ich bat um die Erlaubniß, mich auf die Kajütentreppe stellen zu dürfen, und erhielt sie halb mit Achselzucken; nach wenigen Minuten jedoch kam der Befehl vom Kommandanten, mich unter Dach und Fach zu bringen. Ich war über diese Galanterie sehr erstaunt und erfreut, wurde aber bald enttäuscht, als man mich in die große Matrosenkajüte führte. Die Leute rochen ganz entsetzlich nach Branntwein, dessen sie auch theilweise zu viel genossen hatten. Ich eilte zurück aufs Deck, wo ich mich, trotz der Wuth der entfesselten Elemente, wohler fühlte, als unter diesen christgläubigen, wohlerzogenen Seelen.

Im Laufe des Tages hielten wir bei Bambur, Pizunta, Gagri, Adlar und andern Orten an. — Bei Bambur bemerkte ich großartige Felspartien.

20. September. Die kaukasischen Gebirge waren verschwunden, und auch die dichten Waldungen machten großen freien Plätzen Raum. Sturm, Wind und Regen verließen uns noch immer nicht.

Der Maschinist vom Schiffe, ein Engländer, Herr Platts, hatte zufällig von meinen Reisen vernommen (vermuthlich durch den Paß, den ich abliefern mußte, als ich das Schiff betrat); er stellte sich mir heute vor und bot mir während der Tageszeit seine Kajüte an; auch verwendete er sich für mich bei einem der Offiziere, und es gelang ihm, mir ein Kajütchen auszuwirken, das zwar an der Matrosenkajüte lag, aber durch eine Thür davon abgeschlossen war. Ich bin beiden Herren sehr dankbar für ihre Güte, die um so größer war, da man mir, der Fremden, den Vorzug vor den russischen Offizieren gab, deren wenigstens ein halb Dutzend auf dem Decke kampirte.

Bei Sissassé lange verweilt. Es ist dies eine Hauptstation, eine schöne Festung auf einem Hügel; rund herum liegen hübsche hölzerne Häuser.

21. September. Das war eine fürchterliche Nacht! — Einer der Matrosen, der am 20. noch frisch und gesund war und sein Abendbrot mit guten Appetite verzehrte, wurde plötzlich von der Cholera befallen. Die Schmerzenslaute des Armen drangen mir tief in die Seele und ich floh auf's Deck; aber der heftige Regen, die empfindliche Kälte waren mir nicht minder schrecklich. Ich hatte nichts als meinen Mantel, der alsbald

durchnäßt war, — die Zähne klapperten mir im Munde, der Frost schüttelte mich durch und durch, und so blieb mir nichts anderes übrig, als wieder zurück in die Kajüte zu gehen, mir die Ohren zu verhalten und in der Nähe des Sterbenden zu verbleiben. Dieser war, ohngeachtet aller angewandten Hülfe, nach acht Stunden eine Leiche. Des Morgens bei der ersten Ladung zu Bschada wurde der Todte ausgeschifft. Man verpackte ihn unter einem Haufen Segeltuch und hielt den Fall vor dem reisenden Publikum geheim. Die Kajüte wurde mit Essig tüchtig gewaschen und gescheuert, und kein zweiter Fall hatte statt.

Daß sich Krankheiten auf dem Schiffe einstellten, wunderte mich gar nicht; nur hätte ich selbe unter den armen Soldaten vermuthet, die Tag und Nacht auf dem Decke lagen, keine andere Nahrung hatten, als trockenes, schwarzes Brod, und nicht einmal mit Mänteln oder Decken versehen waren. Wie viele sah ich vor Kälte halb erstarrt, vom Regen triefend, an einem Stückchen Brode nagend, und wie steigt dies Elend erst in der kalten Jahreszeit, im Winter. Da währt, wie man mir sagte, die Reise von Redutkale bis Kertsch oft bei zwanzig Tage. Das Meer ist nämlich so bewegt, daß man sich den Stationen nicht nahen kann und manchmal Tage lang vor ihnen liegen bleibt. Trifft es nun einen armen Soldaten, die ganze Reise machen zu müssen, so ist es wahrhaftig ein Wunder, wenn er den Ort seiner Bestimmung lebend erreicht.

Nach russischem System ist freilich der gemeine Mann keiner Beachtung werth.

Die Matrosen sind zwar besser, aber auch nicht sehr

gut gehalten. Sie bekommen Brod und Branntwein, eine sehr kleine Portion Fleisch und täglich zweimal eine Suppe von sauerm Kohl, Bartsch genannt.

Die Zahl der Offiziere, deren Frauen und Soldaten auf dem Decke vermehrte sich mit jeder neuen Station; ausgeschifft wurden dagegen nur wenige.

Bald war das Deck mit Hauseinrichtungen, mit Kisten, Koffern, Schachteln u. s. w. so überfüllt, daß man kaum ein Plätzchen zum Sitzen fand, und dies nur auf einer Höhe von aufgestapelten Effecten. Nie sah ich auf einem Schiffe ein ähnliches Lager.

Bei schönem Wetter gewährte dies Leben und Treiben viel Unterhaltung, es gab immer etwas neues zu sehen, alles war heiter und zufrieden und schien nur eine Familie zu bilden; kam aber plötzlich ein tüchtiger Regen daher, oder überspülte eine unbescheidene Woge das Deck, da wurde gelärmt und geschrien und man erfuhr augenblicklich den Inhalt jeder Kiste und jedes Kastens. Der eine rief: Wie soll ich meine Zuckerhüte schützen, der andere: Ach, mein Mehl wird unbrauchbar. Dort klagte eine Frau, daß ihre Hüte voll Flecken wären, hier eine andere, daß die Uniform ihres Mannes verdorben würde, u. s. w.

An einigen der kleineren Stationen hatten wir auch kranke Soldaten gefaßt, um sie nach Kertsch in das Spital zu bringen. Es geschah dieß, wie man mir sagte, weniger der Pflege als der Sicherheit wegen. Erstere hätten sie auch an Ort und Stelle gehabt; allein alle die kleinen Ortschaften von Redutkale bis Anapka werden noch immer zeitweise von den tscherkessischen Tartaren beunruhigt, die unvermuthet aus dem Gebirge hervorbrechen und rauben und morden. Ganz kürzlich sollen sie sogar mit einer Kanone auf ein Krondampfschiff gefeuert haben. Die Tscherkessen*) lieben die Russen wie die Chinesen die Engländer.

Die armen Kranken wurden auch aufs Deck gebettet, und man trug keine andere Sorge für sie, als daß man ein Segeltuch aufspannte, welches sie von zwei Seiten vor dem Winde schützte; allein wenn es stark regnete, lief das Wasser unten von allen Seiten hinein, so daß sie halb im Nassen lagen.

22. September sahen wir die hübsche Stadt und Festung Nowa Russiska, welche einige recht nette Privathäuser, Spitäler, Kasernen und eine schöne Kirche besitzt. Stadt und Festung liegen auf Hügeln und sind erst vor zehn Jahren gegründet worden.

Abends gelangten wir nach Anapka, welcher Platz im Jahre 1829 den Türken abgekämpft wurde. Hier endigen die hübschen bewaldeten Berge und Hügel, und die etwas traurigen Steppen**) der Krimm beginnen.

Im Laufe dieses Tages hatte ich Gelegenheit, die Aufmerksamkeit und den Scharfsinn unseres Kommandan-

---

*) Die Tscherkessen sind so wild und kriegerisch, daß sich niemand in das Innere ihres Landes wagt. Man hat wenig Nachrichten über ihre Sitten, Gebräuche, Religion und Lebensweise. — An die Tscherkessen grenzen die Abka, welche das Land zwischen Mingrelien und Circassien an der Küste bewohnen und ebenfalls wild und räuberisch sind.

**) Große Ebenen mit kurzem Grase bewachsen.

ten zu bewundern. Ein Segler lag in einer kleinen Bucht ganz ruhig vor Anker. Der Kommandant, ihn gewahrend, gebot augenblicklich „Halt," ließ ein Boot aussetzen und beorderte einen Offizier nach dem Schiffe zu fahren, um zu sehen, was es hier mache. Bis hierher war alles so ziemlich in Ordnung, denn in Rußland, wo man jeder ausländischen Fliege die Gränze weisen möchte, mußte man doch in Erfahrung bringen, was ein ganzes Schiff wolle. Nun kömmt aber das komische von der Sache. Der Offizier fuhr in die Nähe des Schiffes, bestieg es jedoch nicht, ließ sich auch keines der Schiffspapiere herab zeigen, sondern schrie bloß den Kapitän an, was er hier zu thun habe. Jener antwortete, daß ihn widrige Winde genöthiget hätten, hier Anker zu werfen, und daß er auf einen günstigen warte, um da — und dahin zu fahren. Diese Antwort genügte dem Offizier und dem Kommandanten vollkommen. Mir kam es gerade so vor, als früge man jemanden, ob er ein ehrlicher Mensch oder ein Schurke sei, und als glaube man dann seiner Ehrlichkeit, wenn er sie selbst betheuert.

23. September. Wieder eine häßliche Nacht, — nichts als Stürme und Regen. Wie dauerten mich die armen Kranken und auch die Gesunden, die auf dem Decke diesem Unwetter ausgesetzt waren!

Gegen Mittag erreichten wir Kertsch. Die Stadt ist von der See aus sehr gut zu übersehen, da sie sich im Halbkreise am Meeresgestade ausbreitet und an dem hinter ihr liegenden Hügel Mithridates etwas aufsteigt. Höher auf dem Hügel liegt das Museum, im Geschmacke eines griechischen Tempels, rund um mit Säulen umgeben. Die Spitze des Berges endigt in schönen Felspartien, zwischen welchen einige kleine Obelisken und Monumente stehen, die zum alten Friedhofe gehören. Die Umgebung ist eine Steppe voll künstlicher Erdhügel, die Tumuli (Gräber) aus längst vergangenen Zeiten, decken. Außer dem Mithribates sieht man keinen Hügel oder Berg.

Die Stadt Kertsch liegt zum Theil auf dem Platze, an welchem einst **Pantikapäum***) stand. Sie wird jetzt zur Statthalterschaft Taurien gezählt, ist befestigt, hat einen sichern Hafen und einen ziemlich bedeutenden Handel. Die Bevölkerung beträgt an 12,000 Seelen. Die Stadt besitzt viele schöne Häuser, die größtentheils aus der neuesten Zeit stammen, die Straßen sind breit und mit erhöhten Trottoirs für Fußgänger versehen. Auf den zwei Plätzen, dem alten und neuen geht es Sonn- und Feiertags sehr lebhaft zu: es wird da nämlich Markt von allen möglichen Artikeln, besonders aber von Lebensmitteln gehalten. Auffallend war mir die außerordentliche Rohheit und Grobheit des gemeinen Volkes, — ich hörte von allen Seiten nur schimpfen, schreien und fluchen. Zu meinem Erstaunen sah ich hier vor mehrere Lastwagen Dromedare gespannt.

Auf ten 500 Fuß hohen Mithribates, den einzigen

---

*) In Pantikapäum lebte Mithribates der Große; der Hügel bei Kertsch heißt bis heute noch „**der Stuhl Mithribates**." Bei den Nachgrabungen auf demselben, die seit tem Jahre 1832 statt haben, fand man viele Denkmähler, als Aschenkrüge, Opfergeräthe, griechische Inschriften, schöne Figuren und Gruppen.

Spaziergang der Städter, führen herrliche Steintreppen und Schlangenwege. Dieser Hügel muß einst den Alten auch zum Grabesplatz gedient haben, denn überall wo die Erde nur weggeschwemmt ist, findet man ganz schmale, kleine Sarkophage, die aus vier Steinplatten bestehen. — Die Aussicht von der Höhe ist zwar unbegrenzt, aber reiz= los, — auf drei Seiten eine baumlose Steppe, deren Einförmigkeit nur durch zahllose Tumuli unterbrochen wird, — die vierte Seite bildet das Meer. Ein Blick auf dieses ist überall schön, und hier um so schöner, da sich Meer mit Meer vermält, man sieht nämlich die Wasser= spiegel des schwarzen und des asowischen Meeres. — Auf der Rhede gab es ziemlich viele Schiffe, aber bei weitem nicht vier bis sechs hundert, die ich den Berichten der Zei= tungen nach zu sehen hoffte.

Auf dem Rückwege besuchte ich das Museum, das aus einem einzigen Saale besteht. Es enthält zwar einige Sehenswürdigkeiten aus den Tumulis; alles vorzüglich schöne und kostbare aber, was man fand, wurde nach dem Museum von Petersburg gebracht. Die Reste von Sculp= turen, Basreliefs, Sarkophagen und Epitaphen sind sehr beschädigt. Was von den Statuen noch vorhanden ist, weist auf einen hohen Grad von Kunst. Das vorzüglichste in diesem Museum ist ein Sarkophag von weißem Marmor, der, obwohl sehr beschädigt, noch viel des schönen bietet. Die Außenseiten sind voll herrlicher Reliefs, besonders auf einer Seite eine Figur in Gestalt eines Engels, der zwei Gewinde von Früchten und Blättern über dem Ko= pfe zusammen hält. Auf dem Deckel des Sarkophages ru= hen in liegender Stellung zwei Figuren. Die Köpfe seh=

len; alles übrige aber, die Körper, deren Lage, die Drapirung der Oberkleider ist meisterhaft ausgeführt.

Ein anderer hölzerner Sarkophag zeugt von großer Kunstfertigkeit im Schnitzen und Drechseln des Holzes.

Eine Sammlung von irdenen Töpfen, Wasserkrügen und Lämpchen erinnerte mich sehr an jene in dem Museum zu Neapel. Die Töpfe sind eben so bräunlich gebrannt und bemalt, und haben dieselbe Form, wie jene, die man in Herkulanum und Pompeji ausgegraben hat. Die Wasserkrüge sind mit zwei Henkeln versehen und unten so zugespitzt, daß sie nur stehen, wenn man sie an etwas lehnt. In Persien ist diese Form noch jetzt im Gebrauche. Von Glas sah ich, außerandern unbedeutenden Gegenständen, Fläschchen, die beinahe nur aus langen Hälsen bestanden, — von Gold etwas plump gearbeitete Arm- und Fingerringe und Halsketten; zierlicher sahen kleine viereckige Blättchen in getriebener Arbeit aus, die an Kopf oder Brust befestiget wurden, und Kronen, die aus Kränzen von Lorbeerblättern bestanden. Von Kupfer gab es Kessel und Ketten, von Gips häßliche Fratzengesichter und verschiedene Verzierungen, die wahrscheinlich an den Außenseiten der Häuser angebracht waren. Unter den Münzen sah ich einige mit ausgezeichnet schönem Gepräge.

Nun blieb mir noch ein Besuch der Tumuli übrig. Ich suchte lange vergebens nach einem Führer, da aber selten Fremde hierher kommen, so gibt es keine bestimmten Führer. Ich wußte endlich keinen Rath mehr, als mich an den österreichischen Viceconsul, Herrn Nicolits, zu wenden. Dieser Herr war nicht nur sogleich bereit, meinen Wunsch zu erfüllen, sondern er war sogar so gefällig, mich selbst zu begleiten.

Die Tumuli sind Monumente ganz eigener Art: sie bestehen aus einem ungefähr sechzig Fuß langen, vierzehn Fuß breiten und 25 Fuß hohen Gange, und aus einem ganz kleinen Kämmerchen, das am Ende des Ganges liegt. Die Wände des Ganzen steigen schief auf, wie das Dach eines Hauses, und neigen sich oben so zusammen, daß höchstens ein Fuß Raum dazwischen bleibt. Sie sind von langen, sehr dicken Steinplatten erbaut, die der Art über einander gelegt sind, daß die obere Reihe über die untere stets sechs bis sieben Zoll hervorragt. Auf der obersten fußbreiten Oeffnung liegen ebenfalls massive Steinplatten. Wenn man von der Ferne in den Eingang blickt, sehen die Wände wie canelirt aus. Das Gemach ist ein längliches Viereck, über das sich eine kleine gewölbte Decke spannt, und ist auf dieselbe Art gebaut, wie der Gang. Nach der Beisetzung des Sarkophages in dem Gemache wurde das ganze Monument mit Erde überschüttet.

Der schöne Marmor-Sarkophag, der im Museum steht, ist einem Grabmale entnommen, welches nahe den Quarantaine-Gebäuden liegt, und für jenes des Königs Bentik gehalten wird.

Die meisten der Monumente wurden schon von den Türken geöffnet, die noch übrigen von der russischen Regierung. Man fand viele der Leichen mit goldenen Blätterkronen und Geschmeide bekleidet, wie sie im Museum zu sehen sind, — auch Münzen wurden häufig gefunden.

Am 26. September war ein großer Festtag für die Russen: sie feierten die Kreuzauffindung Christi. Das Volk brachte Brot, Backwerk, Früchte u. s. w. als Opfer in die Kirche. Alle diese Opfer wurden in einem Winkel derselben aufgespeichert. Nach Beendigung des Gottesdienstes segnete sie der Priester ein, gab einige Brosamen davon an die ihn belagernden Bettler, ließ das übrige in Körbe packen und nach seiner Wohnung schaffen. In den Nachmittagsstunden wandelte fast die ganze Bevölkerung nach den Friedhöfen. Die gemeinen Leute nahmen auch dahin Lebensmittel mit, die ebenfalls vom Priester eingesegnet, aber von den Eigenthümern selbst mit Lust verzehrt wurden.

Unter dem Volke sah ich nur wenige in russischer Kleidung. Die ächt russische Tracht besteht für Weiber und Männer aus langen, weiten, blauen Tuchröcken; die Männer tragen niedere Filzhüte mit breiten Krempen und haben die Haare gleichmäßig rund geschnitten; die Weiber binden kleine seidene Tücher um den Kopf.

Bevor ich Kertsch verlasse, muß ich noch erwähnen, daß in der Nähe Naphta=Quellen sind, die ich aber nicht besuchte, da sie der Beschreibung nach, die man mir von ihnen machte, ganz jenen in Tiflis gleichen.

Das nächste Ziel meiner Reise war Odessa. Ich hatte zwei Wege zu wählen, den Land= und den Seeweg. Ersterer soll viel des Schönen und Interessanten bieten; ich zog jedoch unbedingt den letztern vor, da ich erstens keine besondere Vorliebe für die russische Post fühlte, und zweitens mich herzlich sehnte, die Marken Rußland baldigst im Rücken zu haben.

Am 27. September, Morgens acht Uhr, ging ich an Bord des russischen Dampfers Dargo, von hundert Pferde=

kraft. Die Entfernung von Odessa bis Constantinopel beträgt 360 Seemeilen. Das Schiff war schön und äußerst rein gehalten, die Preise überaus mäßig — (ich zahlte für den zweiten Platz 13 Silberrubel oder 20 fl. 50 kr.). Das einzige, was mir auf den russischen Schiffen nicht gefällt, ist die allzugroße Begünstigung des Wirthes, der, wie man mir sagte, dafür auch seinen Theil am gehörigen Orte abgeben muß. Alle Reisenden sind gezwungen, die Kost bei ihm zu nehmen, die armen Deckpassagiere nicht ausgenommen, die manchmal zur Zahlung die letzten Kopeken aus den Taschen zusammen suchen mögen.

Zeitlich des Nachmittags kamen wir nach Feodosia (Caffa), das einst die größte und wichtigste Stadt der Krimm, und das zweite Constantinopel genannt wurde. Ihren höchsten Flor hatte sie am Ende des fünfzehnten Jahrhunderts unter der Herrschaft der Genueser erreicht. Ihre Bevölkerung soll damals über 200,000 Seelen betragen haben, jetzt ist sie zu einem Kreisstädtchen mit 5000 Einwohnern herab gesunken.

Aus den Zeiten der Genueser stammen noch halbverfallene Festungsmauern und Thürme, so wie auch eine schöne Moschee, die aber von den Russen in eine christliche Kirche umgewandelt wurde.

Das Städtchen liegt an einem großen Meerbusen des schwarzen Meeres, am Abhange kahler Hügel. Hübsche Gartenanlagen zwischen den Häusern sind das einzige Grün, das man sieht.

28. September. Diesen Morgen hielten wir bei Jalta, einem ganz kleinen Oertchen von 500 Seelen, das eine ausgezeichnet hübsche, von dem Fürsten Woronzoff gestiftete

Kirche besitzt. Sie ist im rein gothischen Style gehalten, und steht außerhalb des Dörfchens auf einem freundlichen Hügel.

Die Gegend ist hier wieder reizend, und schöne Berge und Hügel, theils mit hübschen Waldungen bedeckt, theils in mächtigen Felswänden aufsteigend, ziehen sich bis an das Meeresufer.

Das Dampfschiff verweilt in Jalta vierundzwanzig Stunden. Ich benützte diese Zeit zu einem Ausfluge nach Alupka, einem der Güter des Fürsten Woronzoff, berühmt durch ein Schloß, das man unter die Sehenswürdigkeiten der Krimm zählt. Der Weg dahin führt über niedere Hügelreihen knapp an der See durch einen reizenden Naturpark, den hin und wieder die hülfreiche Hand des Menschen verschönert hat. Zwischen Bosketten und Waldungen, zwischen Weinbergen und Gärten, auf freien Plätzen, auf Hügeln und Abhängen liegen die geschmackvollsten Schlösser und Landhäuser des russischen Adels. Das Ganze gewährt ein so anziehendes, freundliches Bild, daß man meint, hier könne nur Glück, Eintracht und Frohsinn herrschen.

Die erste Villa, welche in's Auge fällt, ist jene des Grafen Leo Potocki. Das Gebäude ist äußerst geschmackvoll, der Garten mit Kunst und Aufwand angelegt, die Lage herrlich mit freier Ansicht des Meeres und der Umgegend.

Ein zweites großartiges Gebäude, das aber mehr durch seinen Umfang als die Schönheit des Baues in die Augen fällt, liegt nahe am Meeresstrande. Es gleicht einem gewöhnlichen viereckigen Hause mit mehreren Stockwerten und soll der Kaiserin von Rußland als Land- und Badeaufenthalt dienen, wurde aber bisher noch nicht benützt. Dieses Schloß heißt Oriander.

Viel schöner als dieser Pallast nimmt sich das reizende Landhaus des Fürsten Mirzewsky aus; es liegt auf einem Hügel in Mitte eines prächtigen Parkes und gewährt eine wundervolle Uebersicht der Gebirge und des Meeres. Die Hauptfronte des Gebäudes ist gothisch.

Die Villa des Fürsten Gallizin ist ganz im gothischen Style erbaut. Die spitzig zulaufenden Fenster und zwei Thürme, von welchen einer noch dazu mit einem Kreuze geschmückt ist, geben ihr ganz das Ansehen eine Kirche, und man sucht unwillkürlich die Stadt, die zu diesem Prachtgebäude gehört.

Diese Besitzung liegt so ziemlich am Schluße der schönen, üppigen Natur. Von hier an verwandeln sich die Bäume nach und nach in Krüppelholz und endlich in Gestripp, der sammtweiche grüne Rasenteppich wird zu steinigem Boden und im Hintergrunde steigen schroffe Felswände empor, vor welchen viele einzelne herabgestürzte Trümmer liegen.

Man sieht zwar auch hier noch hübsche Besitzungen; allein sie sind durch Kunst allein geschaffen und entbehren des Reizes der Natur.

Nachdem man ungefähr dreizehn Werste zurück gelegt hat, biegt der Weg um einen der steinigen Hügel, und das fürstl. Woronzoffische Schloß ist in seiner ganzen Ausdehnung zu sehen. Dieser Anblick ist bei weitem nicht so überraschend, als ich ihn mir vorgestellt hatte. Das Schloß ist ganz aus Quadersteinen aufgeführt, die mit den es nahe umgebenden Felswänden und Gebirgsstöcken dieselbe Farbe haben. Wenn einst ein großer Park den Pallast umfaßt, dann wird dieser mehr hervortreten, und die Schönheit und die Großartigkeit des Baues besser zu erkennen seyn. Eine schöne Gartenanlage ist zwar jetzt schon vorhanden; allein sie ist noch jung und wenig ausgedehnt. Der Obergärtner, Herr Kebach (ein Deutscher), ist in seinem Fache Meister und Künstler; er wußte die öde, kahle Natur wahrhaft zu bezwingen, so daß sie nicht nur die gewöhnlichen Blumen, Pflanzen und Bäume hervorbringt, sondern selbst mit den schönsten erotischen Gewächsen prangt.

Das Schloß ist im maurisch-gothischen Style gebaut, voll jener Thürme und Thürmchen, ausgezackten Mauern, Ecken und Spitzen, wie man sie an ähnlichen noch wohl erhaltenen Bauten der Vorzeit sieht. Die Hauptfronte ist gegen das Meer gerichtet. Zwei Löwen, in Carrara-Marmor von der Hand eines tüchtigen Künstlers gemeiselt, liegen in gemüthlicher Ruhe am Fuße auf der Höhe der großartigen Treppenflucht, die von dem Schloße bis tief hinab an die Meeresküste führt.

Die innere Einrichtung des Pallastes mahnt an die Mährchen von „Tausend und eine Nacht": was alle Welttheile an kostboren Stoffen, feinen Hölzern, auserlesenen Arbeiten zu liefern vermögen, sieht man hier in höchster Pracht und Vollkommenheit. Da sind Prunkgemächer im orientalischen, chinesischen, persischen und europäischen Style, und vor allem ein Gartensaal, der wohl einzig in seiner Art ist, da er nicht nur die schönsten und seltensten Blumen, sondern auch die höchsten Bäume enthält. Palmen mit ihren reichen Blätterkronen ragen hoch empor, verschlungenes Laubwerk deckt die Wände, und von allen Seiten sprossen Blumen und Blüthen hervor. Die zartesten Düfte durchwürzen die reine Luft, schwellende Divans stehen halb verborgen unter dem schwebenden Blättergewinde, — kurz, alles ist vereint, den zauberhaftesten Eindruck auf die Sinne hervorzubringen.

Der Eigenthümer dieses Feenpallastes, Fürst Woronzoff, war leider abwesend, da er auf einem nahen Gute einem Feste beiwohnte. Ich hatte Briefe an ihn, und hätte ihn gerne kennen gelernt, da ich ihn auch hier wieder von Reich und Arm als den edelsten, gütigsten und gerechtesten Mann schildern hörte. Man suchte mich zwar zu bewegen, seine Zurückkunft zu erwarten; ich konnte aber dies Anerbieten nicht annehmen, indem ich acht Tage bis zur Ankunft des nächsten Dampfschiffes hätte verweilen müssen und meine Zeit schon karg bemessen war.

In der Nähe des Schlosses liegt ein Tartarendorf, deren es viele in der Krimm gibt. Sie zeichnen sich durch ihre platten Erddächer aus, die von den Einwohnern mehr benützt werden, als das Innere der Hütten. Da das Klima mild und schön ist, so verrichten sie den ganzen Tag über ihre Arbeiten auf dem Dache, und des Nachts schlafen sie darauf. Die Männer unterscheiden sich durch Tracht wenig mehr vom russischen Bauer; die Weiber kleiden sich einigermaßen orientalisch, das Gesicht bleibt unbedeckt.

Nirgends sah ich so schön gepflanzte und rein gehaltene Weingärten als hier. Die Traube ist sehr süß und schmackhaft, der Wein leicht und gut, und vollkommen geeignet, Champagner daraus zu machen, was auch häufig geschieht. In den Weingärten des Fürsten Woronzoff

sollen über hundert verschiedene Gattungen Reben ge=
pflanzt sein.

Nach Jalta zurück gekommen mußte ich im Gasthofe
noch über zwei Stunden verweilen, da die Herren, mit be=
nen ich an Bord gehen sollte, ihr Trinkgelage noch nicht
beendiget hatten. Als es endlich zum Aufbruche kam, war
einer davon, ein Offizier vom Dampfer, so arg betrunken,
daß er nicht gehen konnte. Zwei Herren schleiften ihn mit
Hülfe des Wirthes nahe an's Ufer. Hier war zwar die Jolle
des Dampfers; allein die Matrosen weigerten sich, uns über=
zuführen; die Jolle war für den Kapitän bestellt. Es mußte
ein Boot gemiethet werden, wofür man zwanzig Kopeken
Silber zu zahlen hatte. Die Herren wußten, daß ich nicht
russisch sprach; allein sie wußten nicht, daß ich etwas da=
von verstand. Ich vernahm ganz gut, wie der eine zum
andern halb flüsternd sagte: „Ich habe keine Münze bei
mir, lassen wir die Frau bezahlen." — Darauf wandte er
sich zu mir und sagte in französischer Sprache: Der An=
theil, den Sie zu zahlen haben, beträgt zwanzig Kopeken in
Silber. — Das waren Herren, die Anspruch auf Erzie=
hung und Bildung machten!

29. September. Heute hielten wir an der schönen
und starken Festung Sewastopol. Die Festungswerke lie=
gen theils an der Einfahrt des Hafens, theils im Hafen
selbst, sind in massivem Stein aufgeführt, und so reich an
Thürmen und Vorwerken, daß sie den Eingang in den
Hafen mehrfach vertheidigen. Der Hafen selbst ist beinahe
ganz von Hügeln eingeschlossen und einer der sichersten
und trefflichsten der Welt. Er kann die größte Flotte auf=
nehmen und ist so tief, daß sich die mächtigsten Kriegsschiffe

knapp an den Quais vor Anker legen können. Schleußen, Docks, Quais u. s. w. werden mit verschwenderischer Pracht und Großartigkeit ausgeführt. Noch war nicht alles beendet, es herrschte eine Regsamkeit ohne gleichen; Tausende von Händen waren auf allen Seiten geschäftig. Unter den Arbeitern zeigte man mir viele der gefangenen polnischen Edelleute, die zur Strafe für den letzten Versuch (im Jahre 1831), sich von dem russischen Joche zu befreien, hierher gesendet wurden.

Die Festungswerke und Kasernen sind so groß, daß sie bei 30,000 Mann fassen können.

Die Stadt selbst ist erst seit kurzem entstanden und liegt auf einer nakten und öden Hügelkette. Unter den Gebäuden fällt die griechische Kirche am meisten in die Augen, da sie ganz einsam auf einem der Hügel steht, und in dem Style eines grichischen Tempels erbaut ist. Das Bibliotheks-Gebäude liegt am höchsten, — eine gute Allegorie, wenn man beim Baue daran gedacht hat. Schön ist auch eine offene Säulenhalle in der Nähe des Klubgebäudes, an die sich eine Steintreppe schließt, welche bis an das Meeresgestade führt und dem Landenden zum bequemen Aufgange in die Stadt dient. Ein gothisches Monument, dem rühmlichen Andenken des Kapitäns Cozar gesetzt, der sich bei der Schlacht von Navarin besonders auszeichnete und dabei seinen Tod fand, erregt nicht minder des Reisenden Neugierde. Es steht gleich der Kirche ganz vereinzelt auf einem der Hügel.

Die Straßen hier, wie in all' den neu angelegten russischen Städten, sind breit und rein.

30. September. Zeitlich am Morgen kamen wir in

Odessa an. Die Stadt präsentirt sich von der Wasserseite sehr schön. Sie liegt hoch, und man kann daher mit einem Blicke viele der großen, wahrhaft schönen Gebäude übersehen. Zu diesen gehören vorzüglich der Palast des Fürsten Woronzoff, die Börse, das Gouvernements=Gebäude, mehrere große Kasernen, die Quarantaine und viele große prächtige Privathäuser. Obwohl die Umgebung flach und öde ist, geben doch die vielen Gärten und Aleen der Stadt einen freundlichen Anstrich. In dem Hafen sah ich einen wahren Wald von Masten. Dabei liegt der bei weitem größere Theil der Schiffe nicht einmal hier, sondern in dem Quarantaine=Hafen. Die meisten Schiffe kommen nämlich von der türkischen Seite, und für die türkischen Länder ist stets eine vierzehntägige Quarantaine vorgeschrieben, es mag da eine ansteckende Krankheit herrschen oder nicht.

Odessa, die Hauptstadt des Gouvernements Cherson, ist durch die Lage am schwarzen Meere und an den Mündungen des Dniestr und des Dniepr eine der wichtigsten Handelsstädte Süd=Rußlands. Die Stadt zählt 80,000 Einwohner, wurde im Jahre 1794 gegründet und im Jahre 1817 zum Freihafen erklärt. Eine schöne Citadelle beherrscht den Hafen vollkommen.

Das meiste Verdienst an dem Aufblühen und Emporkommen Odessa's hat der Herzog von Richelieu, der, nachdem er mehrere Feldzüge gegen sein Vaterland (Frankreich) im Emigranten=Corps mitgemacht hatte, nach Rußland ging und im Jahre 1803 zum General-Gouverneur des Gouvernements Cherson ernannt wurde. Er bekleidete diesen Posten bis zum Jahre 1814, in welcher Zeit er die

Stadt, die bei seinem Antritte kaum 5000 Seelen zählte, auf den jetzigen Standpunkt brachte. Eine der schönsten Straßen führt des Herzogs Namen und einige Plätze wurden, ebenfalls ihm zu Ehren, nach gleichnamigen in Paris getauft.

Ich blieb nur zwei Tage in Odessa, am dritten ging ich mit dem Dampfer nach Constantinopel. Ich durchkreuzte die Stadt und deren Umgebung nach allen Richtungen Der schönste Theil liegt dem Meere zugewendet, hier vor allem der Boulevard, der, mit schönen Alleen besetzt, einen genußreichen Spaziergang beut; eine lebensgroße Statue in Erz gegossen, den Herzog von Richelieu vorstellend, ist eine schöne Zierde desselben. Breite Steintreppen führen vom Boulevard bis an das Meeresufer und im Hintergrunde reihen sich schöne Paläste und Häuser an einander. Die ausgezeichnetsten darunter sind das Gouvernements-Gebäude, das Hôtel St. Petersburg und der im italienischen Style erbaute Pallast des Fürsten Woronzoff, an welchen sich ein geschmackvolles Gärtchen schließt. Am entgegengesetzten Ende des Boulevard liegt die Börse, ebenfalls der italienischen Bauart nachgeahmt und mit einem Garten umgeben, unweit davon die Akademie der bildenden Künste, ein etwas mittelmäßiges, einstöckiges Gebäude. Das Theater, mit einem schönen Porticus, verspricht von außen sehr viel, macht aber im Innern wenig Effekt. An das Theater schließt sich das Palais royal, das aus einer niedlichen Gartenanlage besteht, um die sich große, schöne Läden reihen, in welchen man die kostbarsten Waaren findet. Viele Artikel sind auch ausgelegt, aber bei weitem nicht so geschmackvoll, wie in Wien oder Hamburg.

Unter den Kirchen tritt die russische Cathedrale am meisten hervor. Sie hat ein hochgewölbtes Schiff und eine schöne Kuppel. Das Schiff ruht auf kräftigen Säulen, die mit glänzend weißem Plaster überzogen sind, das wie Marmor aussieht. Die Ausschmückung der Kirche an Bildern, Lustern, Leuchtern u. s. w. ist reich, aber nicht kunstvoll. Es war dies die erste Kirche, in welcher ich Oefen fand, und wahrlich, es hätte bald Noth gethan, sie in Gebrauch zu setzen, — der Unterschied der Temperatur zwischen hier und Jalta war für die geringe Entfernung sehr bedeutend.

Eine zweite russische Kirche steht auf dem neuen Bazar; sie hat eine große Kuppel, die mit vier kleineren umgeben ist, und sieht von außen sehr schön aus, im Innern ist sie klein und einfach.

Die katholische Kirche, noch nicht ganz vollendet, kann im Baue kühn mit der russischen Cathedrale in die Schranken treten.

Die Straßen sind alle breit, schön und regelmäßig eingetheilt; es ist beinahe nicht möglich, sich in dieser Stadt nicht gleich zurecht zu finden. Große und schöne Häuser gibt es in jeder Straße, und in den entferntesten Theilen der Stadt.

Im Innern der Stadt liegt der sogenannte „Krongarten," der zwar gerade nicht zu den großen und schönen gehört, aber doch immer einige Unterhaltung gewährt, da sich alle Sonn- und Feiertage ein zahlreiches Publikum da versammelt, und ein ganz gutes Musikcorps im Sommer unter einem Zelte, im Winter in einem einfachen Gartensaale spielt.

Der botanische Garten, drei Werste von der Stadt entfernt, ist arm an exotischen Gewächsen und sehr vernachlässiget. Es ist um jeden Schritt schade, den man dahin macht. Einen wahrhaft betrübenden Eindruck machte auf mich das Bild des Herbstes, das ich hier nach einigen Jahren zum erstenmale wieder sah. Ich hätte beinahe die Leute beneidet, die in den heißen Klimaten leben, wenn auch die Hitze viel der Leiden bietet.

Man kömmt in Odessa mit der deutschen Sprache ganz gut fort; außer dem ganz gemeinen Volke versteht beinahe alles deutsch.

Bei dem Austritte aus dem russischen Reiche hat man mit den Paßangelegenheiten eben so viel Schwierigkeiten wie bei dem Eintritte. Man muß den bei dem Eintritte gelösten Paß wieder verwechseln, wofür man jedesmal zwei Silberrubel zu zahlen hat. Außerdem muß sich der Reisende gefallen lassen, dreimal in die Zeitung gerückt zu werden, damit, wenn er Schulden hat, die Leute von seiner Abreise benachrichtigt werden. Mit diesen Einrückungen gehen im schnellsten Falle acht Tage, oft aber auch zwei bis drei Wochen verloren; nur in dem Falle, daß jemand gut für ihn steht, braucht er die Einrückungen nicht abzuwarten.

Der österreichische Consul, Herr Gutenthal, bürgte für mich, und dadurch ward es mir möglich, schon am 2. October dem russischen Reiche Lebewohl zu sagen. Daß ich dies mit leichtem Herzen that, brauche ich meinen Lesern wohl nicht zu versichern.

Constantinopel und Athen.
(Schluß der Reise).

Constantinopel. Veränderungen. Zwei Feuersbrünste. Reise nach Griechenland. Die Quarantäne in Aegina. Ein Tag in Athen. Calamachi. Der Isthmus. Patras. Corfu.

Von der Reise von Odessa nach Constantinopel ist wenig zu sagen, man bleibt beinahe immer in hoher See und landet nirgends. Die Entfernung beträgt 360 Seemeilen. Das Schiff gehörte der russischen Regierung, hieß „Odessa," hatte 260 Pferdekraft, war schön und überaus rein und nett gehalten.

Um mir den Abschied von meinen lieben Freunden, den Russen, nicht zu schwer zu machen, war einer von ihnen noch so gütig, mich am Schlusse der Reise nicht eben allzu artig zu behandeln. Ich hatte mich in der letzten Nacht, die sehr mild und warm war, aus der dumpfigen Kajüte hinauf auf's Deck geflüchtet und unweit des Steuerkastens gelagert, wo ich, in meinen Mantel gehüllt, alsbald zu schlafen begann. Da kam einer der Matrosen daher, gab mir einen Stoß mit dem Fuß und hieß mich den Platz verlassen. Ich dankte ihm gerührt für die zartsinnige Art, mit der er sich ausgedrückt, ersuchte ihn, mich in Ruhe zu lassen und schlief weiter.

Unter den Reisenden waren sechs englische Matrosen, die ein neues Schiff nach Odessa geführt hatten und nach ihrem Vaterlande zurückkehrten. Ich sprach einigemale mit ihnen, wodurch ich die Leute ganz für mich gewann. Wie sie bemerkten, daß ich ohne Begleiter sei, frugen sie mich, ob ich so viel türkisch spräche, um mit den Bootsführern und Trägern aushandeln zu können. Auf mein Verneinen trugen sie mir an, alles für mich zu besorgen, wenn ich mit ihnen an's Land gehen wolle. Ich nahm ihr Anerbieten gerne an.

Wie wir gegen das Land fuhren, kam ein Zollwächter heran gerudert, das Gepäck zu durchsuchen. Um schnell weiter zu kommen, drückte ich ihm einiges Geld in die Hand. Am Ufer angekommen wollte ich die Ueberfahrt bezahlen, doch vergebens, das ließen die englischen Matrosen nicht zu. Sie sagten, ich hätte für alle den Zollwächter bezahlt, an ihnen wäre es daher, die Kosten des Bootes zu tragen. Ich sah, daß ich sie nur beleidiget hätte, wäre ich ferner in sie gedrungen, mein Geld anzunehmen. Sie handelten noch den Träger für mich aus, und wir schieden als gute Freunde.

Wie verschieden war doch dies Benehmen englischer Matrosen gegen jenes der drei gebildeten russischen Herren in Jalta!

Die Einfahrt in den Bosphorus, so wie die Sehenswürdigkeiten Constantinopels habe ich bereits in meiner Reise nach dem gelobten Land *) beschrieben. Ich ließ mich sogleich zu meiner guten, lieben Frau Balbiani führen, fand sie aber zu meinem Bedauern nicht mehr in Constantinopel; — sie hatte ihr Hôtel aufgegeben. Man empfahl mir das Hôtel „aux quatre nations" der Madame Prust. Madame war eine geschwätzige Französin, die beständig das Lob ihres Hauswesens, ihrer Dienerschaft, Küche u. s. w. im Munde führte, worin ihr aber wohl keiner der Reisenden beistimmte. Sie nahm pr. Tag vierzig Piaster (4 fl. CM.) und schrieb außerdem noch für Trinkgelder und derlei Sachen eine gute Summe auf die Rechnung.

Ueber das goldene Horn hatte man seit meinem letzten Hiersein eine neue zierliche, hölzerne Brücke geschlagen, der schöne Pallast der russischen Gesandtschaft war beendet, und die Orientalinen kamen mir minder dicht verschleiert vor als bei meinem ersten Besuche Constantinopels. Viele von ihnen trugen so zartgewobene Schleier, daß man so ziemlich die ganze Form des Gesichtes durchscheinen sah. Andere hatten gerade nur die Stirne und das Kinn bedeckt und ließen Augen, Nase und Wangen ganz frei.

In der Vorstadt Pera sah es sehr traurig aus. Da gab es der Brandstellen in Menge; ihre Zahl wurde während meines breitägigen Aufenthaltes noch durch zwei Feuer vermehrt, die man aber „kleine" nannte, da durch das erste blos hundert und dreißig Buden, Hütten und Häuser, durch das zweite gar nur dreißig in Asche gelegt

---

*) Wien, bei Dirnböck, im Jahre 1843.

wurden. Man ist gewohnt, die Zahl der Brandstellen nach Tausenden zu rechnen.

Das erste Feuer brach des Abends aus, als wir noch bei Tische saßen. Einer der Gäste trug sich an, mich dahin zu begleiten, und meinte, daß mich ein solches Schauspiel, wenn ich es noch nicht gesehen habe, gewiß interessiren würde. Der Schauplatz war ziemlich weit von unserem Hause entfernt; allein wir hatten kaum hundert Schritte gemacht, als wir uns schon in einem großen Gewirre von Menschen befanden, welche alle Papierlaternen*) trugen, wodurch die Gassen hell erleuchtet wurden. Alles schrie und lief wild durcheinander, die Bewohner der Häuser rissen alle Fenster auf, frugen die Vorübereilenden nach dem Grade der Gefahr und starrten mit Angst und Beben nach dem Wiederschein der Flammen an dem Himmel. Dazwischen erscholl das kräftige: „Guarda, Guarda" (aufgeschaut) der Leute, die kleine Feuerspritzen**) und Wasserschläuche auf den Achseln trugen und alles über den Haufen rannten, was nicht schnell bei Seite sprang. Berittenes Militär, Fußsoldaten und Wachen stürmten hinter her, und Pascha's kamen mit ihrem Gefolge geritten, um die Leute zum Löschen und zur Hülfe anzuspornen.

---

*) Constantinopel ist nicht beleuchtet; wer daher ohne Laterne geht, wird als verdächtig angehalten und auf die nächste Wache geführt.

**) Da die Straßen Constantinopels enge, voll Löcher und Unebenheiten sind, und man nicht überall mit einem Wagen hingelangen kann, muß man sich mit kleinen Feuerspritzen, die von vier Männern getragen werden, behelfen.

Leider sind fast alle diese Bemühungen vergebens. Das Feuer findet an den hölzernen, mit Oelfarben angestrichenen Gebäuden zu viel Nahrung, verbreitet sich mit unglaublicher Schnelligkeit über ganze Häuserreihen und wird nur durch leere Plätze oder Gärten aufgehalten. Oft gehen mehrere tausend Häuser in einem Feuer zu Grunde. Die unglücklichen Bewohner haben kaum Zeit, das nackte Leben zu retten, — die entfernter Wohnenden packen eilig ihre Habseligkeiten zusammen und sind jeden Augenblick zur Flucht bereit. Daß es bei solchen Gelegenheiten nicht an Dieben fehlt, ist leicht begreiflich, und nur zu oft wird dem Armen seine geringe Habe, die er nur mit großer Mühe gerettet hat, in dem Getümmel und Gewirre wieder entrissen.

Das zweite Feuer brach in der folgenden Nacht aus. Alles lag schon im Schlafe; die Feuerwächter stürmten aber durch die Straßen, stießen mit ihren eisenbeschlagenen Stöcken an die Hausthüren und schrieen die Leute wach. Ich sprang erschrocken aus dem Bette, lief zum Fenster und sah in der Gegend des Feuers den Himmel leicht geröthet. Nach einigen Stunden verhallte der Lärm und die Röthe erlosch. — In neuester Zeit fängt man endlich an, steinerne Häuser zu bauen, und zwar nicht nur in Pera, sondern auch in Constantinopel.

Am 7. October Abends um sechs Uhr verließ ich Constantinopel auf dem französischen Dampfschiffe Scamander von 160 Pferdekraft.

Auch die Reise von Constantinopel nach Smyrna und durch den griechischen Archipel ist in meiner „Reise nach dem gelobten Lande" enthalten, ich gehe daher sogleich auf Griechenland über.

Man hatte mir in Constantinopel gesagt, daß die Quarantäne im Piräus (sechs engl. Meilen von Athen) abgehalten werde und nur vier Tage währe, da der Gesundheitszustand in der Türkei vollkommen befriedigend sei. Statt dessen erfuhr ich auf dem Dampfer, daß sie auf der Insel Aegina (16 engl. Meilen vom Piräus) abgehalten werde und zwölf Tage währe, nicht wegen der Pest, sondern wegen der Cholera. Für die Pest dauert sie ein und zwanzig Tage.

Am 10. October erblickten wir das Festland des alten Gräcium.

Nahe der Küste segelnd sahen wir auf dem hohen Vorsprunge eines Felsens zwölf große Säulen, Reste eines Minerva-Tempels. Bald kamen wir dem Hügel nahe, auf welchem die herrliche Akropolis liegt. Lange hingen meine Blicke an allem, was ich übersah, die Bilder der griechischen Helden, der griechischen Geschichte zogen an mir vorüber, und ich glühte vor Verlangen, einen Boden zu betreten, der mir von frühester Kindheit an nach dem von Rom und Jerusalem der merkwürdigste und interessanteste auf Erden geschienen hatte. Wie emsig suchte ich nach der neuen Stadt Athen, — sie lag ja auf derselben Stelle, wo einst die alte, berühmte war. Leider sah ich sie nicht, da sie uns durch einen Hügel verborgen war. Wir bogen in den Piräus ein, an welchem ebenfalls ein neues Städtchen entstanden ist, hielten nur an, um die Postpapiere abzugeben und segelten nach Aegina.

Es war schon finstere Nacht, als wir da ankamen; man setzte schnell ein Boot aus und führte uns an den Quai, nahe der Quarantaine. Weder Träger noch Diener aus dieser Anstalt waren da, uns hülfreiche Hand zu leisten; wir Reisende mußten selbst unsere Kisten und Koffer nach dem Gebäude schaffen und schleppen, in welchem man uns leere Zimmerchen anwies. Nicht einmal ein Licht war zu bekommen. Ich hatte glücklicherweise eine Wachskerze bei mir, die ich in mehrere Stückchen schnitt, und half so meinen Gefährten aus.

Am folgenden Morgen erkundigte ich mich nach den Einrichtungen der Quarantaine — sie waren sehr schlecht und sehr theuer. Ein kleines, ganz leeres Zimmerchen kostete pr. Tag drei Drachmen*), die ganze Kost fünf Drachmen, einzelne ganz kleine Portionen sechzig bis siebenzig Leptas, die Bedienung, d. h. die Aufsicht des Quardians pr. Tag zwei Drachmen, für den Bedarf des Wassers täglich fünfzehn Leptas, dem Arzte eine Drachme bei der Ankunft und nochmals eine Drachme beim Austritt, wofür er die ganze Gesellschaft in comune aufmarschiren läßt und ihren Gesundheitszustand untersucht. Eine Menge Nebendinge standen im verhältnißmäßigen Preise, — jedes Möbel mußte besonders gemiethet werden.

Ich begreife nicht, wie die Regierung auf Anstalten, die der Gesundheit wegen eingerichtet sind, und die der Unbemittelte nicht umgehen kann, so wenig Sorgfalt verwenden mag. Der Arme muß hier ungleich mehr Entbehrungen leiden als zu Hause; er kann sich keine warme Speise gönnen, denn der Wirth, der an keine vorgeschriebenen Preise gebunden ist, fordert das fünf- und sechsfache

---

*) Eine Drachme ist 21 Kreuzer CM. und hat 100 Leptas. Ein Ottonlo (Goldstück) hat 20 Drachmen.

des Werthes u. s. w. Mehrere Handwerker, die mit dem Schiffe gekommen waren, wurden mit einem Dienstmädchen in ein und dasselbe Zimmer gewiesen. Die Leute aßen während der ganzen zwölf Tage kein warmes Gericht, sie lebten von Brod, Käs und getrockneten Feigen. Das Mädchen bat mich nach einigen Tagen, sie um Gotteswillen in mein Zimmer aufzunehmen, da sich die Leute nicht anständig gegen sie betrügen.

In welcher Lage wäre das arme Mädchen gewesen, wenn sich zufällig keine Frau unter den Reisenden befunden, oder wenn ich sie nicht aufgenommen hätte!

Sind solche Einrichtungen öffentlicher Anstalten würdig? — Können in derlei Anstalten nicht auf Kosten der Regierung einige Gemächer für Arme eingerichtet, kann dem Unbemittelten nicht für billigen Preis ein einfaches warmes Mahl, wenigstens einmal im Tage gereicht werden? Ist der Arme nicht schon genug bestraft, daß er in so langer Zeit nichts verdienen kann, soll er um das schwer Erworbene noch auf so abscheuliche Weise kommen?!

Am zweiten Tage wurde der Hof geöffnet und uns erlaubt, in einem umzäumten Gebiete hundert fünfzig Schritte weit an der Meeresküste spazieren zu gehen. Die Aussicht war recht hübsch, die ganze Reihe der Cycladen lag vor uns — kleine gebirgige Inseln, meist unbewohnt und mitunter bewaldet. Sie mögen einst wohl mit dem Festlande verbunden und durch ein großes Naturereigniß getrennt worden sein.

Am vierten Tage wurde unser Käfig noch mehr erweitert, man erlaubte uns unter der Aufsicht eines Wächters einen Spaziergang nach dem kahlen Hügel zu machen, der sich an die Quarantäne anschließt. Auf diesem Hügel standen Reste eines Tempels — Bruchstücke einer Mauer und eine sehr beschädigte Säule. Letztere bestand aus einem Stücke Stein, war canelirt und mochte, dem Umfange nach, sehr hoch gewesen sein. Diese Ruinen sollen von einem ausgezeichnet schönen Jupiter=Tempel stammen.

21. October. Heute schlug uns die Stunde der Freiheit. Schon den Abend zuvor hatten wir eine kleine Barke bestellt, die uns zeitlich des Morgens nach Athen bringen sollte. Aber meine Mitgefangenen wollten erst ihre wieder erhaltene Freiheit in einem Gasthause feiern, und so ward es eilf Uhr bis wir fortkamen. Ich benützte diese Zeit, und sah mich ein bischen im Städtchen und der nahen Umgebung um. Das Städtchen ist sehr klein und mit nichts weniger als Prachtgebäuden versehen. Das einzige, was ich hie und da aus der grauen Vorzeit noch entdeckte, waren Spuren von Zimmerböden, die mit farbigen Steinen mosaikartig eingelegt waren. — So viel ich von der Insel Aegina sehen konnte, ist sie äußerst öde und kahl, und wohl könnte man nimmer vermuthen, daß sie einst durch Handel und Kunst reich blühte.

Aegina, eine griechische Insel von zwei Quadrat=Meilen, bildete einst einen eigenen Staat und soll den Namen von Aegina, des Aesopus Tochter erhalten haben. Auf dieser Insel sagt man, sei in Griechenland das erste Geld geprägt worden.

Unsere Fahrt nach dem Piräus währte sehr lange. — Kein Lüftchen blähte unsere Segel, die Schiffer mußten die Ruder zur Hand nehmen, und erst gegen acht Uhr

Abends landeten wir an dem ersehnten Ziele. Der erste Besuch galt der Gesundheitswache, die unsere, von der Quarantaine mitgebrachten Zeugnisse mit gebührender Langsamkeit durchstudierte. Es fand sich leider niemand unter uns, der ihr Studium durch Spendung einiger Drachmen leichter verständlich gemacht hätte. Die Polizei durfte natürlich auch nicht übergangen werden, war aber schon geschlossen, in Folge dessen wir das Städtchen nicht verlassen durften. Ich ging in ein großes, schön aussehendes Kaffehhaus (diese sind zugleich Gasthäuser), um ein Nachtquartier zu suchen. Man führte mich in ein Zimmer, in welchem die Hälfte der Fensterscheiben zerbrochen war. Der Aufwärter meinte, das hätte nichts zu sagen, man brauche nur die Läden zu schließen. Im übrigen sah das Zimmer nicht ganz schlecht aus; kaum hatte ich aber vom Bette Besitz genommen, so zwangen mich gewisse Thiere die Flucht zu ergreifen. Ich begab mich auf das Kanapee, wo es mir nicht besser erging, endlich auf einen Stuhl, auf welchem ich die Nacht gerade nicht in der bequemsten Stellung verbrachte.

Schon zu Aegina hatte man mir von der großen Unsauberkeit und dem vielen Ungeziefer der piräischen Gasthöfe gesprochen und mich gewarnt, da eine Nacht zuzubringen; was war aber zu thun, da wir die Stadt nicht ohne polizeiliche Erlaubniß verlassen durften?

22. October. Von dem Hafenorte Piräus nach der Stadt Athen sind dreizehn Stadien oder sechs engl. Meilen. Die Straße führt zwischen kahlen Hügeln und Oelpflanzungen durch; die Akropolis hat man stets vor sich, die

Stadt Athen erscheint erst später. — Ich hatte mir vorgenommen, acht Tage in Athen zu bleiben, um alle Denkmäler und merkwürdigen Orte der Stadt und Umgebung mit Muße besehen zu können; aber kaum war ich aus dem Wagen gestiegen, so erfuhr ich den Ausbruch der Wiener October=Revolution.

Die Revolution vom 24. Februar in Paris hatte ich in Bombay vernommen, jene in den Märztagen meines Vaterlandes zu Bagdad, die ferneren politischen Ereignisse zu Tebris, Tiflis und in andern Städten. In meinem ganzen Leben hatten mich keine Nachrichten so sehr überrascht als jene aus Wien. Meine gemüthlichen, friedliebenden Oesterreicher — und ein Umsturz der Regierung! — Ein Erwachen aus langer Lethargie! — Ich fand die Sache so fabelhaft, daß ich den mündlichen Berichten des Herrn Residenten in Bagdad nicht festen Glauben schenken konnte; er mußte mich durch schwarz auf weiß, nämlich durch Zeitungsblätter überzeugen. Die Ereignisse der Märztage hatten mich so entzückt und begeistert, daß ich mich mit Stolz eine Oesterreicherin nannte. Die späteren Begebenheiten aber vom Mai u. s. w. stimmten mich wieder herab, und vollends die des 6. October erfüllten mich mit Wehmuth und Trauer. Kein Umsturz eines Staates hatte so schön begonnen. Einzig würde er in der Geschichte da gestanden haben, wäre man im Sinne der Märztage fortgefahren; — und nun mußte es so kommen! — Ach, ich war über den 6. October so bestürzt und ergriffen, daß ich für alles die Theilnahme verloren hatte. Ueberdieß wußte ich die Meinigen in Wien und hatte keine Nachricht von ihnen. Ich wäre augenblicklich wieder fortgeeilt, wenn es eine Gelegenheit dazu gegeben hätte; aber ich mußte auf den nächsten Tag warten, denn da erst ging ein Dampfer ab. Ich traf sogleich Anstalt, um mitzugehen und nahm dann, mehr um mich zu zerstreuen als aus Interesse, einen Cicerone, der mich an alle merkwürdigen Orte der Stadt führen sollte.

Grausam hatte mir das Schicksal mitgespielt: zwölf Tage ließ ich mich geduldig in der Quarantäne zu Aegina einsperren, um dann den classischen Boden Gräciums mit Muße durchwandern zu können — und nun brannte mir der Boden unter den Füßen, und ich hatte weder Rast noch Ruhe.

Athen, die Hauptstadt des einstigen Staates Attika, soll in den Jahren 1390—1400 vor Christi Geburt von Kekrops gegründet worden sein, und damals den Namen Kekropia erhalten haben, der in der folgenden Zeit nur der Burg eigen blieb. Unter Erichtonius erhielt die Stadt den Namen „Athen." Die ursprüngliche Stadt lag auf einem Felshügel mitten in einer Ebene, welche in der Folge mit Gebäuden überdeckt wurde; der obere Theil hieß die „Akropolis," der untere die „Katapolis." Jetzt liegt nur mehr ein Theil der Festung, die berühmte Akropolis, auf dem Berge, welcher die größten Kunstwerke Athens enthält. Die Hauptzierde war der Tempel der Minerva oder das Parthenon; noch in seinen Trümmern zieht es die Bewunderung der Welt auf sich. Das Gebäude soll 215 Fuß lang, 97 Fuß breit und 70 Fuß hoch gewesen sein; hier stand die Bildsäule der Minerva von Phidias. Dieses Meisterwerk der Bildhauerkunst war aus Elfenbein und Gold, 46 Fuß hoch und soll über 2000 Pfund ge wogen haben. Den Eingang zum Tempel bildeten die Propiläen, wovon noch 55 Säulen bestehen und theilweise ungeheure Marmorblöcke, die darauf ruhen und zu den Bögen und der Decke gehörten.

Dieser Tempel wurde von den Persern zerstört und von Perikles um 440 Jahre vor Christi Geburt wieder herrlicher aufgebaut.

Von den Tempeln der Minerva und des Neptun sieht man einige schöne Reste; eben so kann man den Umfang des Amphitheaters noch erkennen; von dem Theater des Bachus steht nur mehr weniges.

Außerhalb der Akropolis liegt der Tempel des Theseus und des Jupiter Olympius, der eine auf der Nord= der andere auf der Südseite. Ersterer ist von dorischer Bauart und mit 36 schönen Säulen umgeben; auf den Metopen sieht man in herrlichen Reliefs die Thaten des Theseus dargestellt. Im Innern ist der Tempel voll schöner Sculpturen, Epitaphen und anderer Steinarbeiten, wovon jedoch die meisten von andern Tempeln herrühren und nur hier zusammengestellt sind. Außerhalb des Tempels stehen mehrere Marmorsitze, die man von dem nahen Areopag, dem ehemaligen Versammlungsorte der Patrizier, hierher gebracht hat. Von dem Areopag selbst sieht man nichts mehr als ein in einem Felshügel ausgehauenes Gemach, zu welchem ebenfalls in den Fels gehauene Stufen führen.

Vom Tempel des Jupiter Olympius ist von der Grundmauer noch so viel vorhanden, daß man seine Größe daraus entnehmen kann, auch sind 16 herrliche Säulen von 58 Fuß Höhe verschont geblieben. Dieser Tempel, den

Hadrian vollenden ließ, soll an Pracht und Schönheit alle Gebäude Athens übertroffen haben. Das Aeußere zierten 120 canelirte Säulen von sechs Fuß im Durchmesser und 59 Fuß Höhe. Die gold= und elfenbeinerne Statue Jupiter's war, wie jene Minerva's, aus Phidias Meisterhand hervorgegangen. — Alle Tempel und Prachtgebäude waren vom reinsten weißen Marmor erbaut.

Unweit des Areopags ist der Pnyx, wo das freie Volk von Athen sich berathschlagte. Hiervon besteht nichts mehr als die im Felsen ausgehauene Rednerbühne und die Sitze der Schreiber.

Welche Gefühle bewegen die Brust, wenn man bedenkt, was für Männer da gestanden und gesprochen haben!

Mit Wehmuth betrachtete ich die in der Nähe befindliche Felsenhöhle, in welcher Sokrates als Gefangener saß und den Giftbecher leerte.

Oberhalb dieser denkwürdigen Grotte steht ein einfaches Monument, welches dem Angedenken Philopapos geweiht war.

Die Türken haben die Akropolis mit einer breiten Mauer umgeben, wozu sie leider viele Reste, Säulen und Bruchstücke der herrlichsten Tempel verwendeten.

In der neuen Stadt Athen ist von den Alterthümern gar nichts mehr zu sehen als der „Thurm der Winde," andere nennen es die „Laterne des Diogenes;" ein kleines Tempelchen in Gestalt eines Achteckes, mit schönen Sculpturen bedeckt; deßgleichen das Denkmahl des Lysikrates. Dies besteht aus einem Fußgestelle, einigen Säulen und einer Kuppel von korinthischer Ordnung.

Das Kirchlein „Maria-Maggiore" soll von den Ve=

netianern 700 Jahre nach Christi Geburt erbaut worden sein. Seine größte Merkwürdigkeit ist, daß es die erste christliche Kirche in Athen war.

Auf der Akropolis ist auch der Ueberblick über die ganze Umgebung sehr interessant, man sieht da den Hymettos, den Pentelikon, gegen Eleusis, Marathon, Phylä und Dekelea, den Hafen, das Meer und den Lauf des Ilissos.

Athen besitzt eine beträchtliche Anzahl Häuser, von welchen aber die meisten klein und unbedeutend sind; freundlich nehmen sich dagegen die schönen Landhäuser aus, die von geschmackvollen Gärten umgeben sind.

Das auf dem "Nymphen=Berge" stehende kleine Observatorium wurde vom Baron Sina, dem bekannten Wiener Banquier, der von Geburt ein Grieche ist, erbaut.

Der königl. Pallast (in neuester Zeit entstanden) ist aus blendend weißem Marmor und bildet ein großes Viereck. An zwei Seiten führen einige Stufen, die einen großen Theil der Breite des Flügels einnehmen, unter ein Peristyl, einer Art schmaler Vorhalle, die auf Säulen ruht. Der eine Aufgang ist für die Minister, Gesandten u. s. w. bestimmt, der andere für die königliche Familie. Außer diesen beiden Peristyls ist das ganze Gebäude höchst geschmacklos und hat auch nicht die kleinste Verzierung; die Fenster sind in der alltäglichen Form eines länglichen Vierecks, und die hohen, großen Wände sehen so nackt, kahl und geglättet aus, daß selbst das glänzende Milchweiß des schönen Marmors gar keinen Effect macht, und man erst ganz in der Nähe erkennen kann, welch' kostbares Material zu dem Baue verwendet wurde.

Mir that es leid, diesen Pallast gesehen zu haben

besonders hier, der Akropolis gegenüber, auf einem Boden, den seine Kunstschätze so klassisch gemacht haben, wie seine Helden.

Ein ziemlich hübscher, noch junger Garten umgibt den Pallast, vor welchem einige Palmen stehen, die von Syrien hierher gebracht wurden; sie tragen jedoch keine Früchte. Die übrige Umgebung ist nackt und kahl.

Der Marmor wurde nicht nur zu diesem Pallaste, sondern auch zu den Tempeln und Prachtgebäuden auf der Akropolis, aus den Brüchen des nahen Berges Pentelikon gewonnen, dessen Reichthum an diesem edlen Gesteine so groß ist, daß man noch ganze Städte davon bauen könnte.

Es war gerade Sonntag, und noch dazu ein schöner*), welchem Zufalle ich die Gelegenheit verdankte, die ganze elegante Welt Athens, ja den Hof selbst, auf dem öffentlichen Versammlungsorte zu sehen. Dieser Ort besteht aus einer einfachen Allee, an deren Ende ein hölzerner Pavillon errichtet ist. Weder Rasenplätze noch Blumenbeete verschönern ihn. Jeden Sonntag spielt die Militär-Musik von 5—6 Uhr. Der König reitet oder fährt mit seiner Gemahlin hierher, um sich dem Volke zu zeigen. Diesmal kam er in einem vierspännigen, zurückgeschlagenen Wagen gefahren und ließ anhalten, um einige Musik-

---

*) Hier, wo ich ungefähr vier Wochen später ankam als zu Odessa, schien die Sonne noch so heiß, wie bei uns im Juli, die Natur lechzte nach Kühlung und Regen und die Blätter verwelkten beinahe aus Hitze, während sie in Odessa von der Kälte schon den Todesstoß erhalten hatten.

stücke anzuhören. Der König war in griechisches, die Königin in gewöhnliches französisches Kostüme gekleidet.

Das griechische oder vielmehr albanesische Kostüm ist eines der schönsten, das man sehen kann. Die Männer tragen faltenreiche Röcke (Fustanella, 20—25 Ellen weit) von weißem Perkal, die von der Hüfte bis an die Knie reichen, Gamaschen (Zaruchi) von den Knieen bis an die Füße, und Schuhe, letztere meist von rothem Saffian. Ein knapp anliegendes Westchen oder Leibchen von farbigem Seidenstoffe, ohne Aermel, schmiegt sich über ein seidenes Hemb, und darüber wird ein ebenfalls knapp anliegender Spenser von feinem, rothen, blauen oder braunem Tuche gezogen, der nur unten durch einige Knöpfe oder mittelst einer schmalen Binde zusammen hält, und oben auseinander geht. Die Aermel des Spensers sind aufgeschlitzt und werden entweder frei flatternd gelassen, oder durch einige Nesteln um das Handgelenke leicht zusammen gehalten; der Kragen des Hembes ist ein wenig übergeschlagen. Leibchen und Spenser sind mit Schnüren, Quasten, Spangen und Knöpfen von Gold, Silber oder Seide, je nach der Wohlhabenheit des Trägers, geschmackvoll verziert und ausgenäht. Stoff, Farbe und Ausschmückung der Zaruchi stimmen mit dem Spenser und Leibchen überein. In dem Gürtel steckt gewöhnlich ein Dolch nebst ein Paar Pistolen. Die Kopfbedeckung besteht aus einem rothen Feß mit blauseidenen Quasten.

Von dem weiblichen Geschlechte wird, so viel ich hier sah, das griechische Kostüm wenig mehr getragen, und wenn es geschieht, so hat es von seiner Ursprünglichkeit schon vieles verloren. Der Haupttheil des Anzuges besteht aus einem französischen Kleide, das vorne auf der Brust aufgeschlitzt ist, darüber wird ein knapp anliegendes Spenserchen angezogen, das ebenfalls aufgeschlitzt ist, und dessen Aermel weit und etwas kürzer als jene des Kleides sind. Die vorderen Kanten des Kleides und des Spensers sind mit breiten Goldborten besetzt. Auf dem Kopfe tragen Frauen und Mädchen ganz kleine Feße, die mit rosa- oder anders gefärbtem gold-, silber- oder seidengesticktem Flor oder Muslin umwunden sind.

24. Oct. Ich verließ Athen auf dem kleinen Dampfer „Baron Kübeck" von 70 Pferdekraft, und fuhr bis Calamachi (24 Seemeilen). Hier muß man das Schiff verlassen und den 3 engl. Meilen breiten Isthmus zu Lande durchschneiden. In Lutrachi besteigt man ein anderes Schiff.

Auf der Fahrt nach Calamachi, die nur einige Stunden währt, sieht man das kleine Städchen Megara auf einem nakten Hügel.

Nichts ist unangenehmer auf Reisen als das Wechseln der Gelegenheiten, ganz besonders wenn man gut daran ist und daher bei dem Tausche nur verlieren kann. In diesem Falle befanden wir uns. Herr Leitenburg war der beste und aufmerksamste von allen Kapitänen, die mir auf meinen Reisen vorgekommen sind, und es that uns allen leid, ihn und sein Schiff verlassen zu müssen. Selbst in Calamachi, wo wir diesen und den folgenden Tag blieben, da das Schiff, welches uns von Lutrachi weiter befördern sollte widriger Winde halber erst am 25. ankam, nahm er sich unser mit der größten Gefälligkeit an.

Das Oertchen Calamachi bietet wenig Annehmlichkeiten; die wenigen Häuschen wurden erst seit dem Verkehre der Dampfschiffe angelegt, und die ziemlich hohen Berge, an welchen es lehnt, sind größtentheils öde oder nur mit niederem Gestrippe bewachsen. Wir machten Spaziergänge auf dem Isthmus und erstiegen kleine Höhen, von welchen man auf einer Seite den Busen von Lepanto, auf der andern das ägäische Meer sieht. Vor uns stand der mächtige Berg Akrokorinth, alle ihn umgebenden Gefährten hoch überragend. Seine Gipfel ziert eine ziemlich gut erhaltene Festungsmauer, die man die Reste der Burg Akro-Korinth nennt, und die in dem letzten Kriege von den Türken als Festung benützt wurde. Die einst weltberühmte Stadt Korinth, nach der man alle Einrichtungen des Luxus und Reichthumes im Innern der Palläste benannte, die einer eigenen zierlichen Säulenordnung den Namen gab, ist zu einem kleinen Städtchen von kaum tausend Seelen herabgesunken, das sich am Fuße des Berges zwischen Feldern und Weingärten ausbreitet. Seine ganze jetzige Berühmtheit verdankt es einer Art getrockneter Trauben, die man Korinthen nennt.

Keine Stadt Griechenlands soll so viel kostbare Statuen von Erz und Marmor besessen haben, wie Korinth. Hier auf dem Isthmus, der aus einem schmalen, sanften Bergrücken besteht und meist von dichten Fichtenhainen beschattet war, in welchen ein prachtvoller Tempel Neptun's stand, wurden die verschiedenartigsten Wettkämpfe, die isthmischen Spiele abgehalten.

Wie tief ein Land, ein Volk sinken kann! Das griechische Volk, seiner Zeit das erste der Welt, ist jetzt eines der letzten! Man sagte mir allgemein, daß ich es in Griechenland weder wagen dürfte, mich einem Führer allein anzuvertrauen, noch so unbesorgt herum reisen könne, wie ich es bisher in den andern Ländern that; ja man warnte mich sogar, hier in Calamachi, mich nicht zu weit vom Hafen zu entfernen, und vor der Abend-Dämmerung auf das Schiff zurückzukehren.

26. Oct. Erst gegen Mittag fuhren wir von Lutrachi ab, und zwar auf dem Dampfer Hellenos von 120 Pferdekraft.

Abends warfen wir auf einige Stunden Anker bei Vostizza, dem alten Aegion, jetzt einem unbedeutenden Oertchen an dem Fuße eines Berges.

27. Oct. Patras. Die Gegenden Griechenlands, die ich bisher gesehen, waren weder sehr reich an Naturschönheiten, noch gut cultivirt, noch stark bevölkert. Hier sind doch wenigstens Ebenen und Hügel mit Wiesen, Feldern und Weingärten überdeckt. Die Stadt am Golfe von Lepanto war einst eine bedeutende Handelsstadt und zählte vor dem Ausbruche der griechischen Revolution, welche im Jahre 1821 begann, bei 20,000 Einwohner; jetzt ist sie auf 7000 herabgesunken. Die Stadt wird durch drei Festungen beschützt, deren eine auf einem Hügel über der Stadt, zwei an dem Eingange des Hafens stehen. Die Stadt ist weder groß noch schön, die Gassen sind enge und schmutzig. Besser gefielen mir die hohen Felsberge, deren Kette man weit verfolgen kann, und unter welchen der dreihökerige Sciaba besonders hervortritt.

Ich sah hier Trauben, deren Schönheit und Größe mich verlockte davon zu kaufen; ich fand sie aber so schlecht, so hart, saft- und geschmacklos, daß ich nicht einmal gewagt hätte, sie einem Matrosenjungen anzubieten, sondern sie alle in die See warf.

28. Oct. Corfu, die größte (neun Quadrat=Meilen) der jonischen Inseln, die einst auch zu Griechenland gehörten, und an dem Eingange des adriatischen Meeres liegen. Corfu, das ehemalige Corcyra, steht seit dem Jahre 1815 unter englischer Oberherrschaft.

Die Stadt Corfu liegt in einer schönern und fruchtbareren Gegend als Patras, ist auch bei weitem größer, — sie zählt an 18,000 Einwohner. Zwei romantische freie Felskegel mit starken Festungswerken schließen sich an die Stadt; auf dem einen befindet sich der Telegraph und der Leuchtthurm. Beide sind mit künstlichen Wassergräben umzogen, über welche Zugbrücken führen. Die nähere Umgebung der Stadt, wie die ganze Insel, ist reich an lieblichen Hainen von Oel= und Orangenbäumen.

Die Stadt hat hübsche Häuser und Gassen, die Nebengäßchen ausgenommen, die ganz merkwürdig krumm und eben nicht allzureinlich sind. Am Eingange der Stadt ist eine große, gedeckte, steinerne Halle aufgeführt, in welcher auf einer Seite die Fleischer, auf der andern die Fischer ihre Waaren ausgelegt haben. Auf dem freien Platze davor sind die auserlesensten Gemüse, die verlockendsten Früchte aufgespeichert. Das Theater sieht sehr niedlich aus; den daran angebrachten Steinbildern nach, hat es gewiß einst als Kirche gedient. Schön und groß ist der von mehreren Alleen durchkreuzte Hauptplatz, dessen eine Seite dem Meere zugewendet ist; hier steht der Pallast des englischen Gouverneurs, ein hübsches Gebäude in griechisch=italienischem Styl.

Die sehr berühmte und sehr besuchte Spiridion-Kirche ist klein, enthält aber viele Oelgemälde, mitunter gute Stücke aus der alt-italienischen Schule. Im Hintergrunde der Kirche, in einem kleinen, dunklen Kapellchen, ruht in einem silbernen Sarkophage der Körper des heiligen Spiridion, der bei den Joniern in großer Verehrung steht. Das Kapellchen ist stets voll Andächtiger, welche die zärtlichsten Küsse auf den Sarkophag drücken.

Am 29. October sahen wir die niederen Gebirge Dalmatien's, und am 30. October mit Tagesanbruch betrat ich Triest, von wo ich am folgenden Tage mit dem Eilwagen nach Wien eilte. — In größter Besorgniß mußte ich einige Tage vor der Stadt zubringen, da sie am letzten October mit Sturm genommen und nicht vor dem 4. November geöffnet ward. Erst nachdem ich alle die Meinigen unversehrt gesehen hatte, war ich im Stande, mit frohem Herzen mein Dankgebet an die gütige Vorsehung zu richten, die mich in allen Gefahren und Leiden so wunderbar geschützt und stets kräftig erhalten hatte. Nicht weniger gedachte ich gerührten Herzens jener Menschen, die sich meiner so liebevoll, so uneigennützig angenommen hatten, und durch deren Hülfe es mir möglich geworden war, die oft großen Mühseligkeiten und Beschwerden zu überwinden.

Meine Leser aber ersuche ich, ein mildes Urtheil über mein Buch zu fällen, das mit einfachen Worten schildert, was ich erlebt, gesehen und gefühlt habe, und keine höhern Ansprüche macht, als wahrhaft und getreu zu sein.

Uebersicht

der Entfernungen der Reisen zu Wasser.

                                                                        Seemeilen.

	Seemeilen
Von Hamburg bis Rio de Janeiro	8500
„ Rio de Janeiro bis Santos	400
Santos nach Valparaiso	6500
Valparaiso nach Otahaiti	5000
Otahaiti nach Macao	5000
Macao nach Hong-Kong	60
Hong-Kong nach Canton	90
Hong-Kong nach Singapoor	1100
Singapoor nach Ceylon	1500
Ceylon nach Calcutta	1200
Calcutta nach Benares (auf dem Ganges)	1085
Bombay nach Maskat	848
Maskat nach Buschir	567
„ Buschir an die Mündung des Tigris	130
„ der Mündung des Tigris bis Bagdad (auf dem Tigris)	590
Redutkale längs der Küste nach Odessa	860
Odessa nach Constantinopel	370
Constantinopel nach Triest	1150

Uebersicht

der Entfernungen der Reisen zu Lande.

	engl. Meilen.
Von Pointe de Galle nach Colombo	72
Colombo nach Kandy	72
Benares nach Allahabad	76
Allahabad nach Agra	300
Agra nach Delhi	122
Delhi bis Kottah	300
Kottah bis Indor	180
Kottah bis Aurangabad	240
Aurangabad bis Panwell	248
Bagdad nach Babylon	60
Bagdad nach Mossul	300
Mossul nach Sauhbulak	120
Sauhbulak nach Tebris	140
Tebris nach Tiflis	376
Tiflis nach Marand	156